MAURICE BARRÈS

DE L'ACADÉMIE FRANÇAISE
PRÉSIDENT DE LA LIGUE DES PATRIOTES

L'AME FRANÇAISE ET LA GUERRE

******

LES SAINTS DE LA FRANCE

PARIS
ÉMILE-PAUL FRÈRES, ÉDITEURS
100, RUE DU FAUBOURG-SAINT-HONORÉ, 100
PLACE BEAUVAU

1915

L'AME FRANÇAISE ET LA GUERRE

★★

LES SAINTS DE LA FRANCE

MAURICE BARRÈS

DE L'ACADÉMIE FRANÇAISE
PRÉSIDENT DE LA LIGUE DES PATRIOTES

L'AME FRANÇAISE ET LA GUERRE

★★

LES SAINTS DE LA FRANCE

PARIS
ÉMILE-PAUL FRÈRES, ÉDITEURS
100, RUE DU FAUBOURG-SAINT-HONORÉ, 100
PLACE BEAUVAU

LES SAINTS DE LA FRANCE

V

CINQUIÈME PHASE

LA BATAILLE DES FLANDRES

(Du 23 Octobre au 30 Novembre)

§ 1. — OU NOUS EN ÉTIONS AU DÉBUT

DE NOVEMBRE (1)

Ce deuxième livre de l'Ame française et la guerre s'étend du 1ᵉʳ novembre 1914 au 1ᵉʳ janvier 1915 et raconte la période où les Allemands achevèrent de briser dans les Flandres leur force offensive déjà si rudement épointée par notre victoire de la Marne.

(1) Ces notes me viennent d'une source sûre, mais il se peut qu'à cette date où les faits sont encore mal établis, des inexactitudes s'y trouvent que je m'empresserai de corriger sitôt qu'elles me seront signalées.

Mais revenons d'abord un peu en arrière, pour que l'on s'explique mieux l'état d'esprit dont nous allons donner les reflets journaliers. Nos articles, pleins des sentiments brûlants et des renseignements plus ou moins exacts qui couraient Paris, sont des parcelles de la vérité, autant qu'on les replace dans les circonstances où ils furent écrits et reçus par le public.

On se rappelle qu'après la bataille de la Marne, chef-d'œuvre du génie français, miracle d'art militaire et d'enthousiasme moral, les Allemands, appuyés à de fortes positions qu'ils avaient préparées à l'avance, arrêtaient notre poursuite sur un front partant des hauteurs au Nord de l'Aisne et se continuant par le canal de Berry-au-Bac, les abords Est de Reims, la région au Nord et au Nord-Est de Verdun, pour atteindre, par une ligne Nord-Ouest Sud-Est, les Vosges à l'Est de Badonvillers.

Pendant plusieurs semaines, la lutte se poursuit opiniâtre sans avantages marqués. Mais secrètement, à l'Est de Verdun, les Allemands massaient des forces considérables. Le 21 septembre, ils prirent pied sur les Hauts de Meuse, à Vigneulles-les-Hattonchâtel, et franchirent même la Meuse à Saint-Mihiel. Heureusement l'armée de Lorraine fit déboucher ses réserves au Nord de Toul, prit en flanc l'offensive ennemie et enraya la tentative d'encerclement de Verdun.

Les Allemands, voyant qu'ils ne pouvaient pas entamer notre front, eurent de nouveau recours à leur manœuvre favorite : déborder et envelopper notre aile gauche, tandis que nous-mêmes, pour parer à ce mouvement, nous allongions notre dispositif. C'est la course à la mer.

Dans cette montée, commencée au 13 septembre, continuée jusqu'au 23 octobre, nos ennemis avaient sur nous l'avantage de la forme concentrique de leur front qui abrégeait leurs transports. Malgré cela nous sommes toujours arrivés à temps. On se battait sans trêve en glissant toujours vers la mer. Des deux côtés on prélevait sur le reste du front des corps d'armée et des armées entières. Les Allemands avaient concentré dans cette seule région du Nord 12 corps d'armée. De notre côté, nous avions constitué un groupe d'armées sous le commandement du général Foch.

L'armée belge était sortie d'Anvers et une division anglaise se trouvait en Belgique. Le reste du corps anglais devait être transporté de la région de l'Aisne dans celle du Nord (du 9 au 20 octobre).

Le 22 octobre, notre front qui, six semaines plus tôt, s'arrêtait à la région de Noyon, s'étend jusqu'à la mer. La menace allemande a échoué : la barrière est constituée.

Les Allemands vont chercher à la percer dans la région de Calais.

§ 2. — ÉCHEC DE L'ATTAQUE SUR CALAIS

Les Allemands entendent mener leurs attaques avec une prodigieuse énergie. Dès le début d'octobre, le kronprinz de Bavière a exhorté ses soldats « à faire contre l'aile gauche française l'effort décisif et à trancher ainsi le sort de la grande bataille engagée depuis des semaines ». Ils voulaient enlever Dunkerque, Calais, Boulogne, c'est la bataille de Calais, ou bien, l'opération s'attardant, se saisir d'Ypres, c'est la bataille d'Ypres. Déborder et briser notre gauche ou la couper en deux ; de toute manière menacer l'Angleterre dans le ravitaillement de son corps expéditionnaire, peut-être même dans son île.

L'Empereur allemand se porte à Thielt et à Courtrai pour encourager par sa présence l'ardeur de ses troupes.

Les forces et l'artillerie lourde groupées par l'ennemi sur la côte et dans la région du Nord de Dixmude étaient très importantes et bien supérieures aux nôtres. Le 23 octobre, des troupes françaises, commandées par le général Grosselti, viennent étayer les Belges sur la ligne du chemin de fer de Nieuport à Dixmude. Dixmude était tenue par nos fusillers marins sous les ordres de l'amiral Ronarc'h. Nous étions inférieurs en nombre, maltraités par la plus puissante artillerie, et pourtant nous avons développé sur la voie ferrée une résistance magnifique (très vite devenue légendaire).

Le 29, l'inondation s'élargissant entre le canal et le chemin de fer protégea le plus heureusement notre front. Le 30, nous reprenions Ramscapelle, le seul point de la ligne ferrée que les Belges eussent perdu. Le 1ᵉʳ et le 2 novembre, l'ennemi bombardait Furnes, mais commençait à donner des signes de fatigue. Dès le 2, il évacuait le terrain entre l'Yser et la voie ferrée, abandonnant des canons, des morts, des blessés. Le 3, nos troupes pouvaient être ramenées dans la région de Dixmude.

Ainsi le succès obtenu par les Allemands à Dixmude fut sans lendemain. Ils avaient réussi à enlever la ville, ils ne réussirent pas à en déboucher.

Leur attaque par la côte avait totalement échoué. La « bataille de Calais », si bruyamment annoncée par leur presse, était pour eux un échec caractérisé.

Mais, dès ce moment, ils cherchaient plus au Sud leur revanche.

§ 3. — L'ÉCHEC DE L'ATTAQUE SUR YPRES

Au lieu de nous tourner par la côte, les Allemands essayaient maintenant de déborder, avec des masses puissantes, notre armée du Nord sur sa droite. C'est la bataille d'Ypres, longue, acharnée, furieuse.

Dans un nouvel ordre à l'armée, le prince Ruprecht de Bavière constate que. ses troupes « viennent de combattre dans des conditions très difficiles », et il ajoute : « il s'agit maintenant de ne plus laisser traîner le combat avec notre ennemi le plus détesté... Le coup décisif reste encore à frapper. » Le général de Demling, commandant le 15ᵉ corps d'armée, de son côté déclare : « La percée sur Ypres sera d'une importance décisive. »

En quelle situation étions-nous pour résister ?

Le 18 octobre, au moment où notre cavalerie avait atteint Roulers et Cortemark, les divisions territoriales de Dunkerque, sous les ordres du général Bidon, avaient organisé une position défensive à Ypres. C'était là un point d'appui nous permettant de préparer et d'assurer la liaison avec l'armée belge. Au 23 octobre, deux corps anglais et français étaient venus l'occuper et devaient en faire la base de leur marche en avant dans la direction Menin-Roulers. Fin octobre, le corps de cavalerie du général Conneau assura la liaison entre les deux corps anglais engagés au sud de la Lys... Sans doute les difficultés que nous avions pour amener des troupes et l'importance de celles dont disposait l'ennemi arrêtèrent bientôt notre progression sur la ligne Poelcapelle, Paschendaele, Zand-vorde, Ghaluvelt, mais, tout de même, Ypres était solidement couvert et toutes les forces alliées étaient en liaison.

De Dixmude à Ypres s'étendait le corps d'armée du général Dubois et le corps de cavalerie du général de Mitry.

C'est contre la ligne ainsi formée, au Nord, à l'Est et au Sud d'Ypres, que se déchaîna, du 25 octobre au 13 novembre, une furieuse attaque allemande.

A partir du 26 octobre, cette attaque s'est

répétée quotidiennement avec une extraordinaire violence, nous obligeant à appliquer nos
renforts au fur et à mesure de leur arrivée,
sur les points les plus menacés.

C'est ainsi que, le 31 octobre, nous dûmes
étayer la cavalerie anglaise, puis les deux corps
anglais que cette cavalerie mettait en liaison,
et enfin intercaler entre ces deux corps la
valeur de deux corps d'armée.

Du 30 octobre au 6 novembre, Ypres fut
plusieurs fois en péril. Les Anglais perdirent
Zanvorde, Gheluvelt, Messines, Wytschaete.

Le front des alliés ainsi resserré n'en était
que plus difficile à défendre; il le fut sans
fléchir.

L'entrée en ligne de trois divisions françaises
nous permit, du 4 au 8, de reprendre une
offensive vigoureuse. Le 10 et le 11, cette
offensive, se heurtant à de nouvelles et plus
vives attaques ennemies, fut enrayée, et pour la
poursuivre, il fallut attendre l'arrivée des éléments envoyés dans le Nord le 12 novembre.

Dès le 14, nos troupes recommencent à progresser, fermant la route d'Ypres aux Allemands et infligeant à leurs formations massives,
des pertes d'autant plus formidables que notre
artillerie et l'artillerie anglaise groupaient près de
300 pièces sur ce front de quelques kilomètres.

Pour cette marche à la mort, le Grand
État-Major allemand avait choisi des formations
intactes de jeunes recrues, car les troupes déjà
décimées ne veulent plus marcher dans des conditions si atroces. La mémoire des hommes n'ou-
bliera jamais ces adolescents blonds, qui s'avançaient en hurlant et en se tenant par les bras,
ivres de bonne volonté patriotique, d'inexpérience
et d'éther. Imaginez-les dans la nuit, et leurs
centaines de figures effroyables, bouches ouvertes, soudain illuminées par nos réflecteurs qui
guidaient notre mitraille. Ces attaques par
masses profondes échouèrent comme la marche
sur Paris, qui est leur sœur. Toute une jeunesse
en fleur fut anéantie. Mais en livrant à la destruction leurs individus, ces enfants affirmaient
avec une force inouïe l'être germain. C'est dans
de telles heures probablement qu'il faut voir le
point culminant de l'Esprit qui flotte au profond
des forêts du Nord, le sommet d'un génie qui
toujours aspire au colossal et qui s'est déjà ex-
primé dans les œuvres de Hegel et de Wagner.
Il se trouve au fond de ces faits variés, dans
ces divers efforts extraordinaires, une même
sorte d'enivrement, une pareille odeur de
mort.

Le nombre des cadavres allemands que nous
avons trouvés sur le terrain pendant ces trois

1.

semaines dépasse 40.000. Dans la seconde moitié de novembre, l'ennemi épuisé, ayant perdu, dans la seule bataille d'Ypres, plus de 150.000 hommes, n'osa plus renouveler son effort. Nous avions réalisé, au Nord et au Sud d'Ypres, des progrès appréciables et assuré par une puissante organisation défensive l'inviolabilité de notre front.

Il faut noter que ces opérations de la mer à la Lys n'ont été possibles que par le concours des armées qui tenaient le front entre la Lys et Noyon. L'armée Maud'huy occupait la ligne d'Arras à Armentières, l'armée Castelnau, de Noyon à Arras.

I

AU MONUMENT DU SOUVENIR

2 Novembre 1914.

La vraie manière d'honorer les morts, c'est d'écouter la leçon qu'ils nous donnent et de recueillir leur expérience. « J'ai agi ainsi, nous disent-ils, imite-moi, ou bien évite mon erreur. » Ainsi parlent-ils à celui qui maintient sur eux son regard, tandis qu'ils s'enfoncent dans la brume. Et revenant à nous-mêmes, nous songeons à la manière dont nous avons agi envers eux. Avons-nous bien soigné ces blessés qui sont morts? Aurait-on pu en plus grand nombre les sauver?

C'est la question. Faut-il le rappeler? Et tenez, l'important n'est pas de savoir si l'on donne aux blessés des petites médailles pieuses, mais de savoir si on leur fait des piqûres antitétaniques. Le scandale ne serait pas qu'il y eût trop de médailles dans les ambulances, mais que l'on y manquât de sérum Roux.

Dans ce jour des morts, obligeons-nous à travailler pour eux à une besogne ingrate.

Cette année, l'âme déploie ses ailes, et par chaque courrier, nous arrive, tout admirable, des tranchées. Ame des vivants et des morts, alouette gauloise, aigle latine, vers laquelle s'élèvent les regards. Mais nous, les non-combattants, quel droit avons-nous de participer à cette haute existence? Revenons à une tâche sans ivresse et cherchons plus humblement le terrain où nous pouvons servir.

A la suite des articles que j'ai publiés ici sur les soins donnés aux blessés et sur l'imperfection des services sanitaires, j'ai reçu une volumineuse correspondance. Par centaines, de terribles lettres m'arrivaient qui me troublaient profondément (1)... Des hommes, des femmes, des médecins, des blessés, un tas de gens que je n'ai jamais vus passent devant moi, une seconde, le temps de me jeter leur plainte....., leur conseil. « Allez à tel endroit, vous y verrez ceci. » Quoi donc? Des misères..... des lacunes, toujours des souffrances. Parfois, j'en étais accablé.

Qui suis-je, pour que ce fleuve douloureux me poursuive? Ai-je la force, la capacité de secourir mes frères mal soignés? Je le vou-

(1) J'ai laissé çà et là (quand je ne pouvais retrouver mon manuscrit) une indication des coupures exigées par la censure.

drais de toute ma bonne volonté. Comment procéder?

Il ne serait pas sain de porter sous les yeux d'un vaste public des faits pénibles, que je ne suis pas toujours à même de vérifier et que parfois excusent les cruelles nécessités de la bataille. Je ferai mieux d'en causer avec les hommes que leur fonction désigne pour agir et pour réorganiser des services défectueux. Mais où sont-ils? Les pouvoirs du monde officiel de Paris ne valent que dans l'enceinte du camp retranché, et le Gouvernement de Bordeaux est bien loin.

Après réflexion, je me suis arrêté à dresser un rapport, à dépouiller ces lettres où se mêlent les durs tableaux, les dénonciations, les injustices peut-être. J'ai pris les meilleurs conseillers, que je prie de trouver ici mes remerciements. Après avoir soigneusement lu toutes mes lettres, nous en avons extrait les passages les plus utiles. Sans en changer la rédaction.

Il va de soi que je n'ai accueilli que des documents bien et dûment signés par des personnes dont je donne la qualité et l'adresse et qui disent : J'y étais, j'ai vu et j'atteste. Ce recueil s'ouvre par une importante lettre du docteur Étienne Destot, ancien interne des hôpitaux de Lyon, expert près le tribunal de la Seine, et se termine par une note du docteur Vignaud, maire de Clermont-Ferrand.

Pour faciliter leur lecture, tous ces témoignages sont classés en onze chapitres traitant de la relève des blessés sur le champ de bataille; du fonctionnement des ambulances de front ; du fonctionnement des trains sanitaires; du fonctionnement des ambulances de gares ; du fonctionnement des hôpitaux de Paris; du fonctionnement des hôpitaux de province ; de la non-utilisation d'hôpitaux bien organisés ; de la non-utilisation du personnel médical; de la non-utilisation des dentistes et des pharmaciens ; des convalescents, et enfin des soins excessifs dont certains blessés et prisonniers allemands seraient l'objet.

La simple énumération de ces titres indique la richesse de matériaux qu'il m'a été permis de réunir et de classer. Cette liasse de faits, c'est toute une enquête que je mets à la disposition du Gouvernement.

J'en adresse un exemplaire au Président de la République, à qui tiennent à cœur toutes les parties de la Défense nationale, et un autre exemplaire au ministre de la Guerre, de qui relèvent les services sanitaires. Et je mentionne mon effort dans ce journal, parce

qu'un plan, une idée exposés devant plusieurs
millions de lecteurs prennent tout de suite un
corps, sont déjà un acte, un commencement
d'exécution, et pour avertir mes correspondants que je continue d'examiner, d'extraire
et de classer leurs lettres. Qu'ils ne s'arrêtent
pas, eux-mêmes, d'être des inspecteurs pour
le bien public.

« *Croyez*, m'écrit Millerand, en qui j'ai
toute confiance, *croyez que je ne négligerai
rien pour utiliser au mieux vos communications...* »

Déjà, d'importantes améliorations, tout
le monde les constate, ont été réalisées dans
les services sanitaires, mais il reste énor-
mément à faire, et puis, à mesure que cette
guerre se prolonge, il faut que le bien-être
matériel augmente autour de nos blessés, car
autour d'eux, fatalement, la première sensibilité s'émousse.

Pauvre nature humaine! Prenons des précautions contre nous-mêmes ; qu'une bonne
méthode supplée les élans de la fraternité et
certaines chaleurs d'âme qui pourraient se
refroidir graduellement. Pour moi, dans ce
jour consacré, où j'aurais tant aimé m'en aller,
tout l'après-midi, avec la foule, dans les
cimetières, et nouer avec les morts des liens

solides par la songerie, et me placer sous leur protection bienfaisante, et laisser éclore en moi leurs idées qui flottent dans la brume sur les tombes, je me suis contraint à terminer ce travail. Il peut adoucir les souffrances de nos blessés, et réduire la mortalité. Ce fut ma prière, ma démarche, mon offrande au monument du Souvenir.

II

SUR LA TOMBE D'UN HOMME NATIONAL

3 Novembre 1914.

Les amis de Paul Déroulède, dans cette après-midi radieuse du jour des morts, où la plus douce lumière nous conviait à l'espérance, se sont réunis autour de sa tombe. Ils étaient venus trop nombreux pour que le petit cimetière de la Celle-Saint-Cloud pût nous contenir tous. Beaucoup étaient restés sous les grands arbres aux alentours. Mais tel était le silence que mes quelques mots aisément franchissaient les murs, descendaient la pente. Et puis, ce que j'essayais d'exprimer, chacun l'entendait de son propre cœur.

« Nous sommes venus, mes chers camarades, disais-je, visiter et honorer le grand
patriote. C'est une chose émouvante pour
nous que ce pèlerinage, au milieu de la tragédie qui va transfigurer le monde. Notre
chef est dans cette tombe, mais sa pensée vit
plus que jamais. Elle est aux armées. De ce
tertre, saluons pieusement le généralissime,
ses généraux, les officiers, tous les soldats qui
accomplissent le devoir que Déroulède nous
enseignait. Tous ici, nous nous tournons vers
nos frères, les ligueurs, engagés sur les lignes
de feu. A travers l'espace, qu'ils entendent
notre amitié qui les appelle, les remercie, les
encourage. Soyez heureux, ligueurs combattants! Mais je me tais. Dans ces semaines,
c'est aux armes seules de parler. Bientôt,
Déroulède, nous viendrons t'annoncer la
victoire définitive de la France, dès maintenant à demi-victorieuse, et te dire que ta
statue de bon serviteur va se dresser dans
Strasbourg ».

La valeur inestimable de Déroulède, c'est
qu'il a été une perpétuelle action. Il ne s'est
pas contenté de penser sainement et de dire :
« Un pays qui consent à une diminution les
prépare toutes et court à la désagrégation. »
Il s'est mis au travail, au rude labeur de

donner de la chair à son idée, de la faire
peuple, de la faire foule,

Quelque chose existe, *l'esprit ligueur*. Déroulède l'a fondé et maintenu par un prodige de
tous les jours. Cet esprit, fut-il assez bafoué !
Je demande aujourd'hui à tous les Français
s'ils n'aiment pas cet esprit-là. Je le leur
demande et je me hâte de dire qu'il ne faut
pas qu'ils me répondent. Il ne faut pas que
personne réclame une antériorité dans la
bonne voie, ni que personne ait l'ennui de
faire son *meâ culpâ*. Mettons-nous tous au
même pas, le pas militaire, et en avant la
musique.

Si c'était l'heure des cortèges, j'aurais invité
Hervé, mais oui, Hervé (entre autres), à venir
avec nous à la Celle-Saint-Cloud. Il a parlé,
ces temps derniers, à plusieurs reprises, de
Déroulède en beaux termes que je voudrais
retrouver pour les mettre ici. Il disait comme
il avait été ému de voir ce vieillard entêté,
ce noble mourant à la barbe grise, se faire
porter à Champigny pour rendre un dernier
culte public à la patrie, à la Revanche.
Citoyen Hervé, l'esprit prophétique, pour
consoler Déroulède, le visitait dans sa chambre
de mort et lui annonçait les gloires de 1914-
1915.

Aujourd'hui, à la Celle-Saint-Cloud, nous sommes allés, entre amis, en famille, un millier de fidèles autour de Mlle Jeanne. Mais dans mon esprit, à mesure que le but approche, que le rêve se réalise, que la tâche s'accomplit, la Ligue s'élargit, se confond avec la nation et se prépare à s'anéantir glorieusement.

Déroulède est mort comme tous les grands conducteurs, sans avoir touché la terre promise. Ses lieutenants, ses fidèles se disperseront, une fois reconquises l'Alsace et la Lorraine. Notre dernière tâche sera de lui dresser, là-bas, le monument pour lequel la nation nous a donné une magnifique obole de cent mille francs. Et cette apothéose, nous la mènerons, tous rangs ouverts, en disant : « Royalistes, bonapartistes, républicains, (antimilitaristes même), autant de prénoms; le nom de famille, c'est Français ».

Comme on me raconte de belles histoires sur les antimilitaristes? Il y en avait un dans la tranchée qui répétait tout le temps : « Drapeau tricolore, bleu de choléra, blanc de famine, rouge de sang. » Il embêtait tout le monde, et puis, peu à peu, il a aimé ses camarades et ses officiers, et il en était aimé. Il s'est aperçu, ils se sont aperçus que l'antimilitarisme, c'était la haine de quelque chose qui est prussien et d'une certaine méthode, effroyable en effet, qui n'existe pas chez nous. Chez nous, l'autorité du chef vient de ce qu'il est le meilleur et donne le bon conseil, l'aide. Attendez que la guerre s'achève! La fraternité des armes aura mis dans les âmes la fraternité française, qu'il ne faudra pas que les politiciens nous gâtent.

Entre tous les Français, aujourd'hui, sur le nom de Déroulède, il existe des liens de sympathie spirituelle. Galli, le Menuet, et certes à l'armée, les Marcel Habert, les Tournade, les Georges Ducrocq, les Tharaud, tous enfin, nous ne rencontrons personne qui ne nous dise « Ah! si votre ami vivait! Quel malheur qu'il ne soit pas là pour jouir, au soir de sa vie, de cette victoire! »

Les grandes circonstances élèvent les esprits et les mettent en contact avec un grand homme. On pouvait discuter Déroulède. Viennent l'orage et l'heure de l'enthousiasme national, on laisse à terre, comme des loques, toutes les objections, et l'on se met à agir sous l'influence du même esprit qui le possédait. La France depuis trois mois a reçu l'étincelle électrique dont il fut toute sa vie animé. Nous avons tous son mouvement d'élan, si caractéristique. Le revoyez-vous, tel qu'il entrait dans une foule, chez des amis, dans une conversation ? Les plus indulgents disaient que c'était de l'enthousiasme et qu'il faut bannir l'enthousiasme de la vie publique. Quelle pitié ! Nous ne pouvons remplir nos devoirs d'êtres humains que si nous sommes à la fois raisonnables et enthousiastes. Notre pays regarde avec froideur celui dont le cerveau fonctionne au-dessus d'un cœur sec. C'est l'origine de la distinction qu'il faut faire entre le personnage officiel et l'homme national.

P.-S. — Je reçois la lettre suivante, que je donne pour indiquer quelles ressources on trouverait si les efforts pour les blessés étaient dignement coordonnés ;

« ... Je lis aujourd'hui l'article de l'*Écho*. Un train sanitaire reviendrait à 1.500 francs. Si c'est l'argent qui manque, je tiens cette somme à votre disposition. Si c'est le personnel qui manque, je me mets à votre disposition.

» En 1871, à l'âge de seize ans j'ai fait ce métier, comme sous-aide à la Société de Secours aux Blessés et après l'armistice j'ai ramené beaucoup de blessés d'Allemagne, où ils étaient prisonniers... « TARDIVEAU. »

L'argent et les dévouements s'offrent en abondance. Toute la difficulté est de les mettre à la disposition de nos blessés. Vraiment, cette difficulté ne peut pas être insurmontable.

III

L'AME DES RUINES

4 Novembre 1914.

Me voilà donc, au soir tombant et sous la pluie, dans les ruines de Gerbéviller-la-Martyre, qui cherche les religieuses portées à l'ordre du jour de l'armée par le général de Castelnau.

— Vous voulez voir la chère sœur Julie? Il n'y a pas à vous tromper. C'est la maison qui reste, en montant, à votre main droite.

La maison qui reste! La voici : une maison sans cachet, mi-paysanne, mi-bourgeoise et la salle à manger, où j'attends quelques minutes la sœur, est ornée d'une suspension en camelote de bazar. Je suis bien content de cet ensemble sans grâce, commun. Je vais voir en pleine vie médiocre un fruit né de la circonstance.

Mais voici Mme Julie Rigarel, en religion sœur Julie, celle-là même que le général a glorifiée, que le préfet est venu embrasser, à qui le sous-préfet a conféré provisoirement tous les droits du maire.

— Ma sœur, avec un grand respect, le président de la Ligue des Patriotes vous salue.

Et j'explique à la noble femme que je parcours la Lorraine pour me renseigner sur les vilenies des Allemands et sur les mérites de mes compatriotes.

Je distingue mal ses traits, dans la faible lueur que donne la petite lampe à pétrole de la suspension. Je vois seulement que c'est une personne un peu forte, débrouillarde, parlant vite, avec beaucoup d'accent, pareille à toutes les religieuses et à beaucoup de dames de nos petites villes, mais demeurée plus rustique et rayonnante de bonté.

— Mais, qu'est-ce que j'ai donc fait pour qu'on s'occupe de moi comme ça ! Les sœurs de Saint-Charles sont hospitalières, je ne devais pas agir autrement.

Les sœurs de Saint-Charles ! la congrégation lorraine par excellence, une vieille fondation de notre duché. De par leurs lettres patentes, du dix-septième siècle, elles avaient mission de prier pour la conservation et la prospérité de la maison de Lorraine. Elles viennent de bien servir l'honneur du peuple lorrain.

— Soit! ma sœur, vous n'avez rien fait qui soit extraordinaire pour une sœur de Saint-Charles. Mais des choses extraordinaires, vous en avez vu.

— Ah! j'en ai vu! La grande fusillade et le bombardement, le 24 août, ce fut de neuf heures du matin à neuf heures du soir. Dans la nuit du 23 au 24, on nous avait envoyé des petits alpins pour défendre le passage. Une cinquantaine, et si jeunes, des enfants. Ils se battaient. Nous recevions des bombes, des balles. Le Maire leur dit : « Mes enfants, vous ne pouvez rien, ils sont trop nombreux. Et vous allez exposer le village. » Ils répondirent doucement : « Le général nous a donné l'ordre de tenir jusqu'au bout. » Et ils tinrent jusqu'au soir, où l'infanterie allemande arriva dans le centre de la ville. A ce moment, ils réussirent à se glisser à ras de terre et puis par-dessus les murs du cimetière, sans que les Allemands les vissent. Alors ceux-ci s'en prirent aux gens de la ville. Ils entraient dans chaque maison en frappant et chassant tout le monde. Un officier arriva chez moi avec des soldats. Il monta chez mes blessés. Les pauvres petits tremblaient. Et moi, je me suis mise entre eux et lui, et je disais : « N'y touchez pas, ils sont blessés. » Alors il allait à chaque lit et jetait, lui-même, la couverture à terre, pour voir les pansements. Il avait un revolver dans une main et un poignard dans l'autre. Je le suivais, je le précédais. Ah ! j'étais effrontée. J'en suis encore étonnée. Comment ai-je osé?... Je ne savais pas alors qu'ils étaient en train de tuer et de martyriser des femmes, des enfants dans le village.

Elle me donne des détails sur les crimes des Allemands contre les personnes, et soudain, épouvantée par les images qu'elle réveille :

— Croyez-vous qu'ils reviendront? me dit-elle. Oh ! j'ai peur !

Cette interruption est belle ; elle laisse voir la nature sous l'excellence de la religieuse.

— Ils vous ont épargnées, vous et vos religieuses, ma sœur?

— Je soignais leurs blessés comme les nôtres. C'est mon devoir de sœur de Saint-Charles. J'ai le droit de préférer les nôtres, mais, eux, je les soignais également. Tenez, le 25 août, nous avons eu 258 blessés prussiens, et personne pour les soigner. « Et vos majors? leur disions-nous. — Ils nous ont abandonnés ». Nous les pansions. Nous ne savions rien faire de savant. Il y en avait un, ses deux doigts pendaient : je les ai coupés avec mes ciseaux. C'est à Roselieures surtout qu'ils ont été massacrés par notre 75. Ils n'avaient plus de mollets, plus de joues, plus de côtes.

— Se plaignaient-ils?

— Non. Ils disaient : Ça me brûle. Ils étaient entrés à Gerbéviller, le 24 août, le soir, je vous l'ai dit. Eh bien! le 28, à cinq heures du soir, les Français rentraient. Vous pensez quelle lutte, et qui a duré, sans discontinuer, jusqu'au 13 septembre, à huit heures du soir. C'était la bataille toujours, le duel d'artillerie, la mitrailleuse surtout, que nos gens appellent le moulin à café.

La sœur me donne un tas de renseignements que je laisse glisser à terre pour recueillir seulement ce qui me la fait connaître elle-même. Ce n'est pas le désastre de Gerbéviller que je lui demande ; j'ai vu les ruines ; et ce n'est pas non plus le récit du combat: il faudrait le placer dans l'ensemble des opérations. Je suis venu pour la voir, elle-même, pour voir une personne qui possédait à son insu une puissance héroïque et qui s'est révélée dans un mouvement d'enthousiasme quand cela fut nécessaire.

— Monsieur le curé, me dit-elle, avait été
emmené par les Allemands. L'église brûlait.
Alors l'idée m'est venue soudain que le ciboire
était en danger. J'ai couru le prendre dans
le tabernacle, je l'ai apporté ici, et m'étant
mise à genoux, je me suis communiée.

Ici, dans cette salle, sous la suspension
dorée ! Ce tableau m'explique la sœur Julie :
une nature excellente, formée divinement. Je
me trouve en présence d'une personne de la
campagne, pleine de bonté et d'esprit pratique, mais tout cela rehaussé par le sentiment mystique.

Tandis que nous causions, d'autres sœurs,
des infirmiers, des officiers, des soldats et
puis des éclopés, des réfugiés, parmi lesquels
des enfants, et quelques-uns des pauvres habitants revenus dans les ruines sont entrés,
l'un après l'autre. Ils m'expliquent qu'ils ont
fini d'enterrer les morts de la bataille et que
le lendemain matin, au milieu des tombes,
on dira pour eux une messe en plein air. Ils
me demandent d'y prendre la parole. La sœur
Julie insiste, et moi, j'en décline l'honneur,
non certes que je veuille m'épargner un petit
effort, quand il s'agit de gens qui se sont fait
tuer, mais parce que je me sens indigne d'un
si grand rôle réservé dans mon esprit aux

prêtres, aux soldats, à ceux qui ont souffert.

— Vous auriez fait plaisir à tous.

Ce mot de la sœur Julie me poursuit dans l'obscurité où je me retrouve, tandis que la voiture, une fois encore, nous fait traverser les ruines et court vers Lunéville. Je songe au service qu'elle nous rend en manifestant la générosité morale de notre nation auprès des horreurs allemandes. C'est par elle que l'on comprend le cri de l'orateur sacré : « Les mains élevées vers le ciel enfoncent plus de bataillons que les mains armées de piques et de lances ». Il est certain que cette religieuse qui soigne les assassins eux-mêmes sur le lieu de leurs assassinats, et quand elle est la fille et la sœur des victimes, vous a une autre allure dans Gerbéviller que les *Ivrognes sur le charnier* dans Raon. Souhaitons qu'elle soit vue dans les décombres de sa ville, cette âme rayonnante de femme française, par les Américains et par les nations neutres qui balancent entre la France et l'Allemagne. Mais qu'avais-je besoin, tout à l'heure, d'opposer à son désir mes scrupules ! Elle a organisé une belle cérémonie ; elle trouve que mes titres, quels qu'ils soient, y ajouteraient quelque chose ; je n'ai qu'à lui obéir. Retournons à Gerbéviller. J'y retourne et je lui dis :

— Ma sœur, c'est entendu. Je vais coucher à Lunéville, mais demain à neuf heures, bien exactement, je serai de retour et vous rejoindrai, pour la messe, sur le plateau, entre Gerbéviller et Moyen.

IV

LA MORT DE LA TURQUIE

5 Novembre 1914.

Il n'y a pas plus de trois mois que je parcourais une grande partie de l'empire ottoman. Mon but était de me faire une idée claire de l'influence que nous y possédons.

J'ai causé, à Alexandrie, avec un grand nombre de personnes, et peu de temps auparavant j'avais remonté le Nil jusqu'à l'île de Philœ. Les fellahs sont très sensibles à la prospérité matérielle que leur assure l'Angleterre. Ils sentent, ils savent qu'un retour du pouvoir politique musulman leur apporterait l'anarchie, intolérable pour eux depuis qu'ils connaissent l'équité dans la perception de l'impôt. L'Égypte ne rêve pas de partager le sort des régions voisines soumises au régime de Constantinople ; au contraire, elle donne à celles-ci le désir de voir des « conseillers européens » se substituer à leurs gouverneurs turcs.

Le bonheur de l'Égypte est très apprécié en Syrie. Chaque année, des Égyptiens viennent passer la saison chaude dans les hôtels du Liban. Beyrouth, Tripoli, Damas sont excédés de la domination de Constantinople et d'un mélange de faiblesse et de brutalité, qui est proprement l'impuissance. Les musulmans eux-mêmes, dans ces grandes cités, désespèrent que les Jeunes-Turcs puissent ouvrir des routes, assainir les villes, assurer un impôt équitable et une justice vraie. De très nombreux Syriens appellent ouvertement la France.

Avec M. Georges Picot, l'énergique consul général de France, à Beyrouth, j'ai fait une prodigieuse promenade dans le sud du Liban. A l'entrée de chaque village s'organisaient des fantasias ; les hommes, jeunes et vieux, déchargeaient passionnément dans les airs leurs fusils ; les femmes, depuis les balcons et les toits, versaient sur nous des parfums et des fleurs, en mêlant leurs stridents cris de joie à des chansons de guerre. Je retrouve dans mes notes une sèche énumération : A

Wady-Safé, dix moutons sont égorgés sous
nos pieds, pour nous faire honneur; à Ba-
rouk, une magnifique vociératrice, une jeune
Jézabel, toute éclatante de force et de poésie,
monte sur le marchepied de ma voiture et
me déclame des vers: à Deïr-el-Kamar, dans
un décor tragique, la fête de nuit illumine la
montagne; à Jézine, cavalcade; près d'Azour,
les enfants dansent avec ardeur au son des
roseaux; à Biel-el-Dine, sur le tombeau des
officiers et des soldats français, morts au cours
de l'expédition de 1860, j'ai célébré, au
milieu d'un religieux silence, les souvenirs
communs aux maronites et à la France.

Partout les enfants me remettaient des sup-
pliques : « Donnez-nous des écoles pour
que nous apprenions le français. » Ils en ont
déjà de nombreuses. Rangés des deux côtés
de la route, ces écoliers et ces écolières,
menés par des frères ou des religieuses de la
Lozère, de la Bretagne, du Nord, agitaient
des drapeaux tricolores et acclamaient avec
frénésie la France.

Quand j'ai quitté définitivement le Liban,
à la dernière gare, un jeune homme s'est
approché de mon wagon et m'a dit, avec un
accent inoubliable de tristesse et de reproche :
« Vous vous en allez. Pourquoi êtes-vous

venu? Pour écrire un livre? Pour cela seulement? » Quand je circulais dans les montagnes des Nosairis, les gendarmes de mon escorte dirent à l'un de mes compagnons : « On sait bien ce que ce savant français vient faire. (Le savant, c'était moi.) La France a donné beaucoup d'argent à Constantinople pour avoir la Syrie. Vos marins débarqueront bientôt. » Et il n'y avait pas de gracieusetés que ne me fissent les nobles populations un peu farouches et quasi indépendantes de ces montagnes inabordables.

C'est la France qu'on aime, qu'on appelle et qu'on attend en Syrie, et le Liban, dès maintenant, semble une terre française. Mais les Jeunes-Turcs, qui sont intensément nationalistes et xénophobes, favorisent les Allemands, en haine de notre influence, et leur presse, toute germanophile, attaque violemment la France. Nous n'aurions pas indéfiniment supporté sans faillir d'aussi vigoureuses attaques. Le chemin de fer de Bagdad est une superbe réussite de la volonté allemande. Je ne saurais trop dire l'admiration que cette œuvre mérite, et sur tout son parcours, nous sommes, dès maintenant, dominés. Je l'ai senti de la manière la plus douloureuse, en Syrie même, sur un terrain où, peu avant, notre influence régnait. J'ai vu dans Alep les officiers de la mission militaire allemande circuler en maîtres. Leur prestige, joint à celui des ingénieurs du chemin de fer, nous aurait réduits à néant sans la ténacité des religieux et religieuses français qui forment inlassablement les enfants du pays et leur mettent dans l'esprit une vigoureuse prédilection pour la France.

Ils les instruisent, leur apprennent notre langue et *la Marseillaise*. Ah ! que ces enfants écarquillaient leurs beaux yeux devant un académicien ! Mais, devenus grands, ces petits clients de la France deviendront les employés du chemin de fer allemand et les consommateurs des produits que les commis-voyageurs allemands viennent leur vendre en baragouinant le français.

C'est un crève-cœur, d'Alep à Alexandrette, et, passé le Taurus, sur toute la ligne d'Anatolie, jusqu'à Constantinople, de voir notre prodigieux effort et notre échec tout près du but ! Nous nous sommes prodigués, par le moyen de nos congréganistes, en œuvres d'éducation et d'assistance ; nous échouons à en recueillir le fruit. Nous travaillons pour le roi de Prusse. Il y a trois mois, nous étions à la veille d'abandonner nos positions. Nos lois sur les congrégations, en arrêtant le recrutement des maîtres, allaient fermer nos écoles là-bas; ou mieux les abandonner à des maîtres allemands. Dans la région de Koniah, j'ai pu voir d'une manière certaine l'alliance du fanatisme religieux musulman et de l'esprit germanique anti-français. Rentré en France, me disais-je, je ferai une campagne, je montrerai à mes compatriotes les conditions vraies de notre succès en Orient, et je dirai si haut la vérité qu'on me donnera raison; mais, tout de même, pour obtenir un succès complet sur l'Euphrate, il faudrait une victoire sur le Rhin.

A Constantinople, je fus épouvanté de voir la toute-puissance, — on le niait, mais elle crevait les yeux, — la toute-puissance de l'Allemagne. On nous aimait, peut-être. Sûrement on nous sacrifiait. Je me rappelle une journée que j'ai passée, au début de juillet dernier, sur le Bosphore, dans le plus beau décor qui existe sous les cieux, en compagnie d'un ami turc que j'aime beaucoup. Notre barque glissait entre les deux rives sublimes de l'Europe et de l'Asie, chargées de châteaux antiques, de palais, de villages, de forêts verdoyantes, de grandes solitudes

pleines de pensées romanesques. Ces plaisirs
de la nature, de l'art et de l'amitié ne pouvaient m'empêcher de sentir que la France,
sinon dans la pensée de mon compagnon, du
moins chez les hommes d'État qu'il me pei-
gnait, et dans les faits qu'il me déroulait, était
sacrifiée. Cette injustice de notre destinée en
Orient me désespérait. Mais voici que la
guerre de 1914 guérit tous nos malheurs
publics.

O guerre redoutable, que nul n'avait dési-
rée, car tous les hommes sensés craignaient
que nous ne fussions pas prêts, un miracle,
un sursaut du génie national, favorisé par les
plus heureuses circonstances, a suppléé à tous
les manques, et la victoire se fait sous nos
yeux éblouis. Au milieu de nos efforts, de
nos angoisses privées, de toute notre humanité douloureuse, qui nous empêchent de la
bénir, cette guerre, **nous voyons bien qu'elle
est le salut.** Elle nous sauve, jusqu'en Orient.
Elle est même en train d'y dépasser nos vœux.
Nous ne demandons pas l'écroulement de
l'empire ottoman. Il va mourir des procédés
de corruption et d'avant-guerre qui ont échoué
en France et en Belgique ; il est livré à
l'Allemagne par Enver Pacha et la petite bande
audacieuse qui, le pistolet à la main, s'est

frayé le chemin du pouvoir. Pauvre Turquie!
j'y ai vu bien des noblesses et un goût de la
chevalerie qui plaident pour elle au milieu de
ses ruines. Est-ce sa beauté, le souvenir des
lieux célèbres, des sites grandioses et des
mœurs neuves que j'y ai tant goûtés, est-ce
plutôt le sentiment qu'elle meurt victime de
l'Allemagne et des mêmes embûches que notre
généreuse nation a vues de si près? Je me
sens ému et désireux d'être juste pour cette
terre des cyprès, dans ce moment où l'ennemi
donne le signal de son dépècement, et semble
offrir ses provinces pour rendre plus aisés les
règlements de la paix entre les alliés.

<h1 style="text-align:center">V</h1>

LE MAIRE-OTAGE

6 Novembre 1914.

En arrivant à Lunéville, dans la nuit la
plus noire d'une ville sans lumière, j'étais
allé chercher à sa mairie mon vieil ami Georges Keller, pour que nous dînions ensemble à
l'hôtel. Hôtel entièrement vide, depuis que les
officiers prussiens en ont décampé.

Dans la grande salle, nous voilà seuls en face d'un petit repas de conserves, et tard dans la soirée le vaillant patriote lorrain, sans s'étonner, sans y mettre d'émotion ni de couleur, à peine quelque humour, nous explique d'une voix un peu traînante comment ça s'est passé.

— En 1870, nous les avons eus trois ans ; cette fois-ci, je crois que nous en serons quitte pour ces trois semaines.

Il m'en fait le récit. Les Prussiens sont entrés le samedi soir, 22 août, et partis le samedi matin, 12 septembre.

— Ils nous ont coûté douze personnes tuées et cent maisons incendiées, et puis 350.000 francs de contribution de guerre. Moi, comme maire, j'étais otage, j'étais responsable ; il n'y a pas à dire, j'étais dans leurs mains, à la merci d'un incident. Aussi tous mes concitoyens étaient parfaits pour moi, pleins d'attention ; quand j'étais prisonnier, on m'envoyait des petits plats, mille gâteries. Je sentais avec un profond plaisir l'amitié, la reconnaissance de tous pour leur maire.

— Keller, il y a déjà un mois de tout cela. La reconnaissance dure toujours ?

Il rit. Nous rions, et le lecteur avec nous. Mais tous, nous avons beau faire les sceptiques, nous savons que ce sera un beau titre que de s'être bien conduit pendant la grande guerre de la Revanche.

Vous aimeriez, n'est-ce pas, que je vous transcrive ici ce que j'ai entendu toute la soirée, l'histoire de Lunéville sous les Allemands, racontée par son maire. C'est, en effet, dans tous ses détails, un enseignement du plus haut intérêt. Mais je crains d'y glisser des erreurs de mémoire qu'on attribuerait à Keller, et mieux vaut qu'à son heure il publie lui-même ses notes. Un conseil, toutefois! qu'il ne s'en tienne pas à nous raconter que la viande, l'épicerie, le beurre, les graines alimentaires, et, pendant deux jours, le pain ont manqué; que, faute de gaz, d'électricité et de pétrole, et les bougies étant rares, il fallait s'éclairer avec de l'huile comestible. Keller, ce qu'il y a de bien, c'est votre solidité d'âme et celle de vos concitoyens. Le préfet Mirman, dans son rapport officiel, écrit : « Le premier jour, M. Keller, industriel, maire de Lunéville, et douze de ses concitoyens, ont été pris comme otages, et ils n'ont été relâchés qu'au bout de dix jours. Dans la suite, quatre otages, quotidiennement fournis, répondaient de la sécurité des troupes allemandes. M. Keller a fait jusqu'au bout, non sans péril, tout son devoir, avec un sang-froid et une dignité au-dessus de tous éloges. » Voilà le schéma. Nous voudrions avoir la série des faits et des émotions par lesquels vous avez passé et qui justifient ce beau témoignage d'un digne préfet radical à un maire nationaliste, d'un patriote à un patriote.

Keller n'était pas maire de Lunéville avant la guerre. Il appartenait à la minorité du Conseil municipal. Soudain, au début du mois d'août, le poste devient libre. Pourquoi tous se tournent-ils vers lui? Pourquoi accepte-t-il quand l'heure est périlleuse? Parce que quarante-quatre ans auparavant, en 1870-71, son père a tenu avec excellence ce haut poste et que tous sentent le fils qualifié pour répéter la belle conduite du père. C'est émouvant de voir comment la cité, la nation, la grande et la petite patrie, aux heures péril-leuses, se resserrent, se coordonnent, font un seul être, doué de mémoire, et appellent les morts eux-mêmes aux délibérations des vivants. Ah! comme tout devient intelligence, beauté, bel ordre, quand l'intérêt collectif et l'intérêt individuel se confondent !

Keller a connu sous toutes ses formes le rôle d'otage. Il a été gardé au fond d'une

chambre, il a été promené comme un bou-
clier au front du régiment. Un soir un officier le prie d'entrer au corps de garde et là :

— Monsieur le maire, voudrez-vous nous
servir de guide pour sortir de la ville ?

— Oh ! c'est bien simple, vous n'avez qu'à
suivre les rails du tramway.

— Non, veuillez marcher devant.

Deux hommes se placent à sa droite, à sa
gauche, le revolver au poing. Il s'en va, ainsi
encadré, voué à une mort immédiate si quelque incident se produit. C'est un poste d'honneur. Mieux que jamais, il représente sa ville.
Tout de même, en rase campagne, il voudrait
s'en aller. « Non, monsieur le maire, il faut
continuer ». Au bout d'un temps, il s'in-
surge :

— Je ne suis plus jeune, je n'ai pas l'habitude d'aller de ce train.

— Oh ! monsieur le maire, dit le chef, il y
a quinze jours que je n'ai pas couché dans un
lit. Vous n'avez pas le droit de parler de
fatigue.

Et l'on continue.

La scène vous donne une faible idée des
trois semaines que Keller a passées, toujours
à la merci de la fantaisie honorable d'u n
patriote militant et, plus encore, mis en dan-

ger par les hallucinations des Allemands
obsédés de peur et criant soudain qu'on leur
tire dessus.

Enfin, ils partirent. Et ce jour-là, pour
une dernière fois, ils emmenèrent avec eux
Keller qui devait leur servir de gage jusqu'à
ce que le dernier soldat fût en sécurité.

— Je marchais, comme d'habitude, au premier rang. A quelques kilomètres de la ville,
le général me dit : « Monsieur le maire, vous
êtes libre, et je vous félicite de la dignité
avec laquelle vous avez accompli votre devoir ». Il me tendit la main. Il fallut bien y
mettre la mienne. Vous pouvez croire que je
manquais d'élan. Ils m'ont laissé là, sur
la route. Le temps était beau, je suis
revenu à pied. En cheminant, qu'est-ce que
je vois ? Deux soldats allemands entourés de
femmes et d'enfants. « Ils veulent être prisonniers », me dit-on. Ah ! non, gardez-vous
du piège ! Qu'un civil fasse un acte de guerre,
et les Prussiens reviendront nous fusiller et
nous brûler. Je ne m'en mêle pas. « Mais au
moins, dis-je à ces deux soldats, vous n'allez
pas faire du mal à ces femmes et à ces
enfants ? » — « Nous n'y pensons pas ! » me
répondirent-ils avec indignation. Et les enfants, les femmes criaient : « Ils n'y pensent

pas ». — « Ma foi, dis-je embarrassé, je ne vous arrête pas, mais si vous voulez venir avec moi,.. »

Et c'est ainsi que les bonnes gens de Lunéville, émerveillés, ont vu leur maire, qui était parti, le matin, prisonnier des Prussiens, revenir, au soir, sa canne à la main, avec deux captifs.

L'histoire n'est pas mauvaise. Elle est loin de vous donner l'essentiel de l'intérêt que je trouvais à causer avec mon ami Keller. Mon plaisir profond, tandis que je l'écoute et le regarde, dans cette salle où je crois encore respirer l'odeur des Prussiens, c'est de voir un fils qui renouvelle à un demi-siècle de distance la conduite de son père ; c'est d'admirer un galant homme, un industriel estimé de tous, mais que rien ne désignait pour jouer dans la vie les héros, tenir ce rôle à merveille, au premier appel, au premier coup de clairon du destin. Et autour de lui, avec une pareille aisance, tous ses concitoyens ont fait leur devoir comme leurs pères en 1870, comme leurs aïeux, d'âge en âge.

La lutte contre les gens d'outre-Rhin, voilà notre esprit profond, le foyer de notre vitalité, à nous gens de la rive gauche. Et l'on s'en assure, on en reçoit d'admirables clartés, si,

quittant le monde qui raisonne, on se plonge
dans le monde du sentiment et dans le peuple instinctif.

Sur la promenade, au Champ de Mars de
Lunéville, un petit monument s'élève où l'on
peut lire : « Le 21 août 1870, les Prussiens
ont fusillé J.-J. Gigant. Ils le savaient inno-
cent ! » Cette inscription me dispense de vous
raconter une histoire. Vous comprenez que ce
monolithe commémore une atrocité accomplie,
il y a près d'un demi-siècle, par l'ennemi
héréditaire. Et là, dans le moment où j'étais
à Lunéville, une couronne venait d'être
déposée sur cette pierre de souvenir avec ce
mots : « *Mon Dieu, ayez pitié des Français
qui vengent mon père.* » Est-ce assez beau et
jailli, à la fois, du cœur d'une enfant et du
cœur de la race ?

Cette ardente prière, à laquelle en passant
chacun de nous s'associe, a exactement la
qualité, la force qui éclate dans les deux plus
belles lettres que j'ai lues depuis le début de
la guerre, et qui furent écrites par deux femmes lorraines, l'une paysanne de Moyen,
l'autre paysanne de Moncel, qui sont des villages auprès de Lunéville, et toutes deux
criant vengeance, comme la femme sculptée
par Rude, dans son groupe du *Départ,* avec

une bouche violemment ouverte. « Nous te disons que tu sois fort et que tu ailles les venger », dit la jeune fille de Moyen. « Tu peux faire part de cette lettre à tes camarades pour que tous les soldats puissent nous venger », redouble la jeune femme de Moncel.

Femmes admirables, témoignage de la vitalité puissante de nos campagnes, signe de ce qu'il y a chez nous de plus intuitif et de plus inspiré, qu'elles sont belles quand elles ramènent leurs fils, leurs frères, leurs maris au combat contre l'ennemi héréditaire et leur font jurer fidélité à la loi de leur race ! Voilà le fond lorrain, la nappe d'eau vive d'où sortent nos réflexions et notre spontanéité.

... Je m'arrête, je m'éloigne trop de Keller. Voilà un instant que je n'entends plus ce qu'il me dit sur la manière, à la fois ingénieuse et régulière, dont il procédait à ses réquisitions. Est-ce donc que je m'endors ? Non, ce qui m'entraîne en songeries, c'est l'émotion, le plaisir puissant de voir un bourgeois, un notable, un administrateur accordé étroitement avec ce qui vit et palpite, de toute éternité, dans les entrailles de cette terre d'invasion.

— Mon cher Keller, voulez-vous que nous

allions ensemble, demain matin, à cette cérémonie pour les morts sur le plateau de Gerbéviller?

VI

N'ABUSONS PAS DE LA TEINTE KAKI

7 Novembre 1914.

Êtes-vous sûrs qu'on laisse jaillir devant nous toute la flamme de la tragédie nationale? On tâche trop d'éteindre, ou du moins on cherche trop peu à favoriser un enthousiasme qui fait une part de notre force.

Je ne critique pas les communiqués. Ils possèdent une grande qualité, la première de toutes : ils sont vrais. Rigoureusement vrais. C'est l'honneur de notre pays, cette sincérité que l'univers peut confronter avec le mensonge systématique de l'Allemagne officielle. Mais, pour être exact, faut-il être aride, sec et nu ? Les abréviateurs qui chaque jour nous donnent ces quelques lignes, et qui depuis trois mois ont créé par elles notre certitude de victoire, sont des gens incapables d'aucun écart de l'imagination. Ils n'ont pas de par delà. C'est bien. Mais ne restent-ils pas un peu en deçà?

3.

Ils se contiennent trop. Je m'incline devant une sévérité si rigoureusement observée. Mais leur abrégé ne nous permet pas de voir tout ce qu'il y a de grandeur aux armées, et d'une manière ou de l'autre on devrait le compléter.

On manque de justice à force de viser à la haute réserve. On ne fait pas assez valoir cette campagne, ses chefs et ses soldats. Nous en souffrons tous, qu'on le sache ! Nous avons besoin de détails abondants et minutieux, généreusement prodigués, et qui soient vus par des historiens à l'imagination ardente. Est-il impossible de nous satisfaire ? Quand connaîtrons-nous les héros de tous rangs, de tous grades qui nous sauvent ? Vous ne pouvez pas les introduire dans le communiqué ; vous ne voulez pas qu'on y trouve jamais un trait qui donne la couleur et l'héroïsme des faits. Soit ! Gardez-le tel qu'il est, votre papier d'honnête homme dont je ne me plains pas, qui nous donne en raccourci chaque jour de la guerre et quasi la pulsation quotidienne des armées ; mais ayez par ailleurs un moyen de répondre à notre vœu. Toutes les lettres qui nous viennent de l'armée sont brûlantes. De chaque bataillon s'échappent les plus admirables histoires. La source est devant nous ;

il n'est que d'y plonger à plein seau pour en rapporter du sublime.

Le *Bulletin des armées de la République* prétend apporter aux soldats les exhortations des non-combattants. De là sa médiocrité inévitable. C'est des combattants que doit nous venir la leçon par l'exemple. Je réclame un florilège des grandes actions de nos régiments, de nos bataillons et de nos soldats, une lecture d'où l'on sorte plein de flamme et d'enthousiasme.

Nous sommes tous d'accord pour distinguer chez nos grands chefs (dont nous savons mal les noms, dont nous ignorons totalement le visage et la biographie), des qualités de modération et d'abnégation, une haute moralité. Nous saluons, avec la certitude que crée une série de demi-lumières, des hommes qui pensent à leur pays plus qu'à eux-mêmes. Jamais les soldats de la France n'ont eu à leur tête de plus honnêtes gens. Ces chefs, depuis dix ans, au milieu de la discorde et des méfiances et des attaques, faisaient leur métier, préparaient le salut de tous. Ils témoignaient là une supériorité de sentiments qui s'accorde avec leur manière de conduire les opérations aujourd'hui, de ne compromettre jamais rien, de suppléer à tous les manques, de maintenir les affaires pied à pied, pour nous faire voir à quelle famille d'hommes de guerre nous devons les rattacher. Et cette vertu, se nuançant selon les âges, descend du généralissime jusqu'à nos plus jeunes camarades.

L'armée de Joffre apparaît comme une des plus pures et des plus originales qu'ait eues la France. Je prévois qu'elle s'enveloppera aisément d'une sorte de légende philosophique à la Drouot, à la Catinat.

Mais, dans cet ensemble et sous cette couleur générale, qui semble écarter, refuser l'élan populaire, il y a des soudainetés, des éclairs, des coups de foudre. Cette grande victoire lente est faite d'une quantité d'actions prodigieuses. Cette égalité, cette constance, cette vertu du généralissime s'appuie sur une immense jeunesse joyeuse, classe 1914, que talonne déjà la classe 1915, et ces enfants évadés de l'école brûlent de montrer ce qu'ils valent.

Allons-nous indéfiniment ne connaître tout cela qu'à la dérobée ? Allons-nous ignorer ce beau volcan qu'est notre armée dans ses tranchées ? On cherche, on interroge, on se penche. La France voudrait connaître, aimer et remercier chacun de ses fils. Donnez à notre piété,

monsieur le ministre, et à notre enthousiasme,
un accès plus facile auprès de ceux qui font
notre gloire.

Les rapports du maréchal French conduisent les Anglais auprès de leurs soldats. Nous-
mêmes, nous avons eu un excellent exposé
de la bataille de la Marne. Un seul, et puis
rien. C'est de mille manières que l'on pourrait favoriser ce désir de nos cœurs et de nos
esprits, et nourrir l'enthousiasme public dans
une guerre si dure et si longue. Tout au
contraire, il semble parfois que l'on s'ingénie
pour atténuer, refroidir et voiler.

Prenez le *Journal officiel* du vendredi
30 octobre dernier, n° 298, ouvrez-le à la
page 2840 et vous serez péniblement affecté,
comme je le fus, en y trouvant une énumération de généraux « *décédés* ». C'est ainsi
que sont désignés les généraux morts pour la
France ! En vérité, n'est-ce pas pousser beaucoup trop loin la réserve, la rigidité, l'impassibilité, — je cherche le terme qui me dispensera
d'écrire l'insensibilité du langage administratif? Lorsqu'au 46e d'infanterie on appelle « La
Tour-d'Auvergne », le sous-officier qui répond
ne dit pas « décédé », il lance la belle phrase
qui nous fait frissonner de fierté et qui, d'un
mouvement instinctif, fait que les jeunes

recrues serrent entre leurs mains plus fortement leurs armes. Il s'écrie : « *Mort au champ
d'honneur !* »

Si vous ne voulez pas aller jusqu'à une
expression contre laquelle cependant nul ne
voit d'objection, pourquoi les bureaux du
Ministère de la Guerre ont-ils renoncé à
employer la formule : « Tué à l'ennemi »,
qui était en usage pendant les campagnes de
Crimée, d'Italie, du Mexique, d'Afrique et
durant la guerre de 1870 ?

Il faut que de tels morts soient distingués
de ceux qui, moins heureux, n'ont pas l'honneur de tomber pour la France. Ils ont bien
gagné d'être désignés sur les contrôles d'une
manière qui les signale à leurs successeurs et
qui assure la gloire de leurs familles. Accueil-
lez, Millerand, cette réclamation que je vous
adresse au nom de la Société amicale des
anciens élèves de Saint-Cyr, au nom des
officiers et soldats, au nom de tous les
patriotes. N'abusons pas de la teinte kaki.

VII

LA MESSE SUR LES TOMBES DE LA VICTOIRE

9 Novembre 1914.

Au matin, je m'en suis retourné de Lunéville à Gerbéviller et. un peu au delà, vers
Moyen. Il avait plu toute la nuit, la terre était
défoncée ; il faisait froid, et le vent apportait,
par intervalles, le bruit sourd du canon. Sur
les vallonnements du plateau que nous sui-
vions, au-dessus de la Mortagne, plus un
arbre, rien que des troncs coupés à un mètre
de terre. Ces troncs mutilés attestent encore
l'acharnement d'une bataille de vingt jours.
Mais les derniers cadavres viennent d'être
enterrés, et je me hâte pour assister à la messe
sur les tombes.

Quand j'approchai de Moyen, il y avait à
droite de la route, dans les champs, une petite
foule. Vers cette foule, de toutes parts, à travers
les terres, des gens silencieux s'acheminaient.

Je quittai la voiture et m'en allai à pied
vers ce rassemblement. Un groupe d'officiers
vint à ma rencontre ; nous nous serrâmes la
main, en même temps qu'ils se nommaient.

Rien de plus. A quoi bon parler ? Cet horizon rempli de tertres funèbres exprimait assez nos pensées.

Un paysan s'approcha et me dit ;

— Je suis le maire de X... J'avais cinq maisons. De mes cinq maisons, il ne me reste rien. Et le pardessus que vous me voyez sur le dos, je l'ai emprunté à une personne de Lunéville.

— Monsieur le Maire, la France a le devoir de vous habiller, de vous abriter et de vous nourrir.

Il me montra un groupe tragique de vieillards, de femmes et d'enfants, venus des villages détruits rejoindre cette réunion de soldats et prier pour leurs défenseurs. J'allai leur répéter les mêmes paroles. Puis je me plaçai au milieu des officiers et des majors, à côté de la sœur Julie, l'ange des ruines, toute plongée dans son paroissien et des lunettes sur le nez.

Nous étions là sur le principal ossuaire des champs de bataille de la Mortagne où l'on allait célébrer un service pour les morts semés dans cet horizon à perte de vue, depuis Saint-Dié jusqu'au delà de Lunéville.

Qu'on se représente la scène, quelques centaines de soldats, massés autour d'une tombe

longue de trente mètres et ornée de drapeaux,
de pauvres bouquets et de faisceaux d'armes.
A la tête de cette tombe, deux groupes, l'un
de paysans sinistrés, l'autre d'officiers et de
religieuses, encadrant un autel où monte un
prêtre. Il s'incline et ses vêtements sacerdo-
taux laissent voir son pantalon rouge.

Le prêtre-soldat ! figure étonnante qui réap-
paraît à de longs intervalles dans l'histoire
de France, évêque des *chansons de gestes*,
moine guerrier des croisades, curé de 1914 :
homme en qui résident deux mystères, et qui
dispose d'une double puissance pour nous
émouvoir. Toutes les têtes se découvrent,
toutes les figures se contractent. Et tandis
qu'il procède à l'office divin, chacun se livre
aux songeries du cœur. Nous revivons les
grands âges primitifs et purs de notre race.
Le mensonge s'enfuit ; les rites redeviennent
capables d'élever, d'emporter les esprits dans
le ciel. Au lointain le canon tonne ; nos villages ruinés sonnent leurs cloches malheureuses. Et quand, au sommet de l'office, le
prêtre-soldat élève le calice au-dessus du
champ de bataille, on entend palpiter les
âmes.

Vous étiez là, jeunes filles de Moyen, vous,
les trois sœurs Hasse, qui avez écrit, en date

du 4 septembre 1914, la lettre sublime au frère et qui d'une voix pressée lui disiez :

> Mon cher Édouard,
>
> J'apprends la nouvelle que Charles et Lucien sont morts dans la journée du 28 août ; Eugène est blessé grièvement. Quant à Louis et à Jean ils sont morts aussi. Rose est disparue. Maman pleure ; elle dit que tu sois fort et désire que tu ailles les venger. J'espère que tes chefs ne te refuseront pas ça. Jean avait eu la Légion d'honneur ; toi, succède-le.
>
> Ils nous ont tout pris. Sur onze qui faisaient la guerre, huit sont morts. Mon cher frère, fais ton devoir ; l'on demande que ça. Dieu t'a donné la vie, il a le droit de te la reprendre. C'est maman qui le dit.
>
> Nous t'embrassons de tout cœur, quoique nous voudrions bien te revoir avant. Les Prussiens sont ici. Le fils Jandou est mort. Ils ont tout pillé. Je reviens de Gerbéviller, qui est détruit, les lâches !
>
> Pars, mon cher frère, fais le sacrifice de ta vie ; nous avons l'espoir de te revoir, car quelque chose comme un pressentiment nous dit d'espérer. Nous t'embrassons de tout cœur. Adieu et au revoir si Dieu le permet.
>
> Tes sœurs : Berthe Hasse.
>
> C'est pour nous et pour la France. Songe à tes frères et au grand-père en 1870.

Vous étiez là, paysanne d'Hériménil, M. G..., qui lanciez à votre mari les apostrophes brûlantes :

> Mon cher Henri, les Allemands ont été trois semaines chez nous à nous faire de la misère. Je vais te dire la vérité, car je ne peux garder cela pour moi ; mais il faut que tu aies du courage comme j'en ai eu.....

..... Maintenant ne te fais plus de bile pour la famille, car tu n'as plus que moi à penser. Tu sais que j'ai été courageuse. Le courage fait la force ; c'est pour cela qu'il faut que tu le sois, pour venger tes deux enfants et notre pauvre famille. Vous pouvez prendre tout courage pour les écraser tous, ne plus les laisser entrer chez nous, car moi, s'il était permis, j'irai prendre un fusil, tâche d'en tuer une paire. Tu peux faire part de cette lettre à tes camarades, pour que tous les soldats français puissent nous venger... Ne te fais pas de bile pour moi, car je n'ai plus d'enfants... Ce que je te recommande ? De leur envoyer des boulets plein la gueule, les écraser tous, car ils ne méritent pas de voir la lumière.

Femmes des cantons envahis, voilà vos accents admirables et terribles quand la race inférieure entreprend de briser les os de notre race, et près de vous, plus parfaite encore, voici la sœur Julie et ses religieuses, vos parentes, qui conservèrent des soldats à la France et firent reconnaître par l'univers leur vertu. La femme, mieux qu'aucun être, est désignée pour sentir et pour traduire les puissances du sang. C'est à percevoir ses vagues profondes que l'on distingue de quelle ombre surgit le sublime. Je croyais sur ce plateau, durant cette solennité, parmi cette assemblée immobile, au milieu de ces sentiments éternels d'amour, de haine, de désolation, de courage et de religion, toucher la substance éternelle, l'âme même de ces territoires... La messe est

finie. Maintenant, c'est mon tour de parler.
On me fait monter sur le tertre des morts.

Il faudrait que je fusse leur voix, la voix
de ces villages ruinés, de ces espaces épou-
vantés. Mais quel poète serait digne de toucher les orgues dans cette cathédrale du plein
air et de donner à ces espaces leur gémissement ! Je me bornerai à jeter avec les mots les
plus rapides et les plus simples, aux quatre vents
du champ de bataille, le bulletin de la victoire.

« .... Nos frères sont morts et remplissent
ces fosses ; nos maisons sont écroulées, brû-
lées, et nos concitoyens ont été fusillés ou
emmenés en captivité. Mais vous n'avez pas
souffert pour une cause vaine et ces sacrifices
effroyables viennent d'assurer le salut de la
France.

» Le 20 août, la bataille de Sarrebourg
avait été pour nous un insuccès. Pendant quatre
jours, les Allemands marchèrent sans obstacle.
Ils croyaient qu'ils allaient comme cela arriver
sur Bayon, sur Charmes et franchir la Moselle.
C'est leur orgueil qui les perdit. Le 24, à cinq
kilomètres d'ici, au village de Xermamesnil,
ils débouchaient, musique en tête, quand ils
reçurent une terrible volée de mitraille d'une
batterie française placée sur la ferme-abbaye de
Belchamp. D'un endroit noble de la vieille

Lorraine, mais bien déchu, on faisait cette magnifique besogne, et voilà Belchamp ravivé de gloire ; voilà surtout les Allemands qui hurlent de douleur sous la mitraille de mort. Et dans le même temps, sur la même ligne, à Gerbéviller, ils étaient retenus jusqu'au soir par 51 alpins, sous la conduite de l'adjudant Chèvre, qui fut porté à l'ordre du jour de l'armée. Cette double audace, en arrêtant toute la journée le débouché de deux corps d'armée allemands au Sud de la Mortagne, a permis à nos troupes de prendre leurs dispositions d'attaque. De là cette fureur des Allemands sur nos villages. S'ils avaient pu franchir la Mortagne et puis forcer la Moselle et la trouée de Charmes, les opérations de Joffre étaient irrémédiablement compromises, et ses armées coupées. Mais, durant vingt et un jours, dans nos villages malheureux, et désormais glorieux, les deux armées de Castelnau et de Dubail tinrent bon. Et le 11 septembre, entre sept et huit heures du soir, tout d'un coup, ils sont partis en apprenant le résultat de la bataille de la Marne, qui ne fut possible que par vos souffrances et votre ténacité... »

...Ainsi je célébrais, devant mon auditoire de soldats et de paysans, les effets immédiats de leurs sacrifices. J'aurais pu continuer ;

d'autres fruits mûriront, à travers les siècles,
sur l'arbre mystique dont ces morts voulurent
être les racines. Mais ce qui resterait à entendre
ne se communique pas avec des paroles. Il
suffit de suivre du regard de l'âme, dans le
ciel de Xermamesnil et de Gerbéviller et parmi
les nuages du bois de la Chipotte, des héros
qui maintenant ne cesseront plus de flotter
au-dessus de nos têtes en Lorraine.

Déjà leur ombre projetée fait la beauté
morale extraordinaire de ces populations au
milieu des horreurs de la guerre. L'horreur
n'est pas supprimée, mais du moins le trouble
et le vertige de nos esprits. Heureux les
peuples au milieu desquels ces morts ont placé
leur demeure ! Heureux le ciel qui va les
voir à jamais déployer leurs ailes et soulever
les vivants !

VIII

QUE FAUT-IL AU BLESSÉ
SUR LE CHAMP DE BATAILLE ?

10 Novembre 1914.

J'ai déjà beaucoup parlé des blessés. Nous
avons obtenu quelques résultats. Ils sont insuf-
fisants, et je dois continuer. Mais que nul ne s'y

trompe : j'écris cette suite d'articles avec les sentiments d'un collaborateur de l'État. Je ne suis animé par aucun goût de contradiction, et j'agis avec un esprit de vérité.

Sauver les blessés, c'est remplir notre devoir de reconnaissance, c'est obéir à notre immense amitié pour nos défenseurs, c'est donner des armées à la France. Personne ne songe à être négligent envers ces glorieux martyrs de la patrie, mais tout de même il faut se dépêcher d'améliorer l'état des choses, autant que le permet, en pleine guerre, une organisation foncièrement défectueuse.

Je me suis fait en public le divulgateur modéré des manques du service. Avec plus de précision et d'énergie, j'ai transmis à qui de droit, par la voie privée, des témoignages, des fragments d'enquête. Maintenant je voudrais soumettre à tous, après les critiques, les remèdes : quelques moyens pratiques de faire bien.

L'idée générale qui doit présider aux changements ressort d'un grand principe actuellement méconnu, c'est que la gravité des blessures est en raison inverse de *la rapidité* des soins *compétents*. Vous entendez bien, il y a deux termes : la *rapidité* et la *compétence*.

Dans quelques articles, très courts et les

plus simples (car ce grand sujet qui n'éveille que la piété patriotique doit être réservé à une argumentation toute sévère et quasi technique) je vais essayer de suivre le blessé du champ de bataille à l'ambulance et de voir, à chaque étape, comment nous pourrions le servir.

Aujourd'hui, allons sur le champ de bataille. Qu'y pouvons-nous en faveur de nos soldats?

Nous pouvons qu'ils soient munis d'un pansement antiseptique et d'une ampoule d'iode.

Il s'agit de prévenir les infections. Petite dépense d'argent, immense économie de vie humaine.

Un haut chirurgien me dit : « Il faut que, par ordre du ministre, les officiers passent la revue de ces pansements et de cette ampoule, qu'ils en indiquent l'emploi. »

Ne faut-il pas, d'abord, qu'ils en réclament la distribution? Chaque combattant a-t-il son ampoule d'iode? N'a-t-il pas sali, perdu, oublié ses pansements? N'en a-t-il pas déjà disposé? Quand je serai assuré par mes correspondants de ce que je crois bien savoir, dès maintenant, que nos combattants n'ont pas plus d'iode que de pansement individuel, nous demanderons à un maître de la chirurgie, civil ou militaire, nous demanderons à la *Société de médecine militaire* la meilleure recette d'antiseptique immédiat, le plus simple moyen, et je me tournerai une fois de plus vers mes lecteurs et donateurs d'une générosité inépuisable : « Voilà, leur dirai-je, une œuvre à créer et plus utile encore que celles du tabac et du chocolat, *le pansement du soldat*. »

Chacun ses bandes de pansement et son ampoule de teinture d'iode. Pour aujourd'hui, je n'en dirai pas plus. Cette seule idée, si elle est bonne, capable d'empêcher l'infection et la suppuration, va sauver la vie à des centaines de Français, qui sont nos meilleurs amis et nos chefs, l'élite morale et physique de la nation.

Je soumets l'idée aux approbateurs et aux contradicteurs, aux maîtres de la science et aux chefs de l'administration. Peut-être que certains de ces derniers redoutaient qu'il n'y eût dans des critiques trop vraies une pensée de polémique ou même, à notre insu, un ferment de division. Non, mille fois non, tout ce que nous sentirons avec vérité devra nécessairement, dans cette sainte période de la guerre, tourner à faire l'union. Non pas l'union des mots ; elle n'était qu'un premier stade, aujourd'hui dépassé : il s'agit d'en venir à l'union des actes. Ils se battent, nos frères ! Nous cherchons de quelle manière nous pouvons les aider, soutenir leurs corps lassés, leur porter secours. Le service de santé, avec toute sa bonne volonté, n'a pas les préparations suffisantes. Chacun brûle de l'aider, non pas de le contrarier, de le surveiller et de le gêner. Nous voulons nous tenir près de lui, en arrière de lui, à la manière d'un assistant, et lui passer ce dont il avoue avoir besoin. Le service de santé manque de petits pansements et d'ampoules, on peut lui en fournir. Pour faire face à son immense travail, il n'aura jamais trop de collaborateurs compétents ; on pourrait encore lui en proposer. C'est ce que nous verrons demain.

P.-S. — A propos de mon article : *N'abusons pas de la couleur kaki,* M. le capitaine de Gourcy, des chasseurs à pied, trésorier-archiviste de la Saint-Cyrienne, m'écrit une belle lettre dont je me permets de placer quelques parties sous les yeux de mes lecteurs. Elle achève d'éclairer un des côtés de la question :

« Le *Journal Officiel,* aujourd'hui, porte des nominations dans la cavalerie avec la mention *tué à l'ennemi.* Les nominations dans l'artillerie, le génie, l'infanterie et l'artillerie coloniales porteront encore la mention *décédé.* .....C'est humiliant pour des gens qui donnent leur vie « sans hésitation ni murmure », comme prescrivait l'ancien règlement.

« Quand on lit, dans le même numéro de l'*Officiel*, qu'un officier a été cité à l'ordre de l'armée, avec le motif suivant : « S'est mis, » le 29 septembre, à la tête de ses troupes » pour prendre d'assaut un pont occupé par » l'ennemi, en disant : « Il n'y a pas de » Prussiens qui tiennent, il faut passer. » A été tué dans cet acte d'héroïsme », et que cet officier sera inscrit comme décédé sur ses états de service, c'est à renverser. — Cet officier, c'est le commandant Héry...., »

Je suis convaincu qu'il n'y a pas à insister en faveur d'une cause si juste, et que les bureaux voudront en finir avec ce fâcheux *lapsus* trop prolongé.

IX

HATONS-NOUS DE RELEVER NOS BLESSÉS

11 Novembre 1914.

De nombreuses lettres m'approuvent. « Ah ! oui, mettons le blessé en mesure de prévenir l'infection de sa plaie par un antiseptique immédiat, dès le champ de bataille. »

Comment l'administration compétente n'a-t-elle rien fait dans ce sens? Attendait-elle l'initiative privée? C'est possible, mais le professeur Pierre Delbet s'est préoccupé, avec ses amis, avec le public, de donner à chaque soldat une ampoule de teinture d'iode, et pourtant, à cette heure encore, nul commandant de corps, nul soldat ne possède d'ampoules d'iode.

C'est qu'en effet l'éminent professeur a reçu l'ordre de verser les ampoules avenue de Tourville, à la pharmacie centrale des hôpitaux. Elles y sont toujours! Aucune n'a été envoyée aux soldats qui se battent tous les jours!

Je ne comprends pas. Mais je passe outre, en attendant des explications Il n'est pas en mon pouvoir de me substituer aux services réguliers. Je ne puis pas réaliser les idées, je ne puis que les publier.

Je répète mon premier point : que faut-il au blessé sur le champ de bataille? Un pansement antiseptique et une ampoule de teinture d'iode. Et je passe à la seconde étape de la question.

Ce blessé, vous n'allez pas le laisser sur le champ de bataille. Il vous faut le ramasser et le porter à l'ambulance.

Ah! ce séjour parfois indéfini qu'ils font sur la terre de douleur, nos soldats, environnés par la bataille ou par une immense solitude et des plaintes! Je n'en décrirai rien. Vous savez cela, mes chers lecteurs, vous le sentez jusqu'à l'angoisse, vous le voyez la nuit dans vos insomnies. Aussi voulez-vous que tous les efforts soient déployés afin que se fasse rapidement l'enlèvement des blessés, et qu'ils reçoivent au plus vite des soins minutieux.

Eh bien! avez-vous causé avec des aides-majors qui reviennent des lignes de feu? Leur avez-vous demandé pourquoi des blessés demeurent abandonnés deux jours, quatre jours et davantage? Ils vous répondent que ces affreux retards viennent de la bataille qui se prolonge, et puis de l'insuffisance des moyens de transport.

Tant que la bataille piétine les blessés, tant qu'ils gisent entre les tranchées et que les brancardiers qui les veulent aller chercher sont jetés bas, rien à faire; c'est la guerre, rendue plus effroyable encore par la conception sauvage et la manière « colossale » des Allemands. Mais devons-nous accepter que notre outillage mal approprié, d'invention trop vieille, nous coûte les plus précieuses vies? On ne peut rien contre certaines nécessités de guerre, on peut tout s'il s'agit de créer un matériel.

Le docteur de M... me raconte qu'il eut, un jour, trois cents blessés à enlever. Il disposait de trente-deux hommes. Théoriquement, trente-deux hommes portent seize brancards, mais pratiquement, dès que le trajet à faire est un peu long, dans les terres labourées, il faut quatre hommes par brancard, et les trente-deux hommes du docteur ne pouvaient guère ramener au poste de secours que huit hommes toutes les deux heures. Au bout de quatre jours de travail surhumain, le docteur de M.... a dû laisser des blessés qui d'ailleurs, hâtons-nous de le dire, ont pu être sauvés par d'autres moyens.

Voilà dans ce récit, volontairement dénué de couleurs et d'indignation, un drame que je vous laisse méditer. Nous ne sommes pas au bout de la guerre et la saison va devenir la plus mauvaise. Nuits d'hiver dans la neige, dans le dégel.. J'insiste auprès des services de santé. Vous insistez avec moi. Il n'est pas admissible que l'on se reconnaisse vaincu par une difficulté d'ordre industriel. L'entreprise où, la mort dans l'âme, le docteur de M... a échoué, l'entreprise d'enlever sept cents blessés en quatre jours ne dépasse pas le génie de la France.

On me dit que les brancards sont trop
lourds. Quand un homme a porté quinze
kilos, toute une journée, en plus de son sac,
il est fourbu. Songez au chasseur qui est
éreinté par un fusil de trois kilos. Et, là-des-
dessus, un éminent chirurgien, le docteur
Étienne Destot, m'explique dans tous ses
détails une brouette cycliste dont il me chante
merveille. A l'entendre, chaque brancardier
devrait avoir une bicyclette et puis deux roues
de bicyclette, une fourche en fer spéciale, un
brancard démontable en bambous, composé
de deux perches de 2^{m},50, deux traverses
métalliques en fer plat et deux pièces de toile
de 1 mètre sur 60 centimètres de large, our-
lées de façon à laisser le passage des bambous.
Avec ses simples éléments, un seul brancardier, me dit-il, peut emmener à trois kilomètres un blessé couché, en une heure, et
revenir sans fatigue. C'est-à-dire qu'ainsi
outillé, le docteur de M.... aurait en moins
d'une journée enlevé ses trois cents blessés.

J'envoie à Bordeaux, dans mon second rapport qui va partir incessamment, l'invention
du docteur Étienne Destot. A d'autres de la
juger. Je ne me connais pas plus en brouette
cycliste qu'en ampoule antiseptique, mais
voilà les problèmes à résoudre et qui ne

dépassent pas le génie de nos spécialistes. Chacun supplie les services sanitaires de perfectionner leur outillage pour faire face à une guerre toute nouvelle et pour obtenir le rendement nécessaire.

Aujourd'hui, on peut, et l'on doit supprimer autant que possible les transports à bras ou par cheval ou par voiture, douloureux et lents, pour leur substituer la brouette cycliste et l'automobile. Nous avons des automobiles, mais moins simples et moins confortables que celles des Anglais. Imitons nos amis, puisque nous n'avons pas su progresser en même temps qu'eux, et si nous renonçons à donner à nos soldats le bien-être dont jouissent les leurs, tâchons tout de même que des blessés français trouvent chez nous, en plus d'une fraternité agissante, le *confortable* britannique.

Certes, ils ne se plaignent pas, nos blessés. Ce ne sont pas eux qui disent que c'est dur; ils ne réclament rien. Mais parce qu'ils sont des héros, est-ce une raison pour les soigner imparfaitement? Au contraire. Plus ils sont mâles et généreux, plus il faut les guérir et les conserver.

Ah! je sais bien : tous ceux d'entre nous qui sont neufs et chez qui l'affreuse accoutumance n'a pas émoussé la première sensibilité s'emploient pour le blessé. La pitié, les larmes, le dévouement d'admirables sœurs de charité, laïques ou religieuses, ne lui manquent pas. Cela, c'est l'activité des cœurs. Je réclame pour lui en outre l'aide des intelligences coordonnées.

Notre service de ravitaillement en vivres et en munitions fonctionne admirablement. Le service de santé fonctionne moins bien. Pour concevoir, créer et mettre au point notre 75, des inventeurs ardents et savants ont travaillé des années. Les services de santé n'ont pas eu, quelle qu'ait été leur bonne volonté, cette heureuse fortune de doter notre pays d'un matériel sanitaire approprié aux nouvelles nécessités de la guerre.

X

ERNEST PSICHARI
MORT AU CHAMP D'HONNEUR

12 Novembre 1914.

Le petit-fils de Renan a été tué à l'ennemi. J'apprends le malheur, la gloire des siens et des lettres françaises. Je m'interromps d'écrire mon article du jour, j'écarte mes notes sur les blessés ; sans un retard, il faut que les patriotes saluent ce frère immortel de Péguy, ce soldat de la France et de la pensée française, notre jeune et bien cher ami tombé pour la patrie.

Ernest Psichari, lieutenant d'artillerie coloniale, a été tué à Saint-Vincent-Rossignol, en Belgique, près de Virton, le 22 août, en défendant sa batterie. C'est une affaire où nous avons été douze mille contre cent vingt mille. Nul n'a bronché. Le régiment s'est fait tuer. Lui et ses camarades sur leurs pièces qu'ils avaient rendues inutilisables. Il a vu la mort venir. Ils avaient usé leurs dernières munitions. Voilà ce que me fait savoir son père, qui fut avant-hier, jadis, je ne sais quand, notre adversaire politique et que ce glorieux malheur rend pour nous un ami sacré. Et il ajoute, ce père, vers qui vont toutes les amitiés : « Oh ! si, après cela, nous ne les écrasons pas, nous nous demanderons ce que sont allés faire là-bas nos enfants ! » Nos enfants, mon cher ami, sont allés sauver la France, et le vôtre, parmi eux, d'un bond dans la mort, s'est placé au premier rang, ajoutant encore à la gloire de votre illustre famille.

« A quelle mystérieuse suite de recommencements se plaît la nature, écrivais-je, il y a trois ans, lors des débuts littéraires d'Ernest Psichari, et comme il est beau que les richesses cachées dans le germe primitif viennent successivement fleurir, tomber et refleurir dans la suite de la descendance... » Le petit-fils de Renan aura passé au milieu de nous en courant, mais que sa destinée interrompue est belle ! Couronné par la mort, le jeune héros rejoint son aïeul qui le reçoit avec respect. L'enfant complète, perfectionne, oserais-je dire, répare l'œuvre immense du vieillard.

J'aime le vieux Renan, je serais un ingrat de manquer jamais à saluer celui dont les livres furent un des appuis de ma jeunesse. Il me proposa des problèmes que j'ai, par la suite, résolus selon mes expériences propres, mais qui demeurent tout l'attrait de la vie. Son œuvre, hier encore, je la méditais sur la plage antique de Phénicie, d'Amrit à Sidon, dans Amschid, dans Ghazir et le long du fleuve Adonis. Pourtant, j'ai toujours souffert qu'elle manquât d'héroïsme. J'y cherchais vainement un élan tout direct et tout franc, le goût du risque physique, et j'écartais avec impatience un excès de précaution. Or, voici que cet enfant guerrier est apparu pour justifier son grand-père. « Mon salut et ma joie », dira l'aïeul en accueillant cette jeune ombre sanglante.

J'ai mis jadis dans la circulation des idées une phrase de Renan, que je tenais de Déroulède et qui n'a fait que trop fortune. J'ai raconté qu'un jour le vieux philosophe dit au jeune président de la *Ligue des Patriotes* qui insistait pour l'associer à l'une de ses entreprises : « Jeune homme, la France se meurt. Ne troublez pas son agonie. » Phrase impie, m'écriais-je. J'aurais dû ajouter que Renan procédait toujours en se plaçant successivement à des points de vue divers, et qu'il n'est pas juste de prétendre le saisir tout entier dans cette cruelle boutade. Aujourd'hui, nous voyons que ce glas de mort ne donnait pas le son total de son âme. Nos fils ressemblent à nos pensées les plus profondes, a-t-on dit avec magnificence. Ernest Psichari s'accorde avec les grandes pages de la *Réforme intellectuelle et morale.* Il les continue. La vie et l'œuvre de cet enfant peuvent être tenues pour un des testaments du génie multiforme de Renan. Il rachète, s'il en était besoin, son aïeul et, au sens mystique, le sauve.

Renan et Taine sont morts en doutant de la vitalité française. Ils ont cru que les nouvelles générations vivraient de l'ombre d'une ombre et mourraient d'inanition morale. Comme le vieil empereur carolingien qui voit les barques normandes sur l'Océan et qui verse des larmes en prophétisant l'invasion, ils ont passé leurs derniers jours à gémir devant la haute mer qu'ils n'avaient plus la force d'affronter. Ils désespéraient. C'est une conséquence de leur abus des analyses et des froids raisonnements. Que ne se fiaient-ils davantage à leur cœur? S'ils étaient descendus en eux-mêmes, ils y auraient **trouvé la puis**sance et la fierté de leurs **pères**, toutes prêtes à renaître en leurs petits-fils.

L'*Appel des Armes*, l'œuvre maîtresse d'Ernest Psichari, est le témoignage le plus saisissant et le plus clair d'une génération que nous avons vu se former sous nos yeux éblouis de bonheur, et qui rature les enseignements officiels de ses maîtres immédiats, pour aller chercher sa parole de vie plus haut dans la race, plus loin dans le passé. « Le fils a pris le parti de ses pères contre son père », telle est la puissante formule où le jeune écrivain définit son livre, sa propre biographie morale et l'histoire de ses amis. Vous connaissez le thème de l'*Appel des Armes* : le fils d'un instituteur antimilitariste, sous l'influence d'un officier que le hasard lui fait rencontrer, se découvre une vocation de soldat. Un second ressort mystique vient en aide et en réconfort à cette vertu guerrière et la double. Ce fils d'anticlérical est catholique pieux.

Jugez de l'étonnement douloureux du père à cet éveil, à ce réveil de tout ce qui fut la vie des siens à travers les siècles et qui sommeille dans son être. Quel livre! Il posait tout le problème des âmes dans la France d'hier. Avant cette guerre, il y avait chez nous deux conceptions du devoir, deux vues sur nos destinées nationales, Elles s'opposaient; aujourd'hui, elles sont réconciliées devant l'ennemi et dans les conditions que créent le danger et le sentiment surexcité de l'honneur. Ceux qui proclamaient «l'indépendance de la raison affranchie» sont bien obligés de reconnaître la nécessité, la beauté, la supériorité des disciplines généreusement consenties.

Le germe des idées sur la patrie que nous avons combattues se trouve peut-être dans la fameuse conférence, où Renan définit la nation comme une âme et un principe spirituel. Pour nous, la patrie est avant tout une terre et une entente avec ceux qui nous engendrèrent selon la chair. Mais dans ce texte que je n'ai pas sous la main et que je dois citer de mémoire,

l'illustre philosophe déclarait : « Nous serons
une patrie et nous nous aimerons en proportion
des sacrifices que nous aurons acceptés et des
maux que nous aurons soufferts ensemble. »
Grande parole qui semble prévoir, qui définit
notre réconciliation, notre union d'aujourd'hui.

Ces jeunes morts glorieux, Ernest Psichari
et Charles Péguy, qui s'aimaient fraternellement, ont pu croire justement qu'ils distin-
guaient et choisissaient entre leurs aînés, et
celui-ci plus âpre, parfois terrible, celui-là
grave et tendre, ils l'ont l'un et l'autre
coupé, sacrifié dans la chair vivante. Ils
étaient deux guerriers. Mais est venue la
grande guerre de Revanche, et dès le départ
elle fit l'unité nationale. Rien qu'en prenant
les armes pour la réparation du droit et la
délivrance de l'Alsace-Lorraine, nos fils ont
réparé et délivré l'âme française, ils ont res-
titué la patrie une et indivisible.

De cette réussite sacrée, je suis sûr que
Psichari et Péguy eurent l'intuition dans leurs
dernières veillées du bivouac, car les circonstances sublimes nous ramènent dans les régions
les plus profondes de notre conscience et nous
aident à comprendre tout ce qui nous est
parent. Ils ont senti tous leurs sentiments s'accorder, les nôtres unanimement les entourer

d'une brûlante amitié. Et puis, je sais de source certaine qu'ils sont tombés en connaissant que leur sacrifice n'avait pas été inutile. Les compagnons d'armes de Péguy me racontent qu'il a succombé au dernier jour de la retraite sur la Marne, après avoir entendu l'ordre du jour du généralissime disant : «Demain, les armées passeront de la défensive à l'offensive. » C'était assez pour que cette magnifique intelligence, dans sa dernière nuit, entendît les ailes de la victoire. Quant au lieutenant Ernest Psichari, son père m'écrit : « D'après des mots que j'ai recueillis, il est mort, croyant à la victoire fermement. »

Cette certitude qui les remplissait et les consolait dans leur sacrifice permettra pour jamais à leurs amis, à leurs mères elles-mêmes, de se les représenter, ces jeunes héros, le front calme dans la mort.

XI

AUTOUR DES AMBULANCES D'ARRIÈRE

14 Novembre 1914.

Mais continuons d'accompagner le blessé dans son dur voyage vers le salut.

Vous vous rappelez que nous l'avons laissé

aux mains des brancardiers qui le portent
lentement, du mieux qu'ils peuvent, jusqu'à
l'ambulance d'arrière (ou bien jusqu'à l'auto
qui le conduira à cette ambulance).

Espérons qu'il n'a pas trop attendu sur le
champ de bataille et qu'un pansement som-
maire, un badigeonnage d'iode ont pu déjà
le prémunir contre l'infection. En tout cas,
quelque pénible que nous semble sa situation,
il ne récrimine jamais. Tous ceux qui le voient
s'émerveillent de sa vaillance. Sur chacun de
nous, il a un droit absolu, et le sublime, c'est
qu'il ne s'en doute pas. C'est nous qu'il a
défendus, vous, moi, nos familles, vos enfants
et les miens, nos champs, notre pensée. Il
s'est placé entre Paris et les masses allemandes.
Il tombe; défendons-le, à notre tour. Il est le
créancier du pays. Il a droit à des organisations
sanitaires souples, coordonnées, bien agencées,
à des soins distribués rapidement par les gens
les plus compétents. Quand il glisse à terre
au milieu du combat, le vaillant garçon, et
qu'il sort de la chaude camaraderie, de cette
entr'aide, de cette fraternité que tous nos fils
et nos frères nous racontent et qui crée vraiment, entre les chefs et leurs hommes, une
petite famille, le voilà un numéro, une
pauvre chose livrée à son destin. Ne le lais-

sons pas croire à son isolement. Arrivons avec lui à l'ambulance régimentaire.

Cette ambulance est l'organe essentiel des services sanitaires. Reliée à la ligne de feu par les brancardiers et par les autos, elle forme l'échelon indispensable avant l'évacuation qui doit être le but. Comment notre blessé y va-t-il être réconforté? Que va-t-il s'y passer?

Ici, laissez que je vous évite, car elle pourrait être déprimante, une description des circonstances pénibles où l'on s'est plusieurs fois trouvé, et regardons simplement ce que devrait être une ambulance exemplaire. Un chirurgien civil ou plutôt plusieurs chirurgiens parlent. Ils nous disent :

— Dans une grande salle de « nettoyage » déjà chauffée par des poêles, voici, tout préparés, des récipients pleins d'eau chaude, des bains de pieds, des tubs. Les blessés sont mis à nu, placés sur des petits lits avec une toile cirée, lavés, nettoyés, changés de leurs linges, qui sont passés à l'étuve stérilisante. Deux ou trois chirurgiens de carrière avec chacun quatre aides sûrs, plus des femmes de France, bref, tout le monde est là avec des caisses de pansement. Et tandis qu'on examine les blessures, qu'on procède à la radiographie, s'il y a lieu, des scribes établissent des fiches. Le triage se fait : les petits blessés, bien pansés, remplissent les autos qui les conduisent à la gare et ils s'arrêtent à soixante ou quatre-vingts kilomètres. Les blessés moyens (fractures et grandes plaies) sont mis en appareils et portés dans les autos avec une fiche spéciale, les expédiant au loin. Restent les grands blessés : les uns après une intervention d'urgence pourront être évacués ; les autres, atteints au ventre, atteints à la tête, même après l'opération, ne sont pas transportables et resteront hospitalisés.

— Mais permettez, monsieur le chirurgien, dans quel local installez-vous donc votre ambulance idéale, avec ses étuves, son appareil de radiographie ?

Qui vient d'interrompre ainsi, avec un peu d'impatience, les explications que nous écoutions ? c'est un autre chirurgien, qui, lui, revient du front.

Et son confrère de répondre :

— Mon ambulance, les ambulances que je tiens pour nécessaires, mais je les vois assez pareilles à des cirques ambulants (¹) qui se montent et se démontent en quatre heures.

---

(1) On sait que l'idée a fait son chemin et quand elle fut réalisée, le sous-secrétaire d'État Godart employait ce mot de « cirque ambulant ».

Elles se fixent pour hospitaliser les blessés qui ne peuvent pas être évacués ; elles se déplacent pour suivre l'avancée des troupes ou pour reculer avec elles. Leur nombre doit être assez grand, pour qu'en les espaçant de quinze en quinze kilomètres on desserve un front de trois cents kilomètres. Elles ne doivent pas répondre à une division, à un régiment, à une formation militaire, mais simplement à une situation géographique convenable. La grande affaire qui doit présider à l'établissement d'une ambulance, c'est la recherche de l'eau. Il faut en chirurgie beaucoup d'eau sous toutes les formes, vapeur, eau chaude, eau stérilisée, eau froide, glace. En outre, une ambulance doit être une véritable usine, avec une machine à vapeur ou deux. On trouve des locomobiles agricoles. Une de ces machines donnera de la force, l'autre de la chaleur, afin que nous puissions avoir des étuves stérilisantes, un groupe électrogène d'éclairage et une installation radiographique. L'ensemble du campement comprendra une tente pour cinquante lits, une tente salle d'opérations et de radiographie, une grande tente pour le nettoyage, le pansement et le triage des blessés, une cuisine portative, des voitures de linge, de pansements et d'appareils...

Il aurait continué. Mais celui qui sait, celui qui revient de la bataille, n'y tient plus :

— Ah ! mon cher confrère, et vous, monsieur Barrès, venez donc, un jour, sur les routes derrière les combattants. Vous les avez parcourues, ces routes ; vous les avez vues, couvertes de trains d'équipages, et de troupes qui défilent, et d'artilleries qui se déplacent en toute hâte. Il s'agit de ne pas perdre une minute. A la guerre, le service du combat passe avant tout. Sauver les blessés, oui ; mais la meilleure manière d'y parvenir, c'est de sauver l'armée et le pays. Laissez les routes à l'artillerie d'abord et aux vivres. N'y amenez pas la foire de Neuilly ! Tenez, moi, chirurgien militaire, je ne dispose que d'une voiture médicale, toute réduite: eh bien ! le plus souvent, si petite qu'elle soit, elle s'égare, ne me parvient pas. Vous n'aboutirez à rien, dans cette guerre, si vous compliquez.

Voilà les deux conceptions qui s'affrontent, voilà les exigences de la guerre et les exigences de la médecine, ou plutôt voilà le fait et la théorie. Quand je pèse nos obligations envers nos blessés et l'intérêt de les guérir pour qu'ils retournent au combat ; quand j'apprends que les Allemands, pour assurer la retraite rapide de leurs troupes en Pologne, ont réuni plus de cinquante mille automobiles, j'ai peine à croire que des ambulances-modèles encombreraient dangereusement nos arrières. Mais, je comprends que ce n'est pas en pleine guerre, et quand nous avons à créer des matériels de toutes sortes, que nous pouvons réclamer utilement un nouvel outillage médical. Laissons la perfection. Qu'y a-t-il aujourd'hui de possible ?

Je départage mes conseillers, que je remercie, et voici ce que je crois pouvoir retenir. Dans cette guerre, avec les moyens mis à notre disposition sur l'arrière de la bataille, nous ne pouvons que chercher à évacuer le plus vite possible nos blessés sommairement pansés. Qu'ils aillent loin de la ligne de feu, vers des hôpitaux bien organisés. Tout et tous leur disent : « Vous n'avez plus rien à faire ici ; vous n'y êtes pas bien et vous n'y êtes pas utiles. Vous nous encombrez. Allez-vous-en le plus tôt possible de cet enfer, pour vous faire soigner ailleurs. »

Il faudrait que nous eussions un nombre illimité de ces auto-ambulances légères qu'emploie l'hôpital américain et qui, rapidement, emporteraient nos hommes, comme sont emportés les Anglais, vers les soins les plus compétents. Solution peu ambitieuse, aisément réalisable.

Heureux ceux que de bonnes voitures emporteraient tout droit à leur hôpital de salut. Mais les autres, tous ceux qu'aujourd'hui on conduit à la gare la plus proche, dans quel train vont-ils être évacués?

Cela, c'est la question des trains sanitaires. J'en désespère. Nous possédions, paraît-il, dès le début de la guerre, des trains modèles pour les blessés. On ne les a pas vus. Depuis, on n'a guère cessé d'en construire. On nous en a montré. Fonctionnent-ils?

L'effort du service de santé n'est pas douteux, mais il ne triomphe pas des difficultés que lui oppose une guerre que l'on peut définir comme un immense problème d'artillerie et de chemin de fer. Nous pouvons obtenir, j'espère, que des malheureux n'attendent pas vingt-quatre heures, quarante-huit heures dans la gare d'évacuation, sous prétexte qu'ils ne sont pas assez nombreux pour remplir tous les wagons, sous prétexte qu'ils doivent aller à Toulouse et qu'on ne forme pas ce jour-là de train pour Toulouse. Ce faux ordre, cette conception purement administrative pourront céder devant un meilleur ordre et une conception d'esprit médical, en vue de la guérison. Mais n'espérons pas obtenir l'emploi des vrais trains pour blessés. Nous n'aurons d'une manière certaine, et sauf exception, que les trains qui viennent d'amener des troupes et qui s'en retourneraient à vide.

Et bien ! soit. Pour évacuer nos ambulances d'arrière, contentons-nous de ces wagons de ravitaillement, qui regagnent l'intérieur de la France. Plaçons-y des brancards pour que les hommes ne demeurent pas sur la paille souillée. Le modèle des brancards existe, et d'un dispositif bien simple : il s'agit de planter quatre clous dans les parois de ces wagons à bestiaux. Et de plus joignons au train un wagon de liquides chauds. Et surtout faisons monter dans les wagons, pour tout le parcours, des équipes d'infirmières, compétentes, contrôlées, zélées. Elles s'offrent, et depuis deux mois on les repousse, bien qu'elles soient indispensables à des blessés.

Ah ! qu'ils fassent un voyage court, rapide, aidés par la sollicitude des gares qu'ils traversent, et surtout servis, je le demande avec insistance, dans le train même. Quoi qu'il leur arrive en chemin, on n'entendra jamais leurs plaintes. Ils sont sublimes, je vous prends à témoin, vous tous qui les avez vus passer ; ils se taisent, ils se résignent. Nous seulement, les non combattants, nous élevons la voix pour eux. Encore le faisons-nous avec

tant de précaution qu'il nous semble parfois
que notre réserve trahit une si grande cause.
Mais quoi! Nous avons peur d'effrayer l'imagination publique. Espérons qu'on nous entend tout de même ! Depuis plusieurs
semaines, les trains qui arrivent à Paris, des
lieux où l'on se bat, n'ont plus ces caractères
excessifs qu'on vit avec effroi au moment de
la bataille de la Marne. Bon voyage donc,
camarades ! A demain, au revoir, dans une de
ces gares près de Paris qui feront l'objet de
mon prochain article.

XII

GASPILLAGE DE FORCES MÉDICALES

17 Novembre 1914.

Je me suis attaché à dénoncer les lenteurs
dont souffrent nos blessés. Parfois on les
ramasse après plusieurs jours : parfois on les
laisse séjourner douloureusement dans les
gares d'évacuation et dans des trains qui les
promènent de-ci et de-là, à travers la France.

Voici l'odyssée d'un soldat blessé. Il tombe
à Péronne, le 25 septembre, il y reste trois

jours à l'ambulance ; il est envoyé à Paris-
Montrouge, où il reste une demi-journée: de
là, il gagne Niort, où il reste trois jours: de
là, Marseille, où il reste trois heures: de là, le
Val-de-Grâce, et, enfin, le 7 octobre, on l'évacuait à Cochin, où vous pouvez aller le voir,
car il a survécu.

Si vous avez le temps d'interroger les blessés,
vous constaterez bien des cas de ce genre. On
ne les nie pas, mais on m'assure qu'ils
remontent aux périodes les plus difficiles de
cette guerre et qu'ils se font, chaque jour,
moins nombreux. Puisse-t-il en être ainsi!
Puissions-nous ne plus voir des bandes menées
à travers la France, aggravant dans les trains,
dans les gares et dans les trains encore, leurs
blessures, pour repartir, toujours à l'aveugle,
dans de nouvelles directions. Puissions-nous
soigner tous nos blessés *avec rapidité et avec
compétence!*

C'est tout le programme, et, passant au
second point, je veux, aujourd'hui, signaler
des faits qui ont rapport à la *compétence* et
que l'on peut grouper, sous une même rubri-
que, dans un même reproche. Je dénonce un
gaspillage de nos forces médicales.

Gaspillage d'hommes et de ressources.

Parlons d'abord des gaspillages matériels.

Nous ne sommes pas toujours riches. Nous ne
le sommes pas à Aubervilliers. Il s'y trouve un
camp, dit familièrement « camp des éclopés »,
où l'on envoie surtout les soldats qui, sans
être atteints de maladies ou de blessures, se
trouvent dans un état d'épuisement nécessi-
tant un court repos.

Ce camp manque de beaucoup de choses,
et nos soldats y couchent sur la paille. Quel
que soit le dévouement incontesté du major,
des chefs et des bienfaiteurs, c'est la misère.
Une misère bien avérée, puisque dans le
même moment deux des hommes les plus
considérés du monde politique radical de
Paris me demandent de signaler cet état de
choses. Or, dans le même instant, à Paris, et
dans les environs immédiats, on dispose de
nombre d'habitations saines et d'une quantité énorme de lits vacants. A l'École Normale,
il y a 120 lits pour une douzaine de blessés ;
dans un grand hôpital du premier arrondissement, merveilleusement organisé, il y a 400
places et une huitaine d'occupants. D'ailleurs,
à Paris, c'est bien simple, au vu et au su de
tout le monde, on se dispute avec la plus
louable émulation patriotique les moindres
blessés. A Courbevoie, à Vanves, à Sèvres,
à Bellevue, des hôpitaux tout prêts sont inu-

tilisés. Que ne les préfère-t-on à la triste banlieue de la Courneuve?

Si telle est notre inaptitude à nous servir de nos locaux, de la générosité publique et de nos ressources d'argent, employons-nous mieux nos ressources en hommes compétents?

L'autre jour, à la Société de chirurgie, le professeur Quenu s'est élevé contre la manière dont il est procédé au triage des blessés. Il a demandé que les membres de la Société fussent appelés par un tour de garde pour arrêter au passage les blessés urgents que l'on évacue trop loin, et il citait ce fait, qui date de quinze jours : « Une dame de la Croix-Rouge, par hasard, regarde la main d'un blessé ; elle le fait arrêter, conduire au Val-de-Grâce, et Quenu l'opère. Il s'agissait d'une gangrène de la main que cette opération a guérie. » Deux jours plus tard, c'eut été une amputation du bras.

Je ne rapporte cet incident que parce qu'il se termine d'une manière heureuse. C'est une règle que je m'impose dans le choix de mes exemples. Mais pourquoi n'avait-on pas vu ce blessé à l'ambulance? Pourquoi ne l'avait-on pas soigné à la gare régulatrice?

A la gare, il serait nécessaire d'avoir des gens possédant des compétences chirurgicales et pouvant juger quels blessés doivent subir une opération, quels hôpitaux sont installés pour les recevoir, et même, en certains cas, quels chirurgiens sont les mieux qualifiés pour les traiter. C'est un office que rempliraient admirablement les internes en chirurgie et tous les internes des hôpitaux. Ils ont l'habitude de ces décisions rapides. Durant leur service de garde, ce sont eux qui décident de la gravité des cas, et de la nécessité d'appeler le chirurgien. C'est leur métier. Ils pourraient le continuer à l'armée pour le bien général. Au lieu de cela, comme ils ne sont pas docteurs, ils sont utilisés au titre de médecins auxiliaires, c'est-à-dire qu'ils conduisent des brancardiers à la recherche des blessés, fonction que pourrait remplir n'importe quel gradé n'ayant aucune connaissance médicale.

Si ces questions vous intéressent, faites-vous annoter par quelque homme du métier la liste de nos internes des hôpitaux de Paris. C'est effrayant de voir ce qu'il y en a qui sont aux services de l'avant, où il suffit des plus simples infirmiers.

Il semble parfois que nous nous faisions un malin plaisir de mettre un maçon où il faudrait un charpentier. On connaît telle ambulance divisionnaire, c'est-à-dire où l'on peut, à la rigueur, faire de la chirurgie, où il y a un chirurgien et une foule de médecins de campagne qui n'ont aucune idée de la chirurgie. Par contre, dans un service de l'avant, où il est matériellement impossible de faire la moindre intervention, on trouve deux chirurgiens de profession et trois internes en chirurgie. Que d'hôpitaux, sur tout le territoire, où il y a des lits, des lits et des lits, mais où manque un chirurgien, où fonctionne parfois un médecin de ville d'eaux, spécialiste fort distingué, mais qui n'a pas eu, depuis quarante ans, l'occasion de faire un pansement ! Et que d'éminents maîtres dans leur art, chirurgiens des hôpitaux de Paris comme Mathieu, Marcille, Morestin, ou chirurgiens des hôpitaux de Lyon, comme Laroyenne, Desgouttes, Molin, Delore, Leriche, qui n'ont que l'autorité de leur grade de sous-lieutenant !

Je ne plains ni ces maîtres ni ces internes. Il ne s'agit pas des individus en temps de guerre. Eux-mêmes ne me permettraient pas de les plaindre. Et qu'ils m'excusent de prononcer ici, sans leur aveu, leurs noms. Je considère l'intérêt général, et les regrets que j'exprime vont aux blessés, aux malades. Sans exagérer le pouvoir des guérisseurs, beaucoup d'existences seraient sauvées par un emploi mieux raisonné des capacités de chacun.

Les capacités non plus que la bonne volonté, nul ne songe à les contester au corps médical de l'armée. Et je veux bientôt saisir une des occasions que chaque jour nous offre d'apporter mon tribut d'hommages à nos majors, dont le dévouement chaque jour éclate sur le front de l'armée. Qu'ils veuillent bien comprendre et agréer l'esprit de mes critiques animées uniquement, comme ils le sont eux-mêmes, par la piété patriotique et le souci de nos soldats.

L'un d'eux, le médecin chef P..., me communique des objections que j'accueille avec déférence et sympathie. La guerre durera encore. Avec l'Angleterre et la Russie, nous irons, coude à coude, jusqu'au bout, jusqu'à ce que nous ayons imposé nos conditions aux diverses Allemagnes. Tout en marchant à la victoire, continuons de nous organiser. C'est le sens et le but de ces articles où j'essaye d'être l'écho du public et le stimulateur du gouvernement.

Le ministre de la Guerre m'écrit : « ... Je vous remercie de m'avoir ainsi transmis les renseignements qui vous avaient été donnés. Mais je tiens à vous dire que le service de santé a déjà remédié, dans la mesure la plus large, aux errements que vous m'avez signalés et qui s'étaient produits, pour la plupart, au moment du repli de nos troupes sur la Marne. On continue à améliorer chaque jour les différents rouages de ce service, et j'espère que vous n'aurez plus à vous faire l'écho de plaintes semblables à celles que vous m'avez soumises... »

J'invite mes lecteurs et amis à remercier avec moi Millerand et la direction du service de santé, mais je les invite, en même temps, à me continuer leur concours et à ne pas cesser de me documenter, car il faut qu'après un répit, nous poursuivions toujours, d'accord avec l'État, cette campagne de salut public.

XIII

L'HISTOIRE D'UN DOMESTIQUE

18 Novembre 1914.

Louis Ganderax m'écrit dans *le Figaro* la lettre la plus émouvante pour me recommander la mémoire d'un soldat écrivain, le capitaine Émile Detanger, en littérature Émile Nolly, qui vient d'être tué à l'ennemi.

« Je vous confie le soin, me dit-il, d'honorer
par des moyens que vous saurez inventer la mémoire de celui qui témoigna doublement pour
nous, par toute sa vie spirituelle et par l'héroïque beauté de sa mort. » Frappé au cours des
batailles de Lorraine, Émile Nolly est mort au
début de septembre à l'hôpital de Blainville-
sur-l'Eau. C'est mon pays. Ganderax peut être
assuré que je ne manquerai pas de faire chaque année un pieux pèlerinage à la tombe de
son ami et au champ d'honneur où ce brave
combattit jusqu'à la mort. Dès la victoire
acquise et la paix signée par les trois puissances, la vie refleurira pour les morts, et
toute la Lorraine remerciera ses sauveurs.
Les artistes de Nancy et d'Épinal — n'est-ce
pas Madelin, Friant, Prouvé, René Perrout,
Sadoul, Hinzelin et les autres? — voudront
apporter l'hommage de leur gratitude fraternelle au soldat écrivain qui se sacrifia pour
la défense de la Moselle et se mit en travers
des hordes d'Allemagne quand elles com-
mençaient à nous détruire corps et âmes.

Ainsi, Louis Ganderax me fait cet honneur
de me choisir pour mainteneur d'un héros.
Et voici que, dans le même moment et dans
le même esprit, Paul Bourget me signale une
autre mort glorieuse qui atteint derechef

les lettres françaises. Le comte de Pighetti de Rivasso, commandant le 2ᵉ bataillon de chasseurs à pied, fait chevalier de la Légion d'honneur pour action d'éclat, blessé quatre fois et cité à l'ordre de l'armée eût été capable de répondre comme faisait hier un officier qu'on apportait à l'ambulance : «·Ce que j'ai de blessures ! Je ne les ai pas comptées. Demandez à l'infirmier. » Nous revendiquons le commandant Pighetti de Rivasso pour la confrérie des écrivains à cause d'un beau livre de philosophie qu'il a consacré à l'œuvre de Paul Bourget. J'ai eu l'honneur de le préfacer. Et lui, il signe de son sang la préface de la victoire.

Depuis moins de quatre mois, combien d'artistes déjà à qui nous avons offert le funèbre laurier ! A la veille de cette guerre, j'étais à Daphné, près d'Antioche de Syrie, et j'en rapportais, ivre de plaisir et de poésie, de longues branches de laurier et de cyprès que j'avais cueillies sur les ruines du temple d'Apollon et d'Artémis. Elles achèvent de se dessécher sur la table où j'écris cet hommage à nos morts. Mais tous les bosquets du vallon sacré ne suffiraient pas pour tresser des couronnes aux héros qui surgissent par milliers de tous les rangs de notre nation.

Que les poètes cependant redoutent de paraître des ingrats, et s'ils n'ont pas l'honneur de porter les armes, qu'ils songent que leur devoir impérieux, à cette heure, est de placer leur génie comme un miroir clair et fidèle devant le visage sublime de la patrie. On leur demande qu'ils fixent la mémoire des grands morts, des lieux dévastés, des visages ennoblis et des accents frémissants.

Dans ces sortes de dialogues intérieurs qu'il arrive à chacun de nous de tenir avec soi-même, souvent je me fais un scrupule, un reproche de glorifier mes confrères, mes amis qui tombent pour la patrie, et de ne pas savoir célébrer nommément les Français des autres professions qui, non moins méritants, meurent aussi pour nous tous. Ce n'est pas insensibilité de ma part. C'est que sur le champ de bataille je vais à ceux dont je reconnais la voix et que je crois entendre m'appeler par mon nom. Ernest Psichari, Guy de Cassagnac, Albéric Magnard, Charles Péguy, Charles Muller, Patrice Mahon, Pierre Gilbert sont mes proches, mes pairs, et tout naturellement j'aide à les ramasser. Mais ma pensée est parente de tous ceux qui meurent pour la France. Ma pensée se range avec amitié dans le cortège des plus obscurs et je les accompagne d'un long regard, tandis que la Gloire les accueille dans l'ombre de ses ailes.

Qui louerai-je le plus, des vivants ou des morts, également transfigurés par l'esprit de la guerre? Aujourd'hui, chacun se retrempe dans l'esprit national. Les orgues ont recommencé de jouer dans les hautes cathédrales que sont les patries. Les vivants paraissent étroitement reliés à la haute région invisible des morts. Chacun se réunit à toute la race, s'élargit, s'agrandit le cœur jusqu'à vivre de toute la vie de la nation Au sommet de la hiérarchie militaire, le général de Castelnau fait l'admiration des Français par la discipline sublime qu'il impose à ses sentiments paternels; au Gouvernement, Paul Doumer, lui aussi, maîtrise sa tendresse, son humanité, pour ne pas se distraire de sa tâche; et loin d'eux, au rang le plus simple, on voit briller des vertus égales, plus saisissantes encore dans l'ombre et dans un lieu inattendu.

Laissez que je vous raconte en quatre lignes une histoire prise dans le courant ordinaire des jours, une histoire bien humble et bien grande où il s'agit d'un domestique.

Ces jours-ci, dans une salle d'ambulance, à

Paris, un domestique avait disparu depuis quarante-huit heures. Il revient et trouve l'infirmière-major plutôt mécontente :

— Voilà deux jours qu'on ne vous a pas vu. Pourquoi vous êtes-vous absenté sans permission ?

— C'est que je vais vous dire, madame ; je suis veuf et j'habitais avec mon garçon qui est parti pour la guerre. On m'a télégraphié qu'il voulait me voir à l'hôpital de V... où il était grièvement blessé. Je suis parti tout de suite, mais à mon arrivée il était déjà mort. J'ai pris ça comme un vieux soldat du Tonkin. Tout de même, c'est dur. Alors je me suis dit : Puisque je suis maintenant tout à fait seul et que je me sens encore bon à quelque chose, il faut que j'aille remplacer mon pauvre garçon à son régiment. J'ai été contracter mon engagement ; je vais partir et je viens, mesdames, pour vous faire mes adieux.

Les dames en demeurèrent interloquées d'admiration. Et moi, comme elles, aujourd'hui encore. Qu'a pu être dans son ensemble la vie de ce domestique, de cet homme de peine ? Sans doute elle ressemble aux jours de cette fin de novembre où nous ne voyons le soleil qu'un bref instant vers midi, entre deux longs crépuscules. Mais quelle beauté

morale dans ce rayon de sa vie intérieure, qu'à son insu ce pauvre père laisse percer jusqu'à nous ! On croit voir un grand trait de la religion primitive et l'effet d'une rêverie pure qui n'a jamais été corrompue par de froids calculs. Quelle magnifique manière de résoudre le problème de sa douleur ! Il pense : A quoi me servira désormais ma vie et ce qui me reste de force ? J'avais un fils pour me continuer. Je l'ai perdu. Eh bien ! je ferai son œuvre et, me remettant à sa tâche, au régiment, je serai son successeur, sa survie et la mienne. Notre sang pourra encore couler pour la patrie.

Ah ! qu'elle est belle de haut en bas cette France de 1914 ! Tout y est à recueillir dans notre mémoire, pieusement, et à suspendre pour jamais dans notre maison de famille comme des tableaux devant lesquels les générations viendront prier et se recueillir. Quelle fraîcheur universelle ! Il semble que toutes les âmes soient redevenues neuves et simples. Nous n'avions connu que des chrysalides. La France vient d'ouvrir ses ailes.

XIV

LE CŒUR DES FEMMES DE FRANCE

19 Novembre 1914.

On croit qu'il est perdu, le génie des hommes
qui sculptèrent au Moyen âge les Vierges de
compassion, en mémoire des douleurs de la
Mère de Dieu au pied de la Croix. Mais prenez
en main cette lettre trouvée dans un fourgon
de train de blessés. Prenez, lisez et vous saurez que si l'envahisseur barbare détruit les
chefs-d'œuvre de Reims et de nos églises
rurales, ce qui les inspira ne s'est pas épuisé.
Sous le sein des femmes de France subsistent
un pur trésor de pitié et cette âme même que
nos aïeux avaient appelée et placée dans la
pierre des cathédrales. La guerre nous restitue
neufs et simples. Nous étions devenus des
aveugles, mais la plus vieille beauté française
s'élance de l'ombre et nous apparaît, et les
grandes heures de la bataille, cloches d'alarme,
cloches de victoire, nous ont ranimés, nous
ont ramenés à la nature vivante, à la vérité
du fond de notre race.

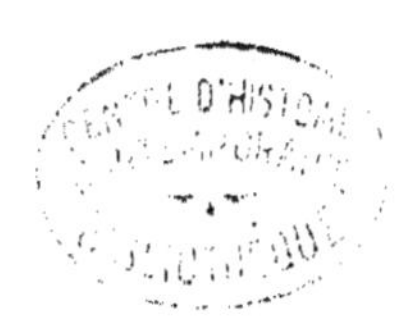

Écoutez ce que les mères françaises écrivent
à leurs fils. Non pas une, mais toutes, chacune à sa manière. C'est une lettre glissée
des mains d'un soldat blessé que nous n'avons
pu retrouver. Le caractère général d'une telle
effusion, la certitude qu'elle sera accueillie
par le respect unanime m'excusent de mettre
sous les yeux du public ce pauvre papier sans
orthographe, ni syntaxe, ni ponctuation,
papier royal pourtant, où palpite un cœur
formé par des siècles de discipline noble et
savante, et tout-puissant sur tous les cœurs
qui se souviennent :

Mon cher enfant,

En réponse à ta lettre qui nous a fait grand plaisir.
Nous l'atendions avec anxiété. Voilà dix jours que tu
la faite. Depuis ce temps, les événements on du bien
changer et recevras-tu la mienne. Oui, je l'espère. Je
dois te rassuré d'abord sur le sort de ton père il est
rentrer il na été parti que trois jours, le temps de
conduire un détachement à Bourges, mais il pourrait
se faire qu'il recommencerai. En tous ca il ne reste au
foyer qu'une place vide, mais qu'elle est grande !

Mon cher enfant tu me parle de sacrifice ; oui, cent
est un, et je puis te le dire cest bien le plus grand que
Dieu puisse me demander. Cependant je courbe la tete
sous sa main puissante. Je me dis parfois que je lai
mérité : mais toi tu ne dois pas payer (non je me
refuse à croir).

Enfant chéri, tu me parle du devoir et de l'honneur. Je n'ai jamais douté que tu t'y rangerais. Oui,

mon fils, lhonneur du soldat est detre sur le champs
de bataille lorsque la patri est en danger, et le devoir
du Chrétien est de se preparer à paraître devant Dieu,
l'ame innocente et pure. Tu voix ou je veux en venir.
Va, mon enfant, va avec la bénédiction de ta mère et
de ton père et celle bien plus puissante de ta mère des
cieux. Je te laisse sous sa sainte protection, invoque la
dans le danger ; elle sera toujours là pour te protéger
et t'abriter car dans des moment si tragique le secours
ne peut venir que du ciel.

Tu me dis aussi daccepter avec courage, hélas parfois
il me fait défaut, cependant je tacherai de me résigner
et j'espere te revoir malgré tout. Je termine.

Reçois, cher et bien aimé enfant, toutes les tendresse
et tous les baisers les plus doux de ta mère qui voudrait pouvoir voler ver toi.

(Signature.)

Si tu à besoin d'argent et qu'il peut te parvenir fais
nous le savoir.

Je me tais un instant pour vous laisser
relire...

Quelles paroles jaillies de tout l'être !
Quelle dignité dans l'expression ! Reconnaissez le son des grandes âmes. Qui de nous sait
un chant plus juste et d'une discrétion plus
noble dans la tendresse et la douleur extrêmes?
C'est ainsi que nous parle au portail des églises
la dame des cieux, la dame du ciel de France.
C'est le langage enseigné, depuis des siècles,
aux femmes de chez nous, langage parfait de
modestie et de mesure dans la passion, langage des chefs-d'œuvre classiques.

6

Chez cette paysanne, le trouble, l'angoisse
et la raison s'équilibrent et haussent l'amour
maternel à son point de perfection. Que son
fils soit blessé, elle ne s'évanouira pas. *Stabat
mater dolorosa.* C'est la doctrine du haut
Moyen âge, qui précède, annonce l'héroïsme
cornélien. La Vierge contemplait debout les
blessures de son fils. Pourquoi? Parce qu'elle
y voyait, non le signe de la mort, mais le
signe du salut du monde. Ainsi les mères
françaises de 1914, auprès de leurs fils soldats, songent au salut de la France. Il se
mêle à la tendresse de cette lettre quelque
chose de grave et d'universel.

J'ai le goût des papiers rares et précieux
qui nous rapprochent des grands esprits. Que
ne donnerais-je d'une première édition du
Cid, ou d'un exemplaire d'*Esther* signé, dédié
par Racine aux jeunes filles de Saint-Cyr.
Mais cette lettre d'une femme illettrée, ce
papier écolier taché passe les reliques les plus
somptueuses de l'art, et l'ayant lu, relu, copié,
je l'ai replié avec un respect religieux. Je
venais de voir dans l'ombre la source d'où
découle depuis des siècles le génie de notre
race.

La douleur s'introduit chez les êtres pour
y faire apparaître toute la beauté morale que

peut produire leur nature. C'est ce qu'ignorent les Prussiens. Toujours envieux de la
nation chevaleresque, ils ont voulu renverser
à terre nos maisons de certitude et de foi, et
nous livrer aux inquiétudes de l'esprit. Ils
croyaient notre trésor d'âme gaspillé dans nos
vaines disputes, et morte pour jamais l'antique
sérénité. Mais dans le même instant qu'ils
jetaient ce cri de mort, ce cri de haine joyeuse
au vieux monde du sentiment, leurs injures
nous révulsaient et l'esprit de sacrifice trans-
figurait notre nation. Ils ont mis des ruines
au cœur de Reims et de nos villages de Lorraine et du Nord et de l'Ile-de-France, et
voici que la France entière devient cathédrale
nationale. Tous les Français sont unis, et
même les ennemis des croyances se sont soudain reconnus fils de ceux qui, le long des
siècles, ont prié dans les vieilles maisons de
prières. Nous reprenons le sentiment de notre
unité. Toutes les épaules des hommes se
touchent dans la tranchée ; tous les cœurs des
femmes s'accordent.

Le cœur des femmes de France n'est pas
cet instinct, cette ingénuité des premières
heures du monde, voisine encore de l'inno-
cence animale ; c'est une pensée brûlante,
épurée, issue de la plus savante civilisation,

dont elle dépouille les parties matérielles pour être tout amour et raison. Il fut formé, de génération en génération, dans les chapelles profondes de nos églises auprès du sépulcre ; il se conforte et se revivifie, aujourd'hui, dans le fourgon du train des blessés, auprès du lit des ambulances, et, porté par deux ailes de patriotisme et de charité, il vole en gémissant au-dessus de nos soldats sur le champ de bataille. Mais, que dis-je ? en gémissant ? Non pas ! Relisez cette lettre exemplaire d'une mère. Les cœurs des femmes françaises, comme un vol d'oiseaux divins, accourent à l'armée pour admirer et assister d'amour les sauveurs de de la patrie.

XV

LES SAVANTS ALLEMANDS PRIS LA MAIN DANS LE SAC

20 Novembre 1914.

Les Allemands sont prêts à tout mobiliser. On trouve dans leurs rangs des enfants de seize ans et des barbons de soixante. Leurs intellectuels font rage. Les journaux publient aujourd'hui deux lettres très curieuses du professeur Adolf Lasson, « professeur célèbre de l'Université de Berlin ». Lisez-les pour vous divertir un peu dans ces mois tragiques. Ce sont des objets autour desquels on tourne, comme autour d'un animal de ménagerie. Le célèbre professeur est certainement mégalomane. Et l'intéressant, c'est qu'il participe d'une folie collective. La puissante Allemagne a perdu la tête. La nécessité contraint les peuples à se réunir pour mettre la camisole de force au colosse que la manie des grandeurs a rendu furieux,

Le mal est dans toutes les parties de l'Empire. Je prie mes lecteurs de m'excuser si je leur parle aujourd'hui d'une question qui tout d'abord pourra paraître un peu spéciale. Nous allons saisir sur le vif la science allemande en train de mentir volontairement, par orgueil, et pour prouver que l'Allemagne a toujours été kolossale. Cette démonstration a son intérêt général. Il n'est pas indifférent de faire voir à quel degré d'indignité ont glissé les savants d'outre-Rhin. Quelques personnes, en dehors de nos frontières, ont pu être émues par le manifeste des intellectuels d'Allemagne. Nous ne perdrons pas notre temps, si nous faisons connaître l'abaissement professionnel et l'insincérité de ces hommes d'étude.

L'Allemagne n'a plus d'écrivains ni d'artistes. Comment serait-elle capable de créer de la beauté, puisqu'elle a perdu le tact et la mesure. Voilà des années que, sous l'action nocive de la Prusse, la rêverie germanique, ne cherchant plus ses formes dans le mode latin, se perd en nuages massifs ou bien se tourne vers la politique où elle ne peut produire que des désastres. Je ne nie pas la sombre poésie de destruction dont s'enivrent les intellectuels germaniques, mais leur pays en mourra. Les diverses Allemagnes ne tarderont pas d'éprouver et de comprendre combien elles eurent tort de confier leurs destinées à des rêveurs forcenés qui s'enivrent, comme ils feraient des poèmes de Wagner ou des grandioses paradoxes de Nietzsche, d'une conception de la force et du pouvoir universel empruntée à Attila. Dès maintenant, les diverses vertus allemandes sont dénaturées, faussées, abolies.

Ces terres d'Allemagne, aux yeux même de ceux qui les voyaient désertées des Muses divines, passaient pour nourrir une armée de travailleurs à lunettes, scrupuleux, méthodiques, lourds et pédants, mais offrant les plus sérieuses garanties. Leurs noms au bas d'un manifeste pouvaient avoir, à défaut d'éclat, du poids. On se disait : « Ils affirment des faits.

Ils ont dû les contrôler avec une exactitude scientifique. » Eh bien ! écoutez ce qu'il faut penser de leurs scrupules dans leurs travaux professionnels :

Mon éminent confrère et ami, M. Ernest Babelon, de l'Académie des Inscriptions, vient de me raconter un fait qu'il est intéressant de verser dans la circulation, car il peut contribuer à disqualifier cette érudition allemande que l'on savait balourde, et qui, on va le voir, sous les influences de la mégalomanie allemande, est devenue parfaitement malhonnête.

Tous les érudits, me dit Babelon, connaissent les textes de César et de Strabon qui affirment, sans ambiguïté possible, que le pays des *Mediomatriques*, c'est-à-dire le pays Messin, s'étendait de leur temps jusqu'au Rhin. Ces textes le disent formellement, et jamais personne, jusqu'ici, n'avait contesté leur véracité et leur authenticité. Ils font foi, sans aucune objection, aux yeux d'Ernest Desjardins dans sa *Géographie de la Gaule romaine*.

Mais voici qu'un érudit réputé de haute envergure, M. Alfred Klotz, dans ses *Études sur César*, dont la préface est datée de « Strassburg im Elsass », en 1910, a entrepris, dans le but évident de germaniser l'Alsace-Lorraine, de démontrer que les *Commentaires de la guerre des Gaules* de Jules César ont un caractère purement littéraire et qu'ils n'ont nullement la valeur historique qu'on leur a attribuée jusqu'ici.

En particulier, les renseignements ethnographiques et géographiques qu'ils renferment ne sont que des interpolations sans valeur documentaire empruntées par César à des écrivains plus anciens qui ne connaissaient la Gaule que par ouï-dire ou par des racontars de marchands venus à Marseille. Parmi les passages qu'il faut considérer comme interpolés, Klotz signale celui qui donne pour limite le Rhin au pays gaulois des Mediomatrices. Il faut rejeter cette donnée accueillie par César et Strabon : jamais le territoire du pays Messin ne s'est étendu jusqu'au Rhin.

Une autre production de l'érudition allemande contemporaine, c'est la carte de la Germanie et de la Gaule, dont la nouvelle édition publiée par Richard Kiepert est de 1914. Ici, comme déjà dans la première édition, les limites politiques des anciennes *civitates* de la Gaule sont systématiquement omises, comme s'il était impossible de les établir, et comme si les sources sur lesquelles ces divisions s'appuient, César, Strabon et autres étaient sans valeur.

Rendant compte de cet ouvrage, M. Camille Jullian n'hésite pas à dire : « J'ai été fort dérouté en ne voyant pas indiquées les limites des cités... Supprimer l'indication de ces frontières, c'est se débarrasser d'une difficulté avec une insigne désinvolture, c'est négliger comme non avenus tous les efforts de la science depuis Sanson d'Abbeville. Je dirai toute ma pensée : c'est faire faire à la science un formidable bond en arrière. » Et en terminant son compte-rendu critique, l'éminent historien de la Gaule ajoute : « Je ne veux pas continuer cette besogne : elle m'a affligé à faire. Il fallait la faire... Au-dessus des amours-propres nationaux les plus légitimes, nous plaçons le désir de ces choses éternelles qui sont la vérité, l'effort vers le mieux, la discipline du travail, le scrupule de la science ». (*Revue des Études anciennes*, janvier-mars 1914.)

Enfin, Camille Jullian, revenant sur les *Cæsarstudien* de Klotz, devant l'Académie des Inscriptions et Belles-Lettres n'a pas eu de peine à faire bonne justice des prétendues interpolations des *Commentaires*. « Les savants allemands, a-t-il dit en substance, ont déclaré les textes de César et de Strabon dépourvus de toute valeur et viciés dans leurs sources. Le passage de César serait tout simplement une interpolation. Ces messieurs l'affirment, mais ne le démontrent pas. Quant au passage de Strabon, il aurait été copié chez Timagène, un Alexandrin qui écrivait à Rome au temps d'Auguste et ne connaissait la Gaule que par ouï-dire.

Cette assertion est sans vraisemblance, répondent les savants qui ne sont pas allemands ; Strabon ne cite Timagène que deux fois, pour des anecdotes sans importance ; il s'est peu servi de lui ; il n'a pas dû l'employer du tout en ce qui concerne la Gaule, puisque cet Alexandrin ne la connaissait pas. Il s'est servi d'écrivains qui sont venus en Gaule. Ses vrais sources sont Posidonius et César même.

César affirme que les Mediomatriques allaient jusqu'au Rhin. Pourquoi se serait-il trompé ? Il connaissait directement et d'expérience propre le pays, et ce qu'il dit est tellement conforme à la vraisemblance ! Les Mediomatriques maîtres de Metz devaient naturellement, par le col de Saverne, s'étendre jusqu'à Strasbourg. Un peuple gaulois, maître d'un versant de montagne, tenait à occuper l'autre versant. Les peuples gaulois guettaient toujours, pour s'y installer, le bord des grands fleuves. Et dans le nom même de Mediomatriques, dans le radical Matra, on reconnaît le nom de la principale rivière de la basse Alsace, la Moder.

Je vous donne là le résumé d'une communication faite par Camille Jullian à l'Académie des inscriptions. Jullian est l'élève et le continuateur de Fustel de Coulanges, qui fut un grand savant honnête homme. Au milieu de l'approbation de ses confrères, Camille Jullian, spécialiste en matière de cartographie, a conclu par cette phrase pleine d'un juste dédain : « Tenons-nous-en à l'opinion courante et laissons les Mediomatriques qui étaient Gaulois venir jusqu'au Rhin. »

Que telle soit la vérité historique, les historiens et géographes allemands le savent parfaitement. Cependant ils se sont mobilisés, dès qu'ils ont reçu le mot d'ordre antifrançais, pour étayer une opinion utile aux manœuvres politiques des pangermanistes. C'est un bel exemple de formation en masse, mais qui ne leur réussira pas plus qu'à Dixmude. On taxera universellement de mauvaise foi leurs livres récents sur la Gaule préromaine et romaine et les commentaires dont leurs cartes sont accompagnées.

Je tenais à signaler ce scandale au grand

public, encore qu'il m'ait conduit à transcrire ici des explications un peu spéciales. Quand tous les professeurs de l'Allemagne, avec une intransigeance hautaine, déclarent au monde que seuls les documents d'origine allemande méritent créance, il est bon de les faire voir fabriquant de la fausse érudition par ordre et de les surprendre la main dans le sac.

XVI

OÙ NOUS EN SOMMES

21 Novembre 1914.

Il y a des personnes qui hochent la tête et qui disent : « C'est long. » Je les comprends trop : elles songent à nos soldats dans les tranchées où tombent la mitraille et la pluie; elles s'attendrissent sur ces braves dont le cœur ne s'émeut que s'ils pensent à leurs familles. Oui, c'est long, c'est lent, mais que le généralissime soit loué de cette lenteur, dont l'Allemagne est en train de mourir!

Je reviens de l'armée. Cette semaine, j'ai eu l'honneur de faire une visite à nos frères dans les tranchées. Je la raconterai en détail à mes lecteurs. Aujourd'hui, rien qu'un mot pour leur dire : « Tout va admirablement bien. »

J'ai recueilli des chefs et des soldats la certitude que les Allemands ne passeront pas, que leur offensive est brisée. C'est une force militaire de premier ordre et telle que le monde n'en avait jamais vue, qui s'est jetée sur la France ; mais la France, avec une préparation matérielle insuffisante, s'est groupée de toute son âme autour du grand état-major et comme un splendide boxeur dont tous les membres obéissent d'une manière foudroyante au cerveau, elle a fait face, elle a lutté, elle s'est équilibrée avec le monstre. Long corps à corps ! Et maintenant, elle sent qu'il s'épuise, elle le tient. Qu'elle dure encore quelques secondes ! Il faiblit, il va désespérer. Mort à l'Allemand, à l'agresseur !

Voilà, mes amis, la méthode de Joffre. Elle est lente ? Non pas. C'est la plus rapide et la plus sûre. Pas encore quatre mois de guerre et déjà le mégalomane, l'Allemand dont le délire pouvait épouvanter l'Europe a plus qu'à demi sa camisole de force. Il fait rage, mais sa méthode violente et les effroyables sacrifices qu'il consent n'empêchent pas qu'il perd chaque jour du souffle et du terrain.

« Que les armées de l'Allemagne s'usent, c'est possible, dit un pessimiste, Mais elles

occupent toujours une partie de notre territoire. » Sans doute, elles l'occupent et le
dévastent et nous font verser des larmes de
sang. Mais en sont-elles plus fortes?

La grande affaire pour les alliés, c'est
d'anéantir les Allemands. Eh bien! ils s'offrent
mieux à nos coups, quand ils sont répartis
sur cette immense ligne de cinq cents kilomètres et quand ils emploient une partie de
leurs troupes à assurer leurs communications
avec leur pays, que s'ils se ramassaient
derrière le Rhin. Ce que Joffre recherche,
c'est d'épuiser l'ennemi en se ménageant lui-
même, et c'est de le retenir pour que les Russes
puissent faire leur besogne. Laissez-le construire patiemment, pour qu'elle soit plus solide,
la victoire de la France.

Au début de la guerre, le gouvernement
allemand et son grand état-major ont dit très
haut et très clair : « Il faut que nous mettions
tout de suite la main sur Paris. C'est pour
nous une question de vie ou de mort. » Ils
n'ont pas Paris; ils ne peuvent plus l'avoir.
Après qu'ils en furent repoussés, ils ont tout
tenté : sur le front de l'Est et dans les Hauts-
de-Meuse, sur le front de l'Aisne, sur le front
de la Somme, et puis entre la Lys et la mer.
Dans le même temps ils s'épointent, s'essouf-

flent, s'amaigrissent contre la multitude croissante des Russes. Ce qu'ils ont parfois de succès partiels, c'est à la Pyrrhus. Désormais, pour eux, la sagesse serait qu'ils fissent une défense la plus longue possible, aux moindres frais possible, et qu'ils se ramassent sur leur territoire comme dans une tour. Ils le savent et depuis des semaines prennent à cet effet des dispositions. Mais ce sera avouer au peuple allemand la défaite et l'empereur hésite, s'attarde, n'ose pas.

Tant mieux ! Si cruel qu'il nous soit de voir la terre française piétinée par ces Barbares, félicitons-nous que des raisons politiques les empêchent d'obéir à la raison stratégique. Félicitons-nous qu'ils s'obstinent en sacrifices impuissants, sur cet immense champ de bataille. Ils occupent la Belgique, une partie encore de la France. C'est dur pour nous ; ce nous serait plus dur d'aller les chercher dans leur terrier natal. C'est encore éparpillées ainsi que leurs masses s'offrent le mieux à nos coups.

Voyons clair. Les Allemands, qui, au début de la guerre, avaient la force, mais non la santé de l'esprit, continuent d'agir selon leur conception forcenée, et saignent impitoyablement leurs meilleures troupes. Joffre, dans ces trois mois, vient de sauver la civilisation. Est-il un homme dans l'univers pour méconnaître que la tâche de Joffre est aujourd'hui plus aisée qu'au 1er août 1914?

Nos soldats le savent et se sentent plus forts, en face d'un adversaire diminué. Je viens de les voir dans leurs tranchées, à quelques cents mètres des tranchées allemandes. Ils sont, tous, confiants dans le chef, qui, s'appuyant sur de tels braves, déclare qu'il répond des destinées de la France.

Acceptons, en faisant notre acte de foi et d'amour, des lenteurs qui sauvent la Patrie. Pour ma part, n'ayant jamais douté du succès des trois alliés, je déclare pourtant que la domination que nous avons prise, en trois mois, sur un adversaire formidable, dépasse tout mon rêve, et que, si lourd, si long, que soit encore l'effort à fournir, le miracle est réalisé. Encore trois mois de sacrifices, que jamais nous ne saurons assez glorifier et bénir, et vous entendrez le gémissement des Allemagnes...

P.-S. — On m'écrit de Rambervillers que, dimanche dernier, on a ramené dans cette noble petite ville (décorée de la Légion d'honneur pour sa vaillance en 1870, et qui, hier

encore, se montra si ferme devant l'ennemi
héréditaire), les corps des nombreux soldats
tombés tout autour d'elle, dans les batailles
de septembre. Comme on ne pouvait pas les
faire passer par l'église, à cause de leur
nombre et de leur décomposition, avant de les
déposer dans leurs tombes glorieuses du cimetière, on a dit sur eux une messe en plein air.
D'où procès-verbal pour exercice public du
culte en dehors de l'église !

Quelle affreuse mesquinerie ! Que ce procès-verbal est vilain ! Il sera blâmé par tous.
Je voudrais pouvoir en télégraphier au député
du pays, M. Abel Ferry, qui se bat à l'armée,
et qui ne peut vouloir disputer aucun hommage à ses camarades tombés au champ
d'honneur. Je demande pourquoi l'admirable
service des morts, auquel il me fut permis
d'assister, entre Gerbéviller et Moyen, serait
licite et pourquoi la messe de Rambervillers
coupable?

Mais je suis sûr qu'après réflexion celui qui
a pris cette mesure, sentira, reconnaîtra loya-
lement que l'heure n'est pas aux petites choses
ni aux petites gens, et que nous ne saluerons
jamais trop, à couvert et en plein air, les
héros morts pour la Patrie (1).

(1) M. Malvy m'a fait savoir qu'il me donnait raison.

XVII

AU MILIEU DES SAINTS DE LA FRANCE

23 Novembre 1914.

Je viens de visiter quelques-uns de nos soldats dans nos tranchées de première ligne, et de leur dire notre admiration, notre reconnaissance unanimes. Saurai-je vous donner une lointaine image de leur vaillance, de leur misère qu'ils nient, enfin de leur émouvante perfection? Laissez-moi d'abord vous taire quel était mon compagnon et dans quelle partie du front il m'a promené. Je serai plus à l'aise en ne citant ni les lieux ni les officiers. Et l'expression de ma gratitude saura toujours rejoindre, du plus élevé au plus modeste, ceux qui m'accueillirent, la semaine dernière, avec une amitié dont je suis profondément touché.

Par une pluvieuse après-midi, vers les deux heures, un officier et moi, nous sommes descendus d'une voiture au bas d'une longue côte. Et tandis que l'auto se rangeait, s'effaçait, nous avons gravi la courte montée pour atteindre l'immense plateau.

Arrivés là-haut, **nous** sommes sous la lorgnette des Allemands, à quelques kilomètres de leurs batteries. Mais nul Allemand, nul danger. Ils réservent leurs projectiles pour les officiers et les patrouilles, et dédaignent de tirer sur un ou deux simples soldats. On m'a revêtu d'une capote et d'un képi ; mon compagnon a dissimulé son grade, et le troupier qui s'est chargé de mes ballots de tabac et de chocolat suit à quelques pas.

Ainsi nous cheminons sans encombre, sous la pluie, jusqu'à ce que s'offre une déclivité du terrain dont nous profitons pour nous mettre hors de vue.

C'est une gorge assez profonde et qui abrite notre artillerie. Les voilà donc, nos 75! Je leur tire mon coup de chapeau. Ah! les braves pièces! Faut-il qu'elles soient rustiques et légères pour évoluer dans cette boue effroyable, ces terres défoncées et ces marécages! Elles ne craignent rien, ne s'embourbent pas, grimpent, descendent et, me dit mon guide, après quatre mois de guerre n'offrent aucune trace d'usure.

Nous nous éloignons de ces vaillantes et charmantes collaboratrices pour remonter sur le plateau, à la hauteur d'un taillis où nous entrons et qui nous masque.

Nul promeneur, comme bien on pense. C'est la solitude d'un bois dans l'extrême automne sous la pluie. Rien que le tapage amical de notre 75 et quelques répliques ennemies. Nous avançons en écartant les branches, en pataugeant dans l'humus détrempé, et mon compagnon qui s'oriente, me montre bientôt près de la lisière, mais encore sous les arbres, l'entrée du « boyau de cheminement » par où nous allons gagner les tranchées.

C'est un petit fossé dans la glaise, analogue à ceux qui bordent nos routes, mais plus étroit et plus profond, tout neuf, tout frais et qui serpente. Il y a quelque chose d'élégant et de plaisant, quelque chose des jeux de l'enfance, un souvenir de Fenimore Cooper et de Gustave Aymard dans ce sentier de guerre qui s'en va mystérieusement depuis ce fourré, nous mener au milieu de nos camarades. Mais, avant de nous y engager, mon compagnon m'indique à la lisière même du bois, dans un buisson couvert d'oiseaux et tout en ramages, une petite cabane.

— C'est un poste de commandement, me dit-il. C'est là que le général de brigade se porterait en cas d'attaque pour observer et pour diriger son monde.

Nous y entrons afin de prendre une vue d'ensemble, un tour d'horizon. Quelle immense solitude! Aucun obstacle à l'œil. C'est **un vrai tapis de billard. Et quelle tranquillité!** De moi-même, j'irais me promener tout droit à la recherche d'un coin qui offrît un peu d'intérêt.

—Ah! vraiment? me dit mon compagnon; eh bien! cette ligne à notre droite, là tout près, ce sont nos tranchées. Et là-bas, ce village... Mais prenez ma lorgnette.

— Ces maisons sans toit, cette église toute trouée?

— C'est l'arrière des Prussiens. Leurs tranchées sont plus près de nous, là, devant ces terres grattées.

Je regarde cette immobilité qui s'étend à l'infini. Je vois ce que l'on n'a jamais vu, ce que l'on ne reverra peut-être jamais : le champ d'une bataille commencée depuis six semaines et où les vivants, après avoir enterré les morts, se sont terrés eux-mêmes pour mieux combattre ; une guerre de siège, mais où l'on n'assiège aucune place forte, seulement des villages et des bicoques éparses, qui coûtent plus cher à enlever et à défendre que ne coûtèrent Sébastopol, Saragosse, Numance et Carthage.

Mais allons voir nos frères! Nous nous engageons dans le cheminement qui nous conduira aux tranchées de première ligne.

Peu profond au début, il s'enfonce bientôt de manière que le regard seul passe entre les légers remblais de la terre rejetée à l'extérieur. La pluie tombe à torrents, la boue est glissante. Pour marcher, je prends mon appui avec mes coudes sur la terre jaunâtre et gluante des parois. On va lentement. A tous instants nous trouvons des embranchements de couloirs, et plusieurs fois mon guide me quitte pour s'orienter et essayer quelques-uns de ces corridors innombrables que les sapeurs multiplient chaque nuit.

Enfin, on entend des voix; nous sommes aux premières lignes; nous tombons sur les nôtres :

— Bonjour, mes camarades!

Les voilà bien étonnés de voir ce pékin, en demi-uniforme, dont ils ne s'expliquent pas trop l'apparition. Et moi, bien ému de leur serrer la main. Ils sont tout roides, à cause de leurs nombreux vêtements épais et de la boue séchée qui les enveloppe d'une sorte de carapace. Quelques-uns ont sur le dos des sacs vides en grosses toiles; d'autres s'abritent sous des morceaux de tôle plissée, qu'ils appuient aux deux parois de la tranchée. Cette

vie de lutte fait briller leurs yeux dans leurs
visages broussailleux, en laissant sur tout
leur être une vague expression de sommeil.
Ils m'écoutent avec la charmante politesse
naturelle des paysans et avec un bon sourire,
leur dire :

— J'arrive de Paris pour prendre de vos
nouvelles et pour vous apporter des cadeaux.

Mais un sous-lieutenant vient à notre rencontre. Présentation en règle. C'est un colo-
nial nommé officier sur le champ de bataille,
étonnant de courtoisie, d'agréable langage,
de liberté d'esprit. Il me mène dans un bout
de tranchée, recouvert d'un toit de branchages
et de terre, où l'on a ménagé pour s'asseoir
une marche au bas de la paroi. Nous nous
installons. Tout ce qui peut y tenir de soldats
nous suit, nous entoure, et nous causons. Il
fait bien frais et bien sombre dans cette cata-
combe ; mais, en deux mots, c'est d'une beauté
religieuse.

Que me dirent-ils ? Qu'on n'a pas à se plaindre pour la nourriture ; la viande fraîche
arrive tous les jours. Seulement, il faut la
cuire, et cela ennuie, alors on préfère « le
singe », qui est de la conserve de bœuf. Le
mieux, c'est de le manger avec des oignons,
pour lui donner du goût.

— Comment dormez-vous?

—De temps à autre. On s'arrange. (Je regarde le sol, boueux jusque sous cet abri.) C'est plutôt de jour qu'on repose, tandis qu'une équipe veille. La nuit, on travaille à poser des fils de fer, à creuser les tranchées, en évitant de frapper trop fort sur les piquets, parce qu'au premier bruit la fusillade commence. Au reste, il y a des usages : le matin, des deux côtés, on se laisse le temps de faire sa toilette. Pendant une demi-heure, on monte sur les tranchées, on se débarbouille. Et puis, ils ne tirent jamais sur notre voiture de ravitaillement, ni nous sur la leur. On les entend bien, les voitures qui arrivent, le soir, dans le grand silence, mais de part et d'autre on les respecte. De même, la nuit, les hommes de garde, Français ou Boches, placés bien en avant des tranchées et tout près les uns des autres, s'abstiennent de se tirer dessus.

Est-ce assez frappant, ces coutumes qui s'établissent sans convention expresse! cette nécessité qui tend à recréer des mœurs? Mais tout cela qui, à distance m'intéresse bien fort, n'est pas l'essentiel de ce que nous avons à nous raconter, mes chers compagnons d'un instant et moi, sous ce toit de branchages, où nous causons tout en fumant. J'ai à leur dire l'amitié et la gratitude que, tous, nous éprouvons pour eux :

— D'un bout à l'autre du pays, on ne parle que de vous. On sait qu'on vous doit la sécurité de Paris, de nos villages, de toutes les femmes et des enfants. Chaque matin, on s'aborde en disant : « Ils ont eu la pluie, cette nuit », ou bien : « La journée ne sera pas trop mauvaise pour eux. » Dès qu'elles ont une minute, les femmes travaillent pour vous. Le tabac et le chocolat que je vous apporte là, c'est d'elles encore qu'ils viennent. Mais vous recevez bien leurs envois?

Ils m'approuvent tous, de la tête. Ils savent qu'on les aime. Et le sous-lieutenant tire, de ses lourds vêtements raidis, un petit papier et le lit. C'est un billet qu'ils ont trouvé dans un paquet de vêtements chauds :

« Acceptez, soldats de la France, ces vêtements qu'ont faits pour vous les femmes de France. Celui que vous recevez là, il a peut-être été tricoté par votre mère, par votre femme, par votre sœur, ou par votre fiancée. »

Il lit et puis s'arrête, à cause de son émotion.

Comme c'est extraordinaire et noble, ces hommes qui, dans la vie la plus dure et la plus périlleuse, produisent en surabondance les sentiments délicats ! Ils s'attendrissent sur des absentes et sur des inconnues ; ils se dévouent aux idées pures. Tout est vide autour de nous. Rien que du ciel indéfiniment sur de la boue. Mais ce vaste désert est rempli des images invisibles de la famille, de la Patrie, du Devoir et de l'Honneur. Je suis au milieu des saints de la France. Il me semble que j'ai rejoint nos plus lointains aïeux dans le fond des âges primitifs, et en même temps je sais être là avec l'élite de l'humanité, combattant pour sauver la civilisation.

— Au revoir, mes chers amis. Embrassons-nous.

Nous sommes sortis du « salon », et debout dans la tranchée, par-dessus les remblais, tandis que la nuit descend, je regarde. Ils m'expliquent l'horizon. Là-bas, au pied de ce petit bois déchiré, ce sont des tombes. Ils les ont creusées pour y enterrer des camarades. Dans les betteraves, à droite, ces taches sombres, ce sont des cadavres, des braves gens tombés dans un effort malheureux vers les tranchées des Allemands, et que ceux-ci ne laissent pas ramasser. Cette vue peine mes compagnons. Ils y reviennent à plusieurs reprises. On se tait. Le temps de faire mentalement une prière.

Le sol détrempé, la lumière jaunâtre, le silence, ces tombes, tout concourait à une même sensation, et ces trois cadavres demi liquéfiés faisaient le centre et comme l'idée commune de cet horizon et de nos âmes. Un immense espace vide s'étendait sur nos têtes. Je n'ai jamais vu autant de ciel que depuis ces trous meurtriers.

XVIII

L'AGONIE DANS LES ÉTANGS

24 Novembre 1914.

L'autre jour, au soir, en quittant les tranchées de première ligne, nous avons circulé, pour serrer la main de nos soldats, dans les abris à flanc de coteau où, de trois jours en trois jours, ils viennent se reposer. Et puis, afin que je voie un peu nettement les Prussiens, on m'a mené dans un petit bois, à trois cents mètres de leur ligne. L'un d'eux était en avant, debout entre deux pommiers. Nous le regardions. Il nous regardait. Et des deux parts nul geste.

Le crépuscule descendait. Entre cet homme

et nous, dans les betteraves, des cadavres gisaient, qu'ils ne laissent pas ramasser. Je n'oublierai jamais ce coin d'horizon sinistre, et le rapport des êtres et du paysage à cette minute. Est-il possible que nos riches campagnes soient devenues cette désolation ? que l'élite morale et physique de la France soit terrée dans ces tanières de bêtes, et que des idées de haine et de mort occupent seules les millions d'individus qui, sur l'immense ligne de bataille, s'affrontent ? Que rêve, devant moi, ce Prussien qui m'observe dans la brume du soir ? Il songe à m'anéantir, et, moi, de même, à le supprimer. Ce sont des circonstances où l'esprit le plus particulier s'en va avec les autres, où nulle âme ne fait bande à part. Le devoir est évident, certain. Mais comme ses racines plongent dans la nuit !

En vain mon compagnon, mieux expérimenté que personne dans les choses de cette guerre, continue-t-il à me donner mille détails les plus intéressants. Derrière les faits s'élève une épaisseur de mystère. Et tandis que nous repartons à travers l'espèce de lande qu'est devenue cette campagne, j'ai même cessé de le questionner.

De temps à autre, nous croisons des gens à nous, en train de faire la cuisine dans des

dépressions du plateau. Ils rient, s'inter-
pellent. Puis nous rentrons dans le silence et
dans la nuit, qui s'épaissit. Cette fin de notre
visite aux avant-postes ressemble à un retour
de chasseurs attardés, en automne, mais il s'y
mêle une anxiété extraordinaire du cœur.
Jamais je n'ai ressenti une aussi vive émotion
de fraternité que dans cette journée ; jamais,
un plus profond sentiment du mystère où
baignent nos existences.

Tout autour de nous régnait maintenant
un silence inimaginable et l'on distinguait
avec peine les objets à cinquante pas.

— Attention ! me dit mon compagnon,
vous avez la rivière à votre gauche.

Nous arrivions, en effet, au point où le
plateau est brusquement déchiré par une profonde vallée, et en me penchant je vis, tout
en bas, au pied de notre falaise, des étangs
immobiles sous de grands peupliers. Leurs
eaux brillaient d'un éclat sinistre à travers les
déchirures d'un linceul de brouillard. Et de
mornes vapeurs s'en levaient, qui se groupaient
en grandes masses mouvantes.

— Voilà, dis-je, le royaume de la désolation.

— Nous y avons vu et entendu, pendant
cinq jours, un Allemand blessé que personne ne
pouvait relever. Il faisait partie d'une patrouille

sur laquelle nous avions tiré. Ses camarades se sont sauvés sans prendre aucun souci de l'emporter. Le pauvre diable restait là avec une cuisse brisée. Comme vous pouvez voir, ce n'était pas facile de l'aller chercher dans ces ravins et ces marais découverts. Enfin, le cinquième jour, nous avons pu le transporter à notre ambulance, où il est mort, en nous remerciant. Le curieux c'est qu'au milieu de ces marécages il tenait son journal. Je vous le donnerai à lire, si vous voulez. Vous serez, je crois, intéressé par les sentiments qui animaient cet Allemand blessé et abandonné,

— Quels sentiments?

— Très obscurs et assez beaux.

Une heure après, quand nous sommes arrivés au gîte et avant toutes choses, avant même de me débarrasser de mes vêtements et d'une boue qui me venait au-dessus des épaules, j'ai prié mon aimable guide de me marquer sur une carte d'état-major le tracé de notre course et puis de me donner le testament du Prussien dans ses marécages.

Voici cette page, où s'accumulent d'une manière saisissante les brouillards de la Germanie et de cette vallée française qu'il est venu avec les siens désoler. Je n'y change rien. Je transcris exactement les derniers feuillets crayonnés du petit carnet qu'on trouva dans sa poche.

Si telle est la volonté du Tout-Puissant, que ceci soit mon dernier adieu. Une balle française m'a touché en patrouille. Elle m'a atteint au genou droit de telle sorte que je ne puis plus avancer. Il y a cinq jours que je suis là dans la forêt obscure. Je ne puis plus supporter ma faim, que j'ai apaisée jusqu'alors avec de l'eau. Souvent, j'ai imploré le Seigneur pour qu'il m'envoyât du secours. Il n'est pas venu jusqu'à cette heure. Cependant, je lui reste soumis, je ne m'impatiente pas, car il n'y en a plus pour longtemps. Alors, je serai dans ma Patrie, à la maison, auprès de mes frères, dans le beau pays où nous pourrons de nouveau nous tendre les mains, sur des rivages d'argent et de cristal.

Au revoir, au revoir, ici sur la terre ou là-bas dans la lumière.

Signé : Wilhelm Baümer

Voilà donc ce qu'a écrit, dans un silence de mort, en tenant son regard brillant de fièvre tourné vers le firmament, le soldat prussien Wilhelm Baümer. Et dans la minute où je transcris ce papier étrange, plein de délire et de religion, je revois le ciel sans lune qui, l'autre soir, s'étendait solennellement au-dessus de ces marécages. Quelle pensée germanique cet envahisseur avait transportée sur le bord d'une rivière française ! Les fées du Rhin accompagnent donc ces Barbares ? La Nixe a-t-elle pleuré près de lui, quand il était abandonné de ses frères ? Lui a-t-elle essuyé la figure avec ses cheveux verts ? Une seule chose certaine, c'est qu'il fut ramassé et soigné par la générosité française.

Qu'est-ce que je veux prouver par ce court récit ? Rien de précis dans l'ordre logique. C'est une image qui occupe mon esprit et que j'ai retenue entre mille images des champs de bataille. Peut-être que je ne trouve pas, dans la hâte de mon travail quotidien, les mots pour faire sortir tout ce qu'elle renferme d'émotion. Mais elle manifeste pour moi qu'au milieu des horreurs que méthodiquement les Germains viennent accomplir dans notre pays, nous continuons, à notre insu même, les uns et les autres, d'être accompagnés par nos dieux, comme un homme est suivi de son ombre. L'instinct profond qui respirait dans ce reître du Nord prend une forme, prend la parole. Près de mourir sous les peupliers de France, et son esprit déjà séparé à demi de son corps, il refait de la poésie nébuleuse de Germanie. Il s'éloigne de sa besogne du champ de bataille. Et nous autres, Français, nous avons de même un surplus de force, qui complète et perfectionne notre vaillance guerrière. Je veux dire cette générosité qui nous pousse à nous risquer pour secourir un ennemi désarmé et agonisant.

XIX

SAUVONS LES INVALIDES DE LA GUERRE

25 Novembre 1914.

Il y a quelques jours, j'étais dans une ambulance, arrêté devant un lit où l'on pansait un amputé. On lui avait coupé le bras droit. Le médecin le soignait ; un aide le tenait ; et lui, il me souriait, par-dessus l'épaule de l'aide. Il me souriait, l'admirable soldat, parce qu'il voyait sur mon visage mon amitié. Mon amitié pareille à la vôtre pour tous ces héros, la chair de notre chair, les martyrs de la patrie. Mais que fera-t-elle notre amitié? Sera-t-elle négligente, oublieuse? Se déclarera t-elle impuissante?

Quand je me suis éloigné, j'ai fait à ce blessé pour la vie un geste qui lui disait d'avoir confiance : je lui ai dit : « Au revoir, mon camarade ». Était-ce donc un geste vain, un mensonge?

J'y songeais en rentrant chez moi. Et voilà que dans mon courrier, j'ai trouvé une lettre d'un chirurgien, mon compatriote lorrain. Écoutez-le parler :

« Depuis le premier jour de la mobilisation, me dit-il, je suis à la tête d'une formation sanitaire, et malgré la chirurgie conservatrice que j'ai essayé d'appliquer avec une extrême rigueur, j'ai été obligé, malheureusement, de pratiquer un certain nombre d'amputations. Tous mes collègues de Nancy ont été dans le même cas que moi, et dans toutes les formations de l'avant il en a été de même.

» Il faut donc s'attendre après la guerre à avoir un grand nombre d'estropiés et de mutilés.

» Beaucoup de ces pauvres garçons seront dans l'impossibilité absolue de reprendre leurs anciens métiers. Ils auront une pension, mais elle ne sera pas suffisante pour leur permettre de vivre. Les laissera-t-on glisser à la mendicité? »

Cette question, qui traduisait d'une manière si précise mon angoisse, était signée d'un chirurgien hautement estimé, le docteur G. Michel, professeur agrégé à la Faculté de médecine de Nancy. Je lui répondis aussitôt :

— C'est une grande question que vous posez là et qu'il n'est pas possible d'écarter. Avez-vous une solution? Je suis prêt à la servir de toutes mes forces et à vous apporter ce que le public veut bien m'accorder de

sympathie. Comment pouvons-nous secourir
nos frères, les **mutilés** de 1914, les compagnons d'armes du général Pau, le glorieux
mutilé de 1870?

— Eh bien! me dit le professeur Michel,
reprenons l'idée d'un Français, Paul Seguin,
qui voulait apprendre des métiers aux estropiés et aux mutilés et leur ouvrir des ateliers.

Il est heureux et plaisant, pour l'imagination, que ce soit un Français qui ait inventé
l'éducation des infirmes, comme c'est l'abbé
de l'Épée qui a le premier éduqué les sourds
et muets. Cette origine française n'ajoute rien
à la valeur de l'idée, mais nous excite à nous
y dévouer. Il nous semble que c'est une indication, un ordre que nous trouvons dans notre
héritage, et que le moment est venu d'y obéir.
Nous devons protéger, défendre ceux qui
furent les protecteurs et les défenseurs de la
France, et, d'une manière générale, nous
devons redoubler d'énergie, chacun dans notre
ordre. Nous autres, gens d'études, efforçons-
nous d'augmenter le capital spirituel de la
France, travaillons systématiquement à faire
fleurir, à épanouir, à réaliser tout ce qu'elle
contient de nobles volontés,

Ce que voulait Paul Seguin a été exécuté
en Russie, après la guerre de Manchourie; à

Munich, dans les pays scandinaves et surtout en Belgique, à Charleroi, par M. Charles Dam. Nous avons des modèles, et même en France. La fondation Marsoullan a ouvert des ateliers pour ouvriers estropiés ; les frères Saint-Jean de Dieu, rue Lecourbe, éduquent les enfants infirmes ; M. Bourlon de Sarty, qui dirige l'*Association pour l'Assistance aux mutilés pauvres*, cherche à leur fournir du travail en rapport avec leurs aptitudes physiques. Le docteur Jean Brau, de Montpellier ; le docteur P. Desfosses, le docteur Helme ont étudié la question. Mais rien de complet n'est fait. Or maintenant, il s'agit des soldats de la France.

La guerre nous met en présence d'un devoir sacré. Nous n'allons pas laisser dans la rue, avec une misérable dotation, les enfants admirables qui, blessés pour la patrie, auront échappé à la mort avec des membres perdus ! Il est impérieusement nécessaire d'assurer à chacun d'eux son existence, et la plus heureuse possible. Ouvrons ces fondations pour invalides, ces ateliers pour soldats mutilés, dans plusieurs régions de la France, surtout dans les régions industrielles. Édouard Herriot se préoccupe de ce que l'on peut faire à Lyon. A Nancy, j'agis de concert avec le professeur Michel, de la faculté de médecine ; M. Jean Buffet, de la Société Nancéenne, et M. le notaire Houot. Nous trouvons les plus précieux et les plus nombreux adhérents dans le monde médical et dans le monde industriel. D'un bout à l'autre de la France, entre gens de toutes opinions (ce n'est pas besoin de le dire), il faut que nous nous concertions. Je tiendrai mes lecteurs au courant.

Aujourd'hui, je suis pressé de dire dans tous les hôpitaux de France : « Mes camarades, on pense à vous. Pas un de vous ne sortira frappé de la bataille, qui ne soit assuré du respect de tous et d'une vie ouvrière adaptée à ses forces, Nous serions des malheureux si nous vous abandonnions. »

On trouvera l'argent. Nous en reparlerons. Et pour commencer j'envoie à M. Jean Buffet une délégation pour toucher, au bénéfice de l'œuvre des *Invalides de la guerre*, la moitié de mon indemnité de député, durant le temps qui s'écoulera du premier au dernier coup de canon avec l'Allemagne.

L'autre moitié de mon indemnité, je la réserve à d'autres œuvres de fraternité que la guerre nous invite à créer pour nos soldats, et dont j'entretiendrai mes lecteurs.

XX

UN DINER CHEZ LE GÉNÉRAL

26 Novembre 1914.

Au cours de cette guerre je me suis assis plusieurs fois, et hier encore, à la table de nos chefs militaires.

Ah ! que j'aimerais vous les peindre avec des couleurs éclatantes, à grands traits saisissants, et tandis qu'ils conquièrent une gloire anonyme, toute en or, leur donner nommément cette monnaie, la popularité. Ce serait répondre au désir du pays qui les cherche dans l'ombre, les attend, les appelle, leur dit : « Nous vivrons ou mourrons ensemble, nous voudrions mieux vous connaître. »

Mais il faut servir ceux qu'on aime comme ils désirent être servis. Nous avons des chefs qui s'oublient eux-mêmes et qui, simples, modestes, tout à leur devoir, appartiennent à la pure famille des Catinat, des Gouvion Saint-Cyr, des Drouot. Engagés dans une guerre terrible, où se joue l'existence de la France, ils ne songent pas aux grades, aux décorations, au retour dans Paris sous l'Arc de Triomphe de l'Étoile; ils ne voient que le but immédiat et pressant. Ils ne songent qu'à la nécessité de briser les armées formidables de l'Allemagne, ces cinquante-deux corps qu'il faut, à la fois, repousser et retenir, pour que les Russes fassent leur besogne.

Nos officiers, chacun à son étage, je veux dire chacun dans son horizon, n'ont de pensées et de sentiments que sur l'indispensable nécessité d'assurer la victoire.

Cela donne à leurs réunions, pour qui sait voir les âmes, un caractère très simple et très ramassé, le poids des chefs-d'œuvre de l'art.

Je voudrais vous faire assister au dernier dîner où j'ai eu l'honneur de prendre place auprès de l'un de nos grands chefs. Il ne convient pas que je vous rapporte rien des propos échangés, ni même que je vous décrive une installation pittoresque; mais, si je ne dois pas vous les montrer, tous ces officiers, au naturel et en action, groupés autour de leur général dans la familiarité d'un repas, je puis chercher à vous donner ce qui importe le plus : l'air qui les baigne, l'esprit qu'ils dégagent, leur spiritualité et cette belle couleur originale et pure qui se nuance, le long

de la table, plus grave chez le commandant
d'armée, plus jeune chez le lieutenant, commune à tous et les enveloppant de vaillance.
L'atmosphère est le tout dans le tableau d'un
maître.

Ces officiers, les uns officiers de carrière, les autres de réserve (et ces derniers,
venus des métiers et des milieux les plus
variés), ont acquis, en quelques semaines,
une véritable uniformité morale. Leur général,
qui les préside, est le père, le patron d'une
famille militaire. En si peu de temps, les
voilà devenus frères.

La fraternité des armes ! qu'est-ce que cela
veut dire ? Les uns et les autres s'aiment-ils
plus, s'aiment-ils moins que dans la vie ordinaire ?

Ce n'est pas d'affection qu'il s'agit. Ils sont
associés, de la manière la plus nécessaire, dans
une œuvre qui offre ceci d'extraordinaire
qu'en même temps qu'elle réclame la collaboration de toutes les sciences, elle met en
branle chez chacun, avec une puissance irré-
sistible, les sentiments primitifs. Voilà pas
quatre mois qu'ils se battent, et leur vie antérieure est abolie dans leurs souvenirs ! Une
exigence terrible accapare toutes leurs puissances physiques et morales. Ils n'agissent

plus et ne pensent plus que dans la mesure
où l'action immédiate le rend nécessaire. Et
quelle action ! tuer, détruire.

Aiment-ils la guerre ? Elle est toujours
dure et, celle-ci, plus cruelle qu'aucune. Ceux
qui l'ont vue ne peuvent en parler sans qu'une
ombre passe sur leurs figures. Les plus insen-
sibles en rapportent des images qu'ils écartent
soudain d'un geste. Il y eut peut-être dans notre
histoire des guerriers grossiers, brutaux, vio-
lents. Plus sûrement il y en eut de brillants,
de fringants. Nos officiers de 1914 ont leurs
couleurs propres que je n'ai pas le temps de
nuancer. Laissez-moi les caractériser un peu
trop fortement en disant que, depuis vingt
ans, ils se sont préparés et formés dans la
mortification. Depuis vingt ans, les officiers
français ont beaucoup vécu d'une vie intérieure. Au dehors ils ne trouvaient guère
de satisfactions ; ils étaient obligés de les
chercher dans leur conscience. Le besoin de
considération et d'estime est très vif chez
celui qui en choisissant la carrière des armes
montre bien qu'il n'a pas le goût de l'argent,
ni des avantages matériels. Or voilà des années
qu'en fait d'estime, nos officiers devaient
se contenter de leur estime propre et du
témoignage de leur conscience. Ils atten-

daient l'heure de montrer au pays comment ils avaient travaillé et comment ils savaient se sacrifier pour tous.

En visitant les tranchées, tout à l'heure, je me suis dit que notre armée y subit une vie de pénitence, dont elle s'accommode, grâce à sa vaillance, à son incroyable ressort de gaieté et à sa certitude de vaincre, et que nos officiers, pendant les vingt ans précédents, ont supporté dans le plan moral une épreuve analogue. Ils étaient retranchés dans leurs traditions d'honneur, qu'il n'appartenait à personne de leur enlever. Et cette héroïque éducation par la tristesse et par les déceptions ne les ayant pas aigris, leur a donné une magnifique endurance de l'âme, une qualité morale exceptionnelle. Ah ! je voudrais qu'assis près de moi vous vissiez avec quel noble orgueil, au milieu des regrets que leur laissent tant de camarades disparus, ils calculent le pourcentage des pertes subies par le corps des officiers. Ces hécatombes sous la mitraille, c'est leur magnanime revanche de tant de viles brimades. Hier on les visait et les frappait bassement, mais pour les consoler, il y a « les tireurs d'officiers ». Hier on les faisait passer derrière dans les fêtes ; aujourd'hui, à toute heure, ils marchent les premiers.

Ces réflexions que je ne puis m'interdire ne sont dans l'esprit d'aucun de ces nobles gens que j'écoute. Chacun d'eux est tout accaparé par le seul souci d'être égal à sa tâche.

— Si l'on estimait, **un** de ces jours, que je ne dois plus commander, dit le chef, et que je suis fatigué, moins heureux, moins apte, que sais-je ! je rentrerais immédiatement dans le rang, ni blessé, ni diminué, ni peiné, heureux de servir celui qui prendrait ma place.

Et, pareils à leur chef, aucun de ces jeunes officiers n'aurait l'idée de vouloir se mettre de soi-même en valeur. Ils se connaissent, se voient à l'œuvre, ne peuvent prétendre en imposer à personne. Ils n'en ont pas le moyen, ni même le désir.

Et puis, comme tous aiment leurs hommes ! Ils reprennent dans le cœur des soldats ce qu'ils leur ont donné de doctrine, ce qu'ils avaient découvert par l'esprit et qui s'est transfiguré en sentiment. C'est une perpétuelle circulation du sang de la France.

A la fin du repas, le général lève son verre en l'honneur de son hôte. Que va-t-il dire ? quelques phrases courtoises, amicales. Je me prépare à le remercier. Mais écoutez ce qu'il ajoute tout d'un coup :

— Les officiers qui sont réunis à cette table ont décidé de donner leur vie à la patrie.

Quel choc nous recevons d'une telle parole vraie ! Il n'est pour y répondre que l'expression de notre respect à tous, et puis le silence. Nos officiers sont pour la nation des exemples vivants sur qui chacun doit prendre modèle.

XXI

UNE MÉDAILLE DE BRONZE POUR LES BRAVES

27 Novembre 1914.

Je demande la création d'une nouvelle récompense militaire, d'une médaille de bronze, pour que le chef puisse décorer ses plus braves soldats sur le champ de bataille, après chaque affaire.

C'est le désir de nos généraux. « Je souffre, me disait l'un d'eux, de laisser sans témoignage des faits d'armes merveilleux. Vous ne savez pas tout ce que nos soldats accomplissent, chaque jour, d'actions extraordinaires. L'admirable suite des mises à l'ordre du jour

de l'armée ne vous en donne qu'une idée incomplète. Cela nous peine quand nous paraiss-
sons négliger de si braves gens. Il faut prendre le Français comme il est. Il fera tout
pour avoir sur sa poitrine le signe de
l'honneur. Un insigne de la bravoure militaire serait entre les mains du chef un
véritable instrument de guerre. Nous avons
bien la médaille militaire. Mais c'est la plus
haute des récompenses, celle qu'obtiennent
les commandants de corps au sommet de leur
carrière, et puis une retraite lui est attachée ;
ce ne serait pas sans inconvénient de la distribuer en très grande quantité. Nous voudrions quelque chose d'analogue à la Croix
de Fer dont dispose l'empereur allemand pour
récompenser le courage du soldat sur le champ
de bataille : une médaille du mérite militaire,
une médaille de bronze. »

Je me permets de recommander cette idée
à la vigilance du Gouvernement et du Parlement. Déjà on a renoncé, d'une manière sensible, depuis une dizaine de jours, à la couleur kaki. Les « communiqués » sont com-
plétés par des notes plus chaudes qui mettent
en valeur la pensée des chefs et l'action des
hommes. On a mené des journalistes au
milieu de nos héros, avec mission de les faire

connaître. C'est bien, c'est très bien, et dans le même esprit il faut se prêter à la manière de voir des chefs, à la manière de sentir des soldats. Donnons à l'armée tous les instruments de victoire et, parmi eux, cette médaille de bronze.

Ce que je vois, depuis une trentaine d'années que je regarde les boutonnières multicolores de mes contemporains, ne m'a pas rendu grand appréciateur des décorations civiles. J'indique cette nuance sans la développer. Censure, ne tremble pas ! tant que les Prussiens occuperont un lambeau de notre sol, je t'épargnerai le chagrin de m'entendre penser tout haut sur *l'usage qui a été fait de la Légion d'honneur dans le civil et sur sa dépréciation*. Je n'ai aucune sorte de ruban; je n'en aurais mérité qu'au titre d'écrivain, et, ma foi, je ne voyais pas par qui, décemment, il pouvait m'être attribué. Nous avons eu, la moitié du temps, des ministres que je ne nommerais pas officiers d'académie; je me sentais un peu froid à l'idée qu'ils prononceraient sur ma tête le *Dignus es intrare*. Au reste, d'une manière plus générale, je doute que l'on puisse remuer fortement les cœurs, les esprits, et rien y semer par des décorations civiles. Je doute qu'en faisant danser le grand-

cordon de la Légion d'honneur devant les
gens d'étude ou les industriels, on augmente
leur talent ou leur honnêteté. Chauchard,
avec tous ses insignes, est resté comme
devant. Mais les décorations pour faits de
guerre, c'est une autre affaire ! Elles produisent un effet superbe et fécond dans les
cœurs.

Après la bataille, quel bouleversement de
tout l'être, s'il arrive un chef, un homme
ayant aux yeux de tous une supériorité et qui
dise : « Celui-là, chacun de nous vient de le
voir, est digne d'être estimé ! »

Ce n'est pas une grande chose, une chose
qui est donnée par un homme seul, car un
homme seul ne peut pas donner de l'honneur
et de la gloire ; mais c'est une grande chose
qu'une décoration accordée, ratifiée par un
groupe d'hommes, dans le moment où l'enthousiasme du champ de bataille les rend sincères.

Un sergent de qui je voudrais bien savoir
le nom avait obtenu, à force de courage et
d'esprit, des renseignements qui amenèrent le
général commandant le corps d'armée à tenter
l'affaire du Quesnoy. Ce fut, vous le savez,
une réussite brillante, importante (et dans
laquelle, je le dis en passant, le lieutenant-
colonel du Paty de Clam se couvrit de gloire).

Immédiatement après le succès, le général demanda le sergent. « Il a été blessé, mon général ». — « Menez-moi près de lui, » — « Il est déjà évacué. » — Le général s'en va à l'ambulance. « On vient de le porter à la gare. Il doit déjà rouler sur Paris. » — « Allons tout de même voir. » Le train était encore là. On descend la civière du blessé, et sur le quai de la gare de Montdidier, au milieu d'une poignante émotion, le général donne au sergent, avec son accolade, sa décoration.

Vous comprenez si une telle scène peut élever d'un degré l'esprit d'un bataillon ; si elle communique à toute une tranchée un élan nouveau. L'hommage rendu à la vaillance crée des vaillances. Les Français veulent des signes qui puissent enflammer leur âme, en même temps que des raisons qui conquièrent leur intelligence. « C'est pour ta patrie, pour ton foyer, pour ton honneur que tu combats, et puis tu seras admiré jusqu'à ta mort. »

Accordons à de tels chefs le moyen d'honorer largement de tels soldats. Et pour activer la guerre, pour conquérir la victoire, poussons en avant, par tous les moyens nobles, ceux qui peuvent la décider.

Comme c'est beau, un homme qui se sacrifie pour la civilisation, et qui jette sa vie, toutes ses forces, contre les Barbares! De tels hommes existent par milliers, dans ces semaines glorieuses. Eh bien! marquons-les, par milliers, d'un signe exemplaire. Nous vivons des temps qu'on n'a jamais vus. Craignons d'être négligents, injustes.

Les injustices, je veux dire les malchances, sont innombrables à la guerre. Tâchons d'en réduire le nombre. Mon grand-père Barrès qui a battu, pour sa part, les Prussiens à Iéna et qui est entré triomphant à Berlin, le 27 octobre 1807, avec la garde impériale où il était grenadier, était un si brave soldat qu'il fut de ceux que l'Empereur, dans le palais royal de Berlin, chargea de présenter à la députation du Sénat français les drapeaux pris à Iéna. Eh! bien, après avoir fait toutes les campagnes de l'Empire, il n'a pas dépassé le grade de chef de bataillon, et là-dessus, à la dernière page de ses *Mémoires*, il fit une juste réflexion : c'est qu'il ne lui a pas été donné de se trouver dans un de ces moments propices où l'on agit sous le regard de ceux qui dispensent les grandes faveurs. Voilà de la bonne philosophie. C'est vrai qu'il y aura toujours d'admirables soldats qu'on n'aura pas vus. Mais ceux que le chef voit, tâchons qu'il puisse nous les faire voir!

Car c'est là ma pensée de derrière la tête. Je veux que nous, nos fils, nos petits-fils, nous puissions jusqu'à leur mort regarder, aimer, respecter les héros de 1914.

Généraux des armées de la France, marquez du signe de l'honneur, par tous les moyens que vous posséderez, les meilleurs de nos soldats, les plus braves, les plus heureux. Le bonheur est encore une vertu à la guerre! Que la France, demain, quand nous serons entrés dans la longue période de paix qu'une victoire complète nous assurera, puisse connaître, dans chacun de ses villages, et du haut en bas de l'échelle sociale, ses sauveurs. Et dès maintenant, au milieu de nos angoisses, préparons cette France de demain, si heureuse, si belle, et qui sera peuplée, d'abord, des morts pour la patrie, toujours vivants dans notre piété; puis des décorés, puis des balafrés et mutilés, et de tous les autres, qu'aucune marque ne désignera, mais à qui il suffira de dire simplement : « J'y étais », pour qu'on les salue comme des braves.

Quant à nous, non combattants, Français de second choix, nous achèverons notre vie, heureux d'avoir vu tant de gloire, et préoc-

cupés jusqu'au bout, comme je le suis aujour-
d'hui, que la dette nationale de gratitude soit
payée aux soldats par la France (1).

XXII

LA VICTOIRE DES RUSSES

28 Novembre 1914.

Les événements se déroulent, tels que la
raison et l'espérance les prévoyaient.

Nous avons toujours parlé d'une certitude
mathématique du succès. Au prix d'immenses
efforts, grâce au génie des chefs et à l'héroïsme
des troupes, la France s'est équilibrée contre
une puissance militaire formidable et, peu à
peu, a pris sur elle un indéniable ascendant.

Et maintenant, c'est la victoire russe. Les
Allemands viennent de subir un désastre en
Pologne. Leur armée d'invasion est rompue ;
et ce qui en subsiste combat désespérément
pour regagner le territoire allemand au milieu
des Cosaques qui l'entourent et l'assaillent
pareils à des loups.

(1) Cette idée a été acceptée. Elle est devenue la croix de
guerre.

Chacun des télégrammes qui nous arrivent
confirme la déclaration de lord Kitchener à la
Chambre des lords : « Les pertes des Allemands sont les plus énormes qui leur aient
été infligées depuis le début des hostilités ».

Quelle réponse à ces misérables bruits pani-
quards que des niais ou des criminels, et parfois haut placés, font courir, et qui, hier
encore, annonçaient l'entrée des Allemands à
Meaux, à Soissons, à Compiègne ! Balayons
ces poltronneries, et voyons en face la situation vraie.

Elle demande des efforts coûteux, mais elle
est admirable. Nous n'avons jamais essayé et
nous ne tenterons jamais de fausser, de colo-
rer les faits de la guerre. Le généralissime
Joffre est un homme vrai. Il traite ses armées
et la nation entière comme des collaborateurs
capables de connaître, dans leur ensemble,
les réalités de cette guerre nationale. Les communiqués de l'état-major ne contiennent rien
que d'exact. Ils font l'admiration du monde
diplomatique et, peu à peu, chez tous les
neutres, on rend témoignage à leur sincérité.
Nous prenons modèle sur Joffre, et, tout en
précisant nos certitudes de vaincre, nous n'a-
vons jamais dissimulé les difficultés de la lutte
et la nécessité de roidir toutes nos énergies.

Tel n'est pas le système outre-Rhin. Le Gouvernement vient d'interdire aux correspondants, qu'il avait admis à suivre l'armée de Pologne, d'envoyer des communications à leurs journaux. C'est puéril. C'est un expédient qui n'a jamais épargné aux autruches un seul coup de fusil.

Le jour que l'on peut dès maintenant prévoir, sans en fixer la date, où les Russes apparaîtront à Breslau, et seront une menace immédiate, les résultats obtenus ne devront pas se mesurer seulement du point de vue militaire, mais encore du point de vue moral et politique. Soudain l'Allemagne se transformera; ses peuples divers se tourneront vers la Prusse, dont pour l'instant ils ne mettent pas en doute « l'invincible supériorité », et, sous le choc d'une effroyable désillusion, vous verrez réapparaître les anciennes Allemagnes.

J'ai eu l'occasion de causer avec diverses personnes qui reviennent de Berlin. Là-bas, à cette heure encore, nul n'est renseigné, nul ne met en doute l'écrasement de la France. Tant mieux. Quand les Allemands seront renseignés, ils se tourneront avec quel effroi, quelle colère, contre celui qui possédait leur confiance absolue et qui les a trompés !

A cette heure, il n'y a en Allemagne aucune

trace de dislocation. Le loyalisme est ardent, complet. Mais en présence d'une révélation terrible et inattendue, c'est une Allemagne nouvelle que verra l'empereur responsable. Un homme a une confiance absolue dans sa maîtresse ; il apprend qu'elle le trompe, qu'elle n'est pas celle qu'il croit : vous ne reconnaissez plus cet homme.

Au reste, nous ne faisons pas entrer dans nos calculs les déceptions morales de l'Allemagne. Je les prends et je les note, et puis je les écarte. Nous n'en avons pas besoin. Je ne table que sur les ressources des trois alliés.

Dès cette heure, l'armée allemande a perdu sa pointe et le meilleur de sa force brisante. Elle n'a plus ses premières puissances d'offensive. Elle est trop maltraitée par nous et par ses propres chefs.

Comme des rats empoisonnés, les Allemands veulent courir d'un front de bataille à l'autre front, des Flandres en Pologne. Ils le peuvent, car leur organisation est admirable, mais c'est trop demander aux forces humaines, et de telles conceptions stratégiques méprisent par trop l'humanité du soldat. L'état-major allemand compte pour rien les individus. Ce n'est pas assez dire qu'il ne les ménage pas, il les prodigue. Cette méthode, efficace peut-être,

s'il s'agit d'obtenir un résultat rapide, va
donner d'effroyables effets dans une guerre
longue, dans une guerre d'usure.

Aujourd'hui, si forte qu'elle demeure,
l'armée allemande n'est plus celle qui se jetait
sur nous au début du mois d'août. Ses remar-
quables sous-officiers engraissent nos campagnes de France et s'épanouiront dans nos
moissons futures confondus, hélas? avec les
fils de notre race. Ceux-ci, nous les pleurons.
Mais nous avions commencé la guerre avec
des préparations insuffisantes, et dans les
quatre mois qui viennent de s'écouler, nous
avons certainement augmenté notre matériel
et amélioré notre tactique. Le temps qui effrite
nos adversaires combat pour nous. Les Anglais
s'organisent, chaque jour. Ils maintiennent et
renforcent leur contingent et préparent la
plus puissante armée. Quant aux masses
russes, lentes à mettre en marche et qui, dès
le début, ont agi plus vite qu'on ne devait
l'espérer, elles n'ont pas encore donné leur
plein, et vous voyez déjà leur supériorité.

Russes, Anglais, Français, nous serrons de
concert l'étau où périra la puissance militaire
de l'Allemagne. C'est de concert encore que
nous devons mener à bonne fin la destruction politique de l'Empire, par des conditions

de paix qui libèrent l'Europe. Dans la liste de
nos victoires, auxquelles viennent s'adjoindre
les victoires de Pologne, n'oublions pas d'inscrire le jour où fut signé entre les trois alliés
l'engagement formel et décisif de ne négocier
avec l'Allemagne vaincue que toutes ensemble
et d'un parfait accord. C'est le moyen sûr de
faire produire son plein effet au sacrifice
héroïque consenti par nos soldats et par nos
alliés et amis qui combattent avec nous pour
la civilisation.

VI

SIXIÈME PHASE

LA GUERRE DE SIÈGE

(Du 30 Novembre 1914 au 1er Janvier 1915)

Ainsi, plus de seize corps allemands ont vainement cherché à crever la ligne de dix corps alliés : « bataille de Calais » ou « bataille d'Ypres », ils ont échoué, et sur la fin de novembre ils se découragent. Cette bataille des Flandres succédant à celle de la Marne a brisé l'offensive allemande.

Après la retraite où les avait contraints la série des combats qui forment la victoire de la Marne, les Allemands viennent d'essayer de prendre leur revanche, et, par des tentatives répétées et coûteuses, ils ont tout fait pour rompre notre front. Leur échec est la ruine de tout leur plan sur le front occidental. Ils s'étaient proposé de battre la France rapidement pour se retourner contre la Russie. Il n'y faut plus songer. La France n'est pas battue et la Russie, ayant mis à profit les possibilités que lui lais-

sait la concentration allemande sur le front français, devient menaçante.

Pour faire face à cette situation nouvelle, l'Allemagne se résigne à se mettre nettement du côté occidental sur la défensive, et la guerre de position commence. La longueur du front qui atteint, de la mer aux Vosges, environ neuf cents kilomètres permet une ligne continue et l'installation d'un véritable siège, tandis qu'en Russie, l'étendue de la ligne, interdisant un front continu, laisse place à la guerre de mouvement.

D'autre part, après trois mois de campagne, les conditions de la guerre moderne apparaissent clairement. La puissance des feux, l'emploi des mitrailleuses, l'utilisation des travaux de défense, fils de fer barbelés et tranchées, imposent aux opérations un caractère nouveau. Les Allemands viennent de faire eux-même l'expérience sur l'Yser des difficultés de l'offensive. Ils avaient la supériorité du nombre, des troupes d'une qualité encore excellente, un matériel considérable; ils attaquaient les Alliés au moment où ceux-ci n'avaient pas pu improviser de grands travaux défensifs; ils arrivaient en force dans le Nord, où Anglais, Belges et Français avaient eu à peine le temps de se rassembler. Malgré toutes ces circonstances, ils ont complètement échoué, en faisant de si lourdes pertes qu'on peut *supposer à bon droit qu'ils ne recommenceraient plus sur notre front la tentative manquée.*

Enfin, l'expérience prouve que la guerre moderne exige une quantité de projectiles de tous calibres, une variété d'engins, une prodigalité d'outils de toutes sortes, une organisation matérielle qui dépassent toutes les prévisions.

Dès ce moment, le commandement français a la préoccupation de se mettre en état de reprendre à son heure les opérations dans les conditions les meilleures. Tandis que la question de munition et de matériel est étudiée, le front est, sur toute son étendue, organisé pour la campagne d'hiver. En même temps, une série d'opérations locales sont entreprises pour harceler l'ennemi, pour gêner le transport que l'État-Major allemand voulait exécuter pour la Russie, pour commencer l'usure matérielle et morale qui réduira la Germanie.

Dès cette heure, les troupes françaises ont pris l'initiative des opérations et ont imposé à l'ennemi leur ascendant. Sur un seul point, à Soissons, les Allemands vont faire un gain, d'ailleurs négligeable. Partout ailleurs, dans le Nord, en Champagne, en Lorraine, ce sont nos troupes qui attaqueront et qui réaliseront des progressions méthodiques par où se démontrera chaque jour leur supériorité tactique.

I

MÉNAGEONS LE CŒUR FRANÇAIS

3o Novembre 1914.

Un excessif retard des lettres, la perte des colis, le silence sur les blessés et sur les morts, voilà ce qui pourrait démoraliser certaines vaillances ou du moins les attrister, car les combattants et les non-combattants diraient : « Nous avons le droit de connaître, sans nuire à rien d'essentiel, le sort de nos fils, maris et frères, ou bien de nos familles, et l'Etat, en négligeant de nous assurer cette tranquillité d'esprit, aggrave sans profit les duretés de la guerre. »

De là très vite on passerait à accuser l'Administration de manquer de cœur. Reproche bien injuste. Chacun, dans cette immense tâche, apporte sa bonne volonté. Certains services fonctionnent à merveille ; d'autres moins bien. C'est pour les aider, sans esprit stérile de critique, que nous leur montrons leurs lacunes. Derrière les combattants, qui ne peuvent et ne doivent agir qu'en vue de la destruction des forces allemandes, à côté des administrations civiles, il est bien qu'on se préoccupe, à son rang, selon ses forces, du point de vue moral, et qu'on cherche ce qui peut plaire ou déplaire au cœur. C'est ma tâche quotidienne. Où étiez-vous, me dira-t-on, durant la guerre ? Je n'ai pas eu froid, je n'ai pas eu faim, je n'ai pas souffert. Et je m'en excuse. J'essayais pourtant de souffrir avec tous, et j'allais des soldats aux familles, interprète trop insuffisant de l'admiration et de l'amitié.

Avançons d'un pas dans la question des blessés, et touchons le point où elle se confond avec la grande question des renseignements aux familles.

Au début d'octobre, le ministre avait décidé que les médecins en chef de tous les hôpitaux militaires ou civils enverraient au dépôt du régiment une carte individuelle, concernant chacun des blessés et évacués sur son hôpital. La formule de cette carte est rédigée. Nous l'avons vue. Elle est parfaite : elle donne les noms et prénoms du soldat et puis une précision sur la nature de sa blessure.

Au dépôt du régiment, le commandant, sitôt cette carte reçue, devait aviser la personne indiquée par le soldat au moment de sa mobilisation.

Ne trouvez-vous pas l'idée simple et pratique ? La famille était, dans un court délai,
tirée de son angoisse et mise à même d'aller
voir son enfant.

Mais qu'est-il advenu ? Il me revient de
divers côtés que cette mesure excellente n'est
pas appliquée. Chaque jour, à *L'Écho de Paris*,
nous recevons les lettres ou la visite de
parents éplorés, qui nous demandent de leur
venir en aide, de leur faire savoir sur quelle
ville a été évacué leur enfant.

J'offre un autre moyen. Pourquoi, dans
chaque ville où se trouvent des hôpitaux
civils ou militaires, ne communiquerait-on
pas aux journaux la liste quotidienne des
blessés qui arrivent et de ceux qui s'en vont
guéris ? Les journaux publieraient ces listes.
Et, comme nous vivons dans une période
d'entr'aide, il y aurait des personnes dévouées
et des œuvres pour avertir les familles.

J'entends le gouvernement me répondre :

— Non seulement nous ne voulons pas
communiquer ces listes aux journaux, mais
nous leur interdisons de les publier.

— Et pourquoi donc ?

— Ce serait le moyen d'inquiéter l'opinion
publique.

— Vous ne l'inquiéterez jamais autant

qu'à laisser des familles courir çà et là, agitées par une fièvre d'angoisse.

Et comme j'ai l'habitude d'écrire en m'appuyant sur des pièces authentiques, je prends dans mon dossier une lettre qui persuadera mes lecteurs et les dirigeants, mieux que ne ferait aucune dialectique, qu'il y a urgence de trouver un système pour avertir les familles et pour ménager leur tendresse.

Cette lettre est datée du 11 novembre dernier; je respecte ses particularités, et supprime seulement le lieu d'origine :

MONSIEUR,

Depuis le 20 septembre mon fils a été blessé et a rentré à l'hopital XI Verdun. Il ma écrit le 23 septembre; il y avait trois jours qu'il etait à l'hopital et il me dit dans sa lettre qu'il était blessé..... et il me fit une lettre bien rassurante et il me dit qu'il écrirait tous les jours, et il a ecrit encore le 24, 25, 26, 27, toujours des lettres bien detaillées et il avait du courage, et depuis le 27 nous n'avons plus eut de ses lettres. Alors nous avons écrit à M. le Directeur et un telegramme. Et un telegramme à mon fils. Et nous ne recevons rien. Nous voudrions aller a Verdun, et l'on nous dit que nous ne pourrions pas rentrer. Alors nous avons demandé a Bordeaux au ministere et ils nous ont dit : « Aucune nouvelle facheuse pour le soldat G... D... au 179e régiment de ligne, 13e compagnie au college Duvignier Hopital XI à Verdun ». Mais nous sommes étonnés de recevoir aucune lettre de notre fils et aucune reponse du Directeur.

Monsieur, je me recommande à votre bonté, pour
que vous me donniez des nouvelles de mon fils. Je ne
doute pas de votre zele que vous me donnerez des nouvelles au plustôt, par telegrame si ces possible. Moi
et mon mari, nous vous remercions et vous prie de
vous excusez de pendre la permission de vous écrire.

Nous vous rembourseront vos frais par mandats
postes.

Pere et mere de G... B...

T...... B......

B.....

Je m'abstiens de tout commentaire. Cette
lettre n'est que trop émouvante. Et vous avez
déjà deviné la situation. Leur fils était mort.

A quelle date ?

Je connais l'acte de décès dressé à la mairie
de Verdun. Le soldat G... B... est entré le
21 septembre à l'hôpital XI, il est mort le 29
du même mois. C'est le 11 novembre que ses
parents écrivent cette plainte que vous venez
d'entendre. C'est le 27 novembre qu'ils furent
enfin renseignés par celui vers qui ils venaient
de se tourner.

En cinquante jours, ni l'administration
civile, ni l'administration militaire n'ont su
informer ces malheureux parents qui multi-
pliaient lettres et télégrammes.

Si le brave soldat était mort sur le champ
de bataille, passe encore ! mais dans un hôpital de deux cents lits et dans une ville où

fonctionnent régulièrement tous les secours !
Ce n'est pas acceptable. Un soldat, pour le
chef, c'est un instrument de salut national ;
le chef dispose de lui ; mais le fonctionnaire
doit traiter le soldat blessé, sacrifié, et sa
famille avec le respect le plus attentif. C'est
une nécessité de notre caractère français en
1914.

L'insensibilité est une force à la guerre. Si
nous étions un peuple insensible, nous serions
débarrassés de tout le problème des blessés.
Je n'en disconviens pas. Mais la France est
une mère qui s'émeut devant ses fils qui
tombent. Elle voudrait qu'ils n'emportent avec
eux aucune tristesse. Elle voudrait leur
entendre dire qu'ils s'abiment satisfaits, ou
du moins apaisés dans la mort, et qu'ils nous
pardonnent de les laisser glisser dans les
froides ténèbres. La France a du cœur. En
eût-elle à l'excès, il faut en tenir compte.

Nos chers et vaillants alliés, les Anglais,
veulent des bains, du thé, du repos, tout un
confort qui parfois pourrait être encombrant.
Nous, Français, nous avons besoin, dût-il en
résulter de gênes, que notre sensibilité soit
ménagée et satisfaite.

Et qu'il serait maigre d'intelligence, celui
qui oserait élever un reproche contre cette

puissance de sympathie qu'il y a dans le cœur
français. Gloire à ce cœur qui nous a tous
réunis et qui précipite à travers le pays un
sang brûlant et l'enthousiasme sauveur. Nous
n'avions pas les préparations matérielles.
C'est de notre cœur que nous vint notre volonté
de vaincre, quand même ! Notre cœur n'eût
pas suffi, mais il supplée les manques.

Tel est le génie de la France. Très familial,
liant de très près les parents aux enfants, et
tout ce monde au foyer. Nous produisons une
littérature insensée, un théâtre de folles,
applaudi par des fous. Mais vous savez bien
qu'ils furent toujours nombreux au milieu de
nous, les fanfarons du vice et que ce monde-là
garde en secret des vertus bourgeoises, une
chaleur domestique, croissant à mesure que
l'on pénètre dans la masse de la nation. J'ai
cru voir dans les tranchées que les soldats
éprouvent une vraie tristesse déprimante s'ils
ne reçoivent pas des nouvelles de chez eux.
Je sais que les familles ne s'affolent qu'autant
qu'elles ne peuvent pas envoyer aux soldats
des amitiés et des lainages, et bien savoir où
ils sont. On veut des égards près d'un mort.

Celui qui passe froid devant ces émotions
s'élimine de lui-même de l'ordre français. Il
ne nous comprend pas, ne peut pas nous ser-

vir. La source des grandes choses françaises,
à la guerre comme dans la paix, est dans ce
cœur très humain. Il faut le respecter et le satisfaire comme un créateur, comme le moteur
de toute la nation.

II

LES VALKYRIES ET NOS JEUNES HÉROS

1er Décembre 1914.

J'ai sous les yeux le *Mémorandum officiel*
des atrocités commises en Serbie par les
troupes austro-hongroises. Monotone énumération d'horreurs. Des témoignages certains
établissent que les officiers et soldats austro-
hongrois ont tué des prisonniers, achevé des
blessés, massacré des paysans inoffensifs, des
vieillards et des enfants, violé des femmes.
Dans les plaines de la Matchva, ils ont volé,
pillé, détruit les récoltes, incendié les villes et
les villages, en saccageant tout ce qui ne pouvait pas être emporté.

C'est exactement le travail hideux des Allemands en Belgique et dans certaines régions
de la France.

De ces crimes, je ne tracerai pas le tableau.

Le gouvernement qui a procédé aux enquêtes nécessaires semble désireux, pour le moment, d'éviter l'émoi que produiraient ces divulgations. A-t-il raison ? Je ne le crois pas. Je suis d'accord avec la paysanne d'Hérimenil, ma vaillante compatriote, qui écrit à son mari soldat : « Ils ont tué nos enfants. Dis-le à tes camarades pour qu'ils nous vengent. » Toutefois, je m'incline et j'accepte cette méthode d'attente. Je ne ferai pas sortir de ces faits tout ce qu'ils contiennent de fureur, et qui multiplierait, selon moi, notre force guerrière. Je me borne à chercher de quel principe ils découlent.

On a dit plusieurs fois que l'état-major allemand voulait systématiquement la guerre horrible, et que les crimes de Serbie, de Belgique et de France étaient les applications d'une haute doctrine d'art militaire. A l'appui de cette opinion, on citait telles leçons magistrales des généraux-professeurs les plus réputés en Allemagne. Mais beaucoup de personnes inclineraient plutôt à voir dans ces abominations si dégradantes et, ce nous semble, si infécondes, des crimes d'ivrognes. Nous-mêmes, plusieurs fois, dans les ruines de Raon-l'Étape, par exemple, et en écoutant le récit des orgies de ces brutes, tuant et brûlant

au bruit des boîtes à musique, gramophones
et phonographes, nous fûmes tentés par cette
hypothèse d'une ignoble soûlerie.

Le gouvernement serbe est en mesure d'établir que toutes les atrocités qu'il dénonce,
identiques à celles de Belgique et de France
ont été commises, non seulement au vu et au
su des autorités militaires austro-hongroises,
mais même par leur ordre. Il cite les *Directions pour l'attitude à observer à l'égard de la
population serbe*, qui, sous forme de brochu-
res, ont été distribuées aux troupes par le
commandant du 9ᵉ corps d'armée, le général
d'infanterie Hortstein.

On y lit, entre autres beautés, les passages
suivants :

Envers une telle population, il n'y a place pour
aucun sentiment d'humanité ni de générosité.

Je ne permets pas que l'on fasse prisonniers les
habitants qui seraient trouvés sans uniformes et en
armes. Ils doivent être fusillés sans exception.

En entrant dans les endroits habités, il faut de suite
se procurer des otages, prêtres, maîtres d'école, notables. Ces otages doivent être fusillés, si un seul coup de
fusil est tiré sur nos troupes et toutes les maisons doivent être incendiées.

Il ne faut voir dans tout habitant qui est trouvé
hors des villes qu'un membre de bande qui a caché ses
armes. Comme le temps manque pour faire de plus
amples recherches, il faut fusiller les habitants ainsi
trouvés, s'ils paraissent le moins du monde suspects.

Avec de tels ordres, qu'il ne s'agit plus que
d'interpréter, toutes les atrocités ont leur excuse
prête. Il est clair que l'Allemagne entend
s'emparer de tous les moyens de destruction
qu'il y a dans l'univers et les employer à
courber l'humanité sous sa rêverie inviable.
C'est un esprit destructeur qui marche à la
rencontre de son rival et qui a juré de mettre
à mort le porte-flambeau du Monde.

Les ténèbres s'avancent vers le clair pays
où l'alouette joyeuse salue le soleil. Les valky-
ries qui voltigent au-dessus des hordes germaniques, avec la mission de désigner ceux
qui doivent mourir, cherchent à nous appau-
vrir de nos jeunes génies. Elles voudraient,
dans le même temps qu'elles nous imposeront
les nuées d'outre-Rhin, détruire notre flamme.

Je voyais, ce matin, leur dessein, leur demi-
réussite, et mieux encore leur échec. C'était
dans la modeste chapelle des Dames Bénédic-
tines de la rue Monsieur, à une messe célébrée
pour le lieutenant Ernest Psichari, petit-fils
de Renan, mort au champ d'honneur, mort
pour la défense des portes de la France, mort
d'une mort qu'il eût choisie et souhaitée,
fidèle à lui-même et fidèle à sa race. Et dans
le recueillement de cette toute petite assemblée d'amis, je me rappelais le premier mot

qu'il m'écrivit il y a quelques années, depuis
la Mauritanie : « Charles Péguy m'apprend
que vous avez prononcé mon nom dans un
article sur Guy de Cassagnac. » Péguy, Cassagnac, Psichari, tous les trois sont tombés
en faisant de leurs poitrines un mur à la ruée
allemande. Avec eux, une jeunesse innom-
brable. Mais les filles sanglantes qui voltigent
au-dessus des bataillons envahisseurs en montrant du doigt les victimes ont manqué leur
but. Notre force est décimée : plus vraiment,
elle est multipliée. Notre génie est appauvri ;
plus sûrement, il est enrichi. Les jeunes
héros, en tombant pour la France, nous
réconcilient. Ils refont la patrie. Autour de
leurs pâles visages, ce matin, nous tous, si
divisés de philosophie, nous avions retrouvé
le *Credo* de notre race. Cet office de commé-
moration pour un jeune mort et pour toutes
les destinées interrompues par la guerre cour-
bait nos fronts sous les paroles sacrées, et nous
écoutions avec émotion ce vieux langage latin
où repose l'héritage des antiques civilisations.
*Per Dominum Jesum Christum. Requiescat in
pace.* Qu'il repose en paix ! Qu'il repose au
sein de la chrétienté ! Qu'il repose protégé
par tout ce qu'il a défendu ! Les traductions
flottaient accordées avec les esprits divers qui

composaient cette grave assistance, tant divi-
sée, plus unie encore. Nous nous sentions
associés par les liens les plus nobles pour protéger ce qui est éternel et que veut détruire la
Barbarie.

III

PRÉFETS ET COMMISSAIRES,
AYEZ TOUS DU CŒUR !

2 Décembre 1914.

Aujourd'hui, j'ai pris sur ma table le dossier qui renferme mes notes et lettres concernant l'organisation des secours aux familles
que la guerre a laissées sans ressources.

Vous savez que l'État donne chaque jour
un franc vingt-cinq centimes aux femmes des
mobilisés, sans ressources, plus cinquante
centimes par enfant âgé de moins de seize ans.

Comment se fait cette distribution? A Paris,
pas mal, n'est-ce pas? Les plaintes que j'ai
reçues sont déjà anciennes de date et visaient
des lenteurs et des retards, plutôt que des
refus. De semaine en semaine, elles se sont
faites plus rares. Aujourd'hui, chez nous, tout
semble assez bien régularisé. C'est qu'à Paris

il existe, en tout temps, une vraie générosité
naturelle. Et puis l'esprit patriotique n'y per-
mettrait à cette heure aucune brimade. Nul
de nous ne songe à être méchant et chacun
courrait sus aux méchants.

En va-t-il de même dans toute la province?
Dans les grandes villes, je le crois ; dans les
petites villes, je l'espère ; dans tous les villages, c'est douteux.

Nous connaissons mal la vie des villages.
Ce sont de grands espaces noyés d'où émer-
gent seulement le maire, le délégué de la
préfecture, quelques agents politiques, l'instituteur, le curé. De ces lieux muets m'arrivent de nombreuses plaintes. Comment m'ont-
elles rejoint? On peut supposer qu'il en reste
qui n'ont point trouvé vers qui se tourner.

Et pour passer tout de suite au fait, écoutez
avec moi une jeune femme, du Doubs, dont
le mari, charron de son métier, est à la guerre.
Elle a un enfant de deux ans, elle en attend
un second et n'a rien pour vivre. Voici comment elle expose sa situation à sa belle-sœur,
qui lui avait envoyé un petit secours :

...Vous êtes vraiment bonne pour moi et vous avez
été joliment bien inspirée, car j'avais encore vingt-cinq
centimes pour toute fortune. Je vous dirai aussi que
je ne touche rien comme indemnité ; je mettais fait

inscrire pour 1 fr. 25 et o fr. 5o pour mon petit. Alors les feuilles ont été envoyées par M. C. à Q., et comme il y a deux partis et que M. C. n'est pas bien vu à Q., toutes les demandes du parti C. ont été refusées. Il y en a 18 d'acceptées sur 70. Il y a des cultivateurs qui sont à leur aise et qui touchent, et moi qui n'ai absolument rien, je suis refusée. Heureusement que j'ai des pommes de terre. Sans cela, je ne sais pas ce que je ferais.

Bien entendu, je tiens cette lettre et les autres et le nom de ceux qui m'en assurent la véracité à la disposition du ministre qui, je le sais bien, pensera, avec vous et moi, qu'avant d'envoyer ce jeune charron au feu on ne lui a pas demandé quelles étaient ses idées (qui d'ailleurs m'importent peu).

De l'Ardèche, même plainte. Le plus honorable des hommes m'assure que des Commissions cantonales chargées de statuer sur les demandes d'allocation des femmes ont été composées de personnes passionnées :

— Pourquoi me refusez-vous l'allocation ? dit une femme.

— Vous n'y avez pas de droit.

— Je suis sans ressources et j'ai deux petits enfants.

— Je m'en f... ; je fais ce que je veux.

— J'écrirai au préfet, au ministre.

— Écrivez au diable !

Le diable, c'est moi! J'espère à ce titre avoir audience de M. Malvy qui, s'il me permet cette expression familière, n'est pas un mauvais diable et qui voudra apaiser ces ferments de discorde.

Les intéressés ont confiance en lui, car je trouve dans mon courrier de ce jour même une lettre qu'une personne, une inconnue pour moi, me prie d'apostiller et de lui remettre :

29 Novembre 1914.

Monsieur le Ministre,

Mon mari, M. Julien Goudailler, chasseur à pied, 2ᵉ bataillon, 6ᵉ compagnie, a été mobilisé le 11ᵉ jour. Il a été blessé et est actuellement soigné à l'hôpital mixte de Mayenne.

Cependant, aucune allocation ne m'a été accordée. J'ai fait une réclamation à la mairie de Mitry. Elle a été rejetée sous prétexte que le nombre des allocations accordées aux femmes de mobilisés est trop considérable. Cependant, je n'ai pas entendu dire que la loi limitait ce nombre. Aussi, confiante dans la force de mon droit, j'ai recours à votre haute bienveillance pour me faire rendre justice.

Daignez agréer, Monsieur le Ministre, mes hommages respectueux et reconnaissants.

Marie Viret, femme Goudailler.

A Mitry-Mory (Seine-et-Marne).

Ainsi je vais, examinant par douzaines des lettres toutes pareilles, et disposé à vous les

soumettre, quand j'entends un de mes lecteurs m'interrompre et me dire :

— Avez-vous raison de perdre votre temps
au milieu de ces lettres irritées et plaintives ?

Ah ! mon cher lecteur, c'est la voix des
familles de nos soldats que je vous fais
entendre là. C'est une question vitale et qui
intéresse prodigieusement ceux qui se battent
pour nous.

— Eh bien ! me dit un autre, craignez de
donner un écho à des sentiments de discorde.

Vous avez raison. C'est là que gît la difficulté. Au milieu de ces lettres, je sens le
cœur français enfiévré par un besoin fréné-
tique d'égalité, et j'en conclus qu'il serait
dangereux de ne pas examiner une plaie qui
s'irrite.

Écoutez cette véhémence d'un vieillard qui
me dénonce des abus dans la Nièvre :

...Malheur à qui ne pense pas comme eux; malheur
à la femme qui met le pied dans une église ; malheur
à la famille qui a choisi une école qui n'est pas la leur;
malheur, trois fois malheur aux familles qui n'ont pas
voté pour eux et leur candidat...

Bon ! me disais-je en lisant cinquante lignes
de ce ton, c'est encore un de ces hommes
amers, détestables pour les autres et pour eux-

mêmes, qui dépensent leurs forces à troubler la paix publique et leur propre cœur. Mais je continue. Et voici des dates, des noms, des faits. Je suis même sur les lieux. L'auteur s'enferme dans quelques communes qu'il connaît bien. Il accumule des chiffres sous lesquels on distingue de la vie, querelleuse mais vivante :

Mme Th... est à la tête d'une ferme de soixante hectares. Elle possède de beaux chevaux, vingt-cinq pièces de bêtes à cornes, un beau troupeau de moutons ; elle a ramassé plus de deux mille doubles de grains ; elle vend pour cinq francs de laitage par jour. C'est la femme de X..., qui fait partie de la Commission cantonale. Aussi elle touche l'allocation de 1 fr. 25, plus 0 fr. 50 pour sa fille. Par contre, Mme R..., sans ressources et mère d'une fille infirme, a été exclue.

Mme M..., voisine de deux femmes sans ressources, à qui on a refusé et dont elle se gausse, touche pour elle et pour ses enfants. Elle vient au bourg toucher l'allocation dans une belle voiture à quatre roues. De plus, son mari vient de passer vingt jours pour faire des emblavaisons et rentrer ses légumes. Ils ont deux propriétés et dans la propriété qu'ils habitent, trois chevaux et cinq vaches.

Mme R... touche l'allocation, quoique riche. Il faut dire à sa décharge qu'elle ne voulait pas accepter ce qui lui avait été attribué par le Conseil et la commune. C'est un gros fermier qui l'a décidée en lui affirmant que cet argent serait gaspillé et à jamais perdu pour la France. Et pendant ce temps-là des soldats, dont les femmes ont été spoliées d'un droit absolu, écrivent des lettres terribles. Ils feront tout leur devoir, mais s'ils reviennent ils seront capables d'actes qu'il faudrait éviter.

Impossible, n'est-ce pas? de n'être pas attentif à de telles lettres, longues, minutieuses et claires, où l'on sent le grouillement d'émoi, l'agitation de nos villages bouleversés à cause de l'argent et des inégalités.

Je n'exagérerai pas l'étendue du sectarisme. Nous valons cent fois mieux qu'il y a quatre mois. J'ai vu à Belfort, à Épinal, à Nancy, des préfets et, autour d'eux, des sous-préfets animés d'un véritable esprit national. Et ce serait l'esprit de tous les administrateurs français s'ils avaient l'honneur d'administrer des villes bombardées. Le mortier allemand de 21 centimètres, ou l'obusier lourd, et même le simple canon de 77 millimètres jettent à terre instantanément tous les vieux sentiments mesquins, toutes les mesquineries de la veille. Mais l'heure est venue pour nos administrateurs de quitter, tous, sans exception, les barrières où leur entourage politique les enclot, et de renouveler leurs idées. S'ils résident dans des départements éloignés de l'envahisseur, eh bien! qu'ils aient de l'imagination.

Le préfet Mirman, à Nancy, est de premier ordre. Il sait exprimer toute la chaleur que la froide Lorraine garde dans son cœur. Mais ce n'est pas d'avoir, dans ses proclamations affichécs sur nos ruines, une belle cadence et de vives couleurs que je veux le louer. Je vais au principe même de son heureuse grandiloquence : il a du cœur, il comprend à la fois les sœurs de charité et les institutrices laïques, les curés, les instituteurs, et ce n'est pas malaisé, puisque, devant l'ennemi, ils sont pêle-mêle, à qui mieux mieux, des patriotes héroïques ; mais il comprend aussi, je le sais, des misères terre à terre, grisâtres, querel-leuses, j'admets. Et, pour ce, il suffit d'avoir toujours présents à l'esprit les services rendus au pays par nos généreux soldats. Aimez les familles des mobilisés, c'est le moyen, messieurs les préfets et messieurs les commissaires cantonaux, de connaître équitablement leurs besoins.

P.–S. — Je me mets au service des familles des mobilisés pour recevoir et faire entendre au mieux leurs justes réclamations, pourvu qu'elles soient appuyées par des personnes du pays qui me permettent de citer leurs noms à qui de droit.

IV

POUR COLETTE ET POUR EHRMANN

3 Décembre 1914

Il n'y a rien dans l'histoire de l'Alsace, rien dans son passé, rien, j'imagine, dans son avenir, qui soit plus grand que le moment présent. Lazare sort du tombeau, appelé par la voix de son ami. Écoutez le généralissime des armées françaises. Il est sur la place publique de la petite ville de Thann, devant la mairie. Il dit au petit monde de vieillards, de femmes et d'enfants qui se pressent autour de lui : « Notre retour est définitif ; vous êtes Français pour toujours... » Et l'un d'eux répond d'une voix tremblante d'amitié : Nous avons subi pendant près de cinquante ans toutes les tristesses, toutes les humiliations... Mais vous voilà, mon général... »

Vous avez tous lu ce dialogue, un des plus émouvants de l'histoire de France. Mais j'ai tant de plaisir à le recopier ! Et dimanche nous irons le redire aux morts de Champigny, aux morts de 1870, tandis que l'ombre de

Déroulède, une fois encore, marchera en tête de notre pieuse manifestation.

Un tel moment, pour l'Alsace et la Lorraine, c'est le fruit de quarante-quatre années de souffrances, et le germe de la plus belle vie. Mais qu'il est encore douloureux!

Je suis allé en Alsace au mois d'octobre dernier, et un officier français, me montrant sur le clocher d'un village l'horloge, me disait : « Vous voyez, c'est l'heure française. Nous l'y avions déjà mise deux fois, et deux fois les Allemands sont venus rétablir l'heure de l'Europe centrale. Mais cette fois, elle y est pour toujours, c'est la bonne! » J'en crois mon officier et Joffre. Notre occupation est définitive. Mais songez à ces piétinements successifs, songez à ce qu'ils représentent d'angoisses, de vengeances, de dénonciations.

Et de malentendus! Beaucoup de Français refusent de comprendre que, mêlés aux indigènes, il y a en Alsace-Lorraine un nombre très considérable de gens venus d'outre-Rhin, depuis la guerre de 1870, et qui haïssent la France. Souvent nos soldats, ayant éprouvé les effets de cette haine, s'en prennent confusément à nos frères eux-mêmes. « J'ai passé tout près de Sainte-Odile, m'écrit un de nos officiers, et j'ai assisté le matin du 18 août au

fameux lever de soleil décrit par René Bazin.
J'ai entendu sonner les cloches alsaciennes,
mais c'était pour nous trahir. C'était le signal
du massacre, auquel j'ai échappé par miracle. »
Ah! mon lieutenant, ces cloches esclaves
étaient manœuvrées par des mains allemandes,
et leurs voix mercenaires ne lançaient pas un
appel alsacien. Voilà plus de quarante années
que l'Alsace a dû renoncer à parler.

L'Alsace se taisait, mais elle agissait. Nous
avons fait tout notre possible pour montrer son
action. Là-dessus, en conscience, nous n'avons
pas de reproches à nous faire. Nous avons
bien regardé, bien compris, bien admiré et
décrit de notre mieux le jeune homme de là-
pas, notre frère, obligé de faire son temps *au
service de l'Allemagne*, et la jeune fille qui
repousse le lourdaud allemand. On ne voulait
pas toujours nous croire, on trouvait aussi
que nous insistions trop. Et pourtant, aujour-
d'hui encore, Paul Ehrmann (ou du moins
ses camarades qui, moins heureux que lui,
moins agiles, moins bien renseignés, ont dû
rester dans les rangs allemands) est pris par
beaucoup de Français pour un véritable ennemi. Quant à la pauvre Colette Baudoche (si
ce n'est elle, du moins ses cousines), on la
parque dans des camps de concentration, où

nul Noël, nul saint Nicolas ne lui seront souhaités.

Les jeunes Alsaciennes et les jeunes Lorraines sont nombreuses à Paris, vivant d'emplois modestes, très souvent petites servantes. Lors de la déclaration de guerre, elles s'en allèrent, sur le vu des affiches, faire leur déclaration d'étrangères au boulevard Pereire. Quelques-unes heureusement conseillées passèrent à la Société de protection des Alsaciens-Lorrains (4, rue de Provence) ou s'adressèrent à nous. On les tira d'ennui. Les autres…

Pauvres enfants, pouvaient-elles prévoir, ces filles de Français annexés, si flattées dans les gravures, dans les chansons, dans les cérémonies où toujours on leur donnait le premier rang, et dans des discours de toutes sortes, que le jour où sonnerait enfin la Revanche, on ne les appellerait que pour les déporter dans des camps de concentration, où elles gisent encore à cette heure, après quatre mois, couchées sur la paille et dans une promiscuité dégoûtante.

Je suis retenu à Paris. Je m'adresse au Gouvernement, je m'adresse à des femmes de cœur. N'est-il pas temps que, sans plus nous leurrer de promesses, on s'occupe de ces malheureuses? J'espère qu'on libérera celles dont les papiers sont en règle et que l'on n'obligera pas les autres à passer l'hiver sans feu, sur la paille, à peine couvertes. Elles sont parties de Paris avec des vêtements d'été; quelques-unes avec peu de linge, car elles se croyaient victimes d'une erreur momentanée, et comme on ne subvient que bien juste à leur nourriture, leurs quatre sous se dépensent à manger. Voici l'hiver. Pour son Noël, Colette a faim, Colette a froid, et c'est en France.

Qu'on ne m'envoye pas d'argent pour ces pauvres filles. Je ne saurais pas l'employer utilement. Mais je me tourne avec respect vers Mme Raymond Poincaré, et je la prie de daigner examiner, dans sa parfaite bienveillance, ce qu'il serait possible de faire pour sauver nos compatriotes lorraines et leurs amies, nos sœurs d'Alsace.

Déjà, il y a trois mois, j'ai pu intéresser le gouvernement au sort des Alsaciens-Lorrains enrôlés par leur mauvais destin dans les rangs allemands. En date du 23 août, dans ce journal même, j'ai adressé une lettre publique au ministre de la Guerre. Parmi les Allemands que nous faisons prisonniers, lui disais-je, il y a sous le casque à pointe, des Alsaciens et des Lorrains heureux de jeter à terre des

armes qu'ils maudissent. Il y a aussi des Polo-
nais. Veuillez faire reconnaître les uns et les
autres et, du mieux que vous pourrez, tâchez
de les favoriser. Il faudrait que nos aviateurs
pussent semer les pays annexés et l'armée
allemande de papiers disant : « Les soldats
allemands originaires d'Alsace et de Lorraine,
nés de souche française, sont reçus cordialement en France et placés dans des catégories
spéciales où des faveurs leur sont assurées. »

En même temps que j'écrivais cette lettre
publique au ministre, je lui proposais dans le
privé les noms de deux patriotes, l'un Alsacien et l'autre Lorrain, réfugiés en France
depuis les premières opérations de la délivrance et qui, par leurs connaissances des
dialectes et des patois, me paraissaient les
plus aptes à cette inspection des prisonniers, à
ce triage de la bonne et de la mauvaise graine.

Le ministre accueillit ma proposition. Il
chargea les deux patriotes que je lui indiquais
de visiter officiellement les dépôts de prisonniers. Déjà des résultats appréciables ont été
obtenus. On va mieux faire encore. On se
préoccupe d'obtenir que la Russie et l'Angleterre renvoient en France tous les prisonniers
alsaciens et lorrains qu'elles possèdent. On
leur enlèvera leurs uniformes allemands qu'ils

exècrent, pour les habiller d'une manière qui les apparente aux soldats français. On leur donnera de meilleurs couchages qu'aux Allemands et la même nourriture qu'à nos soldats. On leur facilitera de se procurer du vin et du tabac. Enfin, on cherchera tous les moyens pour leur parler de la France et la leur faire aimer.

Cette dernière phrase résume toute notre préoccupation. La grande affaire c'est qu'au jour de la paix, quand les deux provinces seront complètement nettoyées, les prisonniers alsaciens et lorrains y puissent retourner, le cœur rempli de sentiments affectueux et reconnaissants. Ils faut qu'ils deviennent dans le Haut-Rhin, dans le Bas-Rhin et dans la Moselle les premiers agents de l'État français.

» Je suis la France, vous êtes l'Alsace; je vous apporte le baiser de la France », a dit Joffre à nos frères reconquis. Il a dit encore : « La France apporte avec les libertés qu'elle a toujours représentées le respect de vos libertés à vous...» De telles paroles nous engagent, nous obligent; elles nous autorisent à suivre, envers Colette et envers Ehrmann, le mouvement de notre cœur.

P.-S. — J'ai la haute joie d'annoncer que

Samain, dont il avait été dit que les Allemands l'avaient mis à mort, — et nous-même nous avions accueilli cette version, — est en vie, prisonnier avec son frère dans la forteresse d'Ehrenbreitstein, auprès de Coblence. Le renseignement est sûr, et les amis de ces nobles héros du patriotisme lorrain peuvent l'accueillir comme une certitude.

C'est pour nous l'occasion de mentionner qu'au moment où le faux bruit de l'assassinat de Samain désolait ses amis, nous avons reçu, en date du 4 août (le jour de l'union de tous les Français), le mot que voici :

Monsieur le président et éminent collègue.

Veuillez recevoir mon adhésion à la Ligue des patriotes et accueillir ma souscription au monument Samain.

Pierre Goujon.

député de l'Ain, sous-lieutenant de réserve
au 229e régiment d'infanterie,

Le lieutenant Pierre Goujon est mort au champ d'honneur. Les frères Samain et le président de la Ligue apporteront leur obole de patriotes au monument du vaillant officier glorieusement tombé sur la route de Metz.

V

UN EMBUSQUÉ

4 Décembre 1914.

Est-il encore des pays de solitude et de silence, des collines plantées de chênes verts et que caresse le soleil? Une lettre m'apporte le parfum de la Corse. Je m'en passerais; on n'est pas d'humeur à respirer les genêts d'Espagne et les chèvrefeuilles. Mais elle m'a fait sourire, et peut-être qu'un peu de gaieté plairait aux lecteurs, si moins vaillants, moins courageux que leurs fils, ils se laissent parfois glisser aux idées sombres.

J'ai donc reçu, hier, une lettre du pays de *Colomba*, une lettre datée du maquis. C'est un brigand qui me l'écrit. Je lui donne le titre qu'il prend, mais je décline l'« Excellence » qu'il me donne :

Excellence,

C'est un bandit de Fiumorbo qui garde le maquis depuis sept ans qui vient respectueusement vous demander un service.

Ainsi parle-t-il, et tout de suite, voici sa confession :

J'ai été condamné par contumace une première fois à douze ans de prison, une deuxième fois à perpétuité, et une troisième fois à la peine capitale.

Qu'avez-vous donc fait, mon ami ?

La première fois, c'était pour le rapt d'une jeune fille ; la deuxième, pour avoir tiré sur des gendarmes, et la troisième pour avoir tué trois hommes.

C'est un bandit, ce n'est pas un voleur : il n'a pas volé son titre, ni la place qu'il tient au maquis.

Certes, *me dit-il*, je ne mérite pas de retenir une seule minute votre attention.

En effet, à cette heure, dans le genre criminel, nous avons mieux en France, nous avons les Prussiens.

S'il est vrai que j'ai pu commettre en partie ce mal dont on m'accuse, je l'ai fait inconsciemment. J'étais forcé par un terrible bandit, fils de bandit... Mais, hélas ! comment le prouver quand on est pauvre ?

La réflexion ne manque pas de philosophie. On connaît le train de ce monde, dans le maquis ! Mais écoutez la fin qui va mieux encore.

J'avoue que j'ai eu le tort d'accompagner ce bandit, mais je n'étais alors qu'un enfant sans réflexion, ayant toujours habité la campagne.

11.

Ce dernier trait est énorme. Il m'incline à acquitter ce bandit. D'ailleurs, vous allez voir qu'il y a chez lui du gendarme.

Peu de mois après les crimes, j'aperçus l'abîme où je courais ; mais il était trop tard. Ce bandit, auteur de ma perte, continuait à m'entraîner sur la mauvaise pente. Alors, voyant qu'il m'était impossible d'arracher ce monstre à ses instincts de meurtre et de vendetta, je l'ai détruit, et je peux me vanter d'avoir par là sauvé bien des vies.

,.. Depuis, j'ai vécu et je vis en me cachant de tout le monde et en ne dérangeant personne.

Mais je lis quelques journaux. Vos articles, ainsi que ceux de M. de Mun, reproduits par les journaux de l'île, m'ont ému bien des fois et m'ont fait comprendre soudain qu'une façon pour moi de réparer en partie le mal que j'avais fait, c'était d'aller verser mon sang pour la patrie.

En conséquence, mon brigand de lecteur a adressé une demande de grâce au ministre de la Guerre, qui avait d'autres soucis ; au gouverneur de la Corse, qui n'existe pas, et au président de la Chambre des députés, qui n'a pas répondu (négligence qui m'étonne chez celui qui devrait être le modèle de ses collègues), Alors, il s'est tourné vers le Président de la République, dont il a reçu avis que sa supplique était transmise au ministre de la Justice. Et pour finir, c'est à celui-ci que mon correspondant veut que je m'adresse.

Il me prie que j'aille trouver M. Briand.
« Dites-lui :

Qu'on m'envoie directement au feu. Je suis assez exercé à cela... Et si cette grâce m'est accordée, le brutal et barbare Prussien qui souille de son pied impur le sol sacré de la patrie trouvera en moi bon pied, bon œil et bon fusil.

Voilà qui est ferme et fait plaisir à entendre, bien que se prolongeant dans une note un peu mélancolique, à la manière d'une chaude journée sur le maquis :

Si les balles prussiennes m'épargnent, je le regretterai, étant à mon âge, encore jeune, dégoûté de la vie, toute faite pour moi de déboires et de désillusions.

Ainsi m'écrit le bandit de la Corse, et je ne souris un peu qu'autant que j'admets qu'il se moque légèrement. Mais s'il est sincère, si c'est vrai que, « malheureux et trompé dans sa jeunesse », il « désire trouver sa tranquillité d'âme », je le recommande bien volontiers à l'indulgence de la Justice et à son ministre. La guerre améliore, et certainement voilà un individu qui ne sera jamais en meilleur état moral pour clore le petit poème un peu sauvage de sa vie. Je me sens un faible à l'endroit de ce bandit qui me semble homme d'esprit et me rappelle le personnage du *curé* dans la nouvelle célèbre de Mérimée. Allons !

mes camarades, qui veut faire une petite place dans la tranchée au bandit du Fiumorbo? Puisqu'il est prêt à mourir en combattant, ce serait dommage de le laisser vivre en embusqué.

P.-S. — L'institutrice du Mont-Saint-Michel me fait parvenir, de la part de ses élèves, des jeux de cartes « pour que nos braves soldats puissent faire une partie de manille au fond de leurs tranchées ». Elle joint à son envoi une lettre écrite avec beaucoup d'application par une petite fille qui serait « bien contente si on pouvait la remettre au petit soldat avec son jeu de cartes ».

30 Novembre.

Mon cher Soldat,

Je vous envoie un jeu de cartes pour vous amuser dans les tranchées.

Je vous écris à l'école où nous pensons souvent à vous. Notre maîtresse nous dit combien vous êtes braves et nous vous aimons bien, allez !

1000 baisers d'une petite Française qui n'a pas encore sept ans.

P. P.,
École du Mont-Saint-Michel (Manche).

Je ne puis pas, sur la demi-douzaine que j'ai reçue, transmettre un jeu de cartes à chacun des soldats de France, mais cette lettre délicieuse de la petite fille de sept ans, elle est pour chacun d'eux.

VI

UN BON OUVRIER DE LA VIE

5 Décembre 1914.

Demain dimanche, à Champigny, nous irons, selon la pieuse habitude des Patriotes, saluer les morts de 1870, les morts malheureux, et, cette fois, leur annoncer le bonheur des armées de la France.

Rendez-vous à une heure et demie, place de la mairie, pour le cortège, où tous les ligueurs verront en esprit Paul Déroulède marchant et nous guidant derrière le drapeau.

L'an dernier, à cette date, le chef bien aimé de la Ligue était déjà mourant. Il allait expirer six semaines après. Et vous vous rappelez comment, de sa voix affaiblie, toujours chaude, il nous déclara qu'il irait à Champigny et qu'il y prendrait la parole. Nous en fûmes tous révoltés, car il nous semblait que notre chef et ami se tuait. Mais lui, du fond de sa maladie, écartait énergiquement nos objurgations.

Un véritable homme, celui que mène une vocation et qui a reçu une mission, ne se trompe jamais sur l'essentiel de son devoir. Il est averti par son génie, comme un animal par son instinct. En toutes choses et dans toutes circonstances, Déroulède voyait où était son rôle propre, et, avec une volonté courtoise ou dure, selon les circonstances, il l'imposait. Il l'imposait aux autres et à soi-même. Il avait décidé qu'il serait à Champigny, et quand j'eus bien insisté, avec tous ses amis, pour qu'il n'en fît rien, il décida en outre que j'y prendrais la parole.

Au début de la semaine, le médecin me dit :

— Il n'y a rien à faire pour l'empêcher ; mais, hélas ! voilà où j'en suis : je crains que dimanche il n'existe plus.

Les jours, cependant, s'écoulèrent sans catastrophe, et le jour venu de la cérémonie, le dimanche, vers une heure de l'après-midi, je passai boulevard Malesherbes. Déroulède reposait encore. Dans la salle à manger, le docteur Magnin, Gauthier de Clagny, avec deux charmantes jeunes filles, deux, trois amis attendaient, et Pallez se félicitait de la bonne organisation qu'il avait dirigée :

— Nous avons choisi une voiture merveilleuse. Il pourra s'étendre, véritablement se coucher. Les ressorts sont excellents. Il y a un allumage électrique très fort, pour qu'on puisse le voir s'il faisait du brouillard, du mauvais temps, de la pluie. Ce sont des voitures qu'on loue aux richissimes Américains qui viennent visiter la France.

Puis il revenait sur la lumière :

— Du dehors, on verra très bien Déroulède.

Nous ne lui répondions guère. Évidemment, le cœur serré, chacun désapprouve cette folle sortie.

Mademoiselle Jeanne circule au milieu de nous, allant d'une chambre à l'autre, visiblement angoissée, un peu grondeuse. Déroulède, de la nuit, n'a pas dormi deux heures ; elle encore moins, mais elle ne le dit pas. Par instant, le docteur Magnin pense à haute voix :

— Le froid ! Je ne crains pas le froid. Il est bien vêtu. Mais il ne faut pas qu'on l'acclame, qu'on se pousse contre lui, qu'on l'émeuve ! Je crains un mouvement de son cœur qui peut le tuer.

Et tous, nous nous taisons dans cette pièce sombre, ou bien nos voix se font plus basses pour échanger nos pensées d'anxiété. Quelqu'un vient de nous dire qu'à la minute, en s'habillant, il s'est trouvé mal.

Mais non, le voici, soutenu par deux amis, immense dans sa longue pelisse, et coiffé d'un bonnet de fourrure. Il s'arrête pour nous serrer la main, et dit à peine deux mots; évidemment, il veut concentrer toutes ses forces. Deux mots seulement aux charmantes jeunes filles. Quel tableau magnifique, cette tête ravagée, héroïsée par la volonté, en face de ces fleurs éclatantes, encore incertaines, tout enfance et jeunesse, et que les larmes envahissent !

Pourquoi diable refuse-t-il que la voiture vienne le prendre sous le porche, au pied de l'ascenseur? Parce qu'il veut, sur ses béquilles, tout seul, en serrant les mâchoires, traverser le trottoir, bien affirmer aux yeux de tous son effort exemplaire.

Ah! Pallez, si vous vous figurez qu'il va s'étendre sur la couchette des Américains millionnaires! Dès maintenant, il est dans la cérémonie, il s'agit de faire belle figure, et au docteur qui multiplie les recommandations il en adresse une seule :

— Si j'ai une syncope, pas de gilet déboutonné, pas de traction de la langue, rien de ridicule : laissez-moi partir.

Il y a des personnes pour blâmer ce soin de la tenue. Elles ne comprennent pas. Cette lumière dans cette voiture, ce défilé sur le trottoir, ces indications au médecin sur la mise en scène de la mort, les gênent. Elles disent : « Quel souci de l'attitude ! » Eh bien ! ce noble souci, je le marque et je souligne pour qu'on n'aille pas par derrière en faire des commentaires. C'est ainsi qu'était Déroulède et c'est ainsi qu'il était beau. Trouvez, si vous voulez, une expression plus nuancée et qui ne donne prise à aucune critique ; mais, sans cette idée de l'attitude à garder, on marcherait à quatre pattes. C'est cette idée qui nous tient debout. Oui, Déroulède soignait son attitude. Il voyait un intérêt d'ordre général à ce que sa figure ne fût pas amoindrie. « Non pour moi, Seigneur, non pour moi, mais pour ta gloire. » C'est le mot de tous les bons ouvriers de la vie.

Déroulède a construit sa vie comme un poème. Pour finir, il n'entendait pas y mettre des fautes de prosodie, mais y faire éclater de suprêmes beautés. Celui qui assume le rôle de dire de grandes choses est tenu d'en faire de grandes. De ses empêchements, il entendait tirer une gloire nouvelle. Ainsi Michel Ange ne produit jamais mieux son génie que dans les caissons de la Chapelle Sixtine qui le gênent. Sa devise « Quand même » allait prendre toute sa force. Et s'il n'avait plus de corps, eh bien! on verrait d'autant mieux son âme.

Ainsi Déroulède songeait en roulant vers Champigny. Sans une plainte, au milieu de mille cahots, respirant des ballons d'oxygène et supportant des piqûres. Et moi, je trouve superbe cette volonté suprême d'un moribond, à la fois le plus vrai des hommes et naturellement théâtral.

Sur le plateau, sous un grand ciel de brume, il y avait quand nous arrivâmes des milliers de personnes, et du haut monument où j'attendais l'instant de parler, je sentais, je subissais l'immense paysage plutôt que je ne le voyais distinctement, car tout mon être était accaparé par la voiture de Déroulède qui évoluait difficilement au milieu de la foule. De temps à autre, je l'apercevais, livide et répondant de la tête et du bras qu'il soulevait à peine, aux acclamations des ligueurs.

Enfin, des milliers de « chut » demandèrent le silence. Et Marcel Habert, debout sur le siège d'une voiture, au pied du monument, commença de parler. Il annonçait le spectacle et le sens du spectacle. Comme un régisseur, il disait : « Déroulède est mourant, mais il a voulu quand même être présent. »

C'était terrible de grandeur et de folie. Galli, Tournade, Maurice Spronck, Le Menuet, et qui encore? tous les divers dignitaires de ces cérémonies, nous étions sur la terrasse du monument même, qui surplombe la route, comme à un balcon d'honneur, et nous regardions le spectacle avec un mélange de tristesse et d'épouvante.

Habert ayant terminé, on fit avancer une automobile fermée. Après beaucoup d'efforts, quand elle eut réussi à se frayer un passage jusqu'en face du monument, et la capote ayant été baissée d'un coup, soudain Déroulède apparut. Sa sœur, son médecin, Habert le soulevaient sous les bras. Il s'efforçait de se mettre debout. Enfin, il y parvint appuyé sur ses deux béquilles.

Le voilà, en pelisse, en bonnet de fourrure, une grande barbe blanche, un visage blanc et plissé de bouffissure, et pourtant parfaitement noble, attrayant, très beau, rayonnant de bonté, de générosité, de vaillance. Une figure de moribond, soit, mais si vaillante qu'on vénère en lui tous les vieux Français que l'histoire nous enseigne d'aimer et qui sont des morts immortels.

Il est voûté, il est tremblant. Mais comme on voit que l'âme et le corps font deux! Jamais je n'ai si bien vu cette âme droite et ferme que dans la ruine qu'aujourd'hui elle habite.

Que dit-il? J'entends ses paroles battues par le vent :

« J'ai fait l'effort de quitter mon lit de souffrances... J'ai violenté ma faiblesse... J'ai forcé ma santé à obéir à ma volonté... C'est pour saluer toute notre jeunesse, qui a si ardemment accepté la loi de trois ans... O mes jeunes frères d'armes ! le vieux crieur de guerre accomplira sa tâche jusqu'au bout... Dieu consente, Dieu veuille, Dieu fasse que rien n'arrête l'aiguille qui semble en marche vers l'œuvre décisive, vers la sainte victoire... »

A chaque mot qu'il prononce, je sens qu'il doute de pouvoir prononcer le suivant. Ses mains sont dans les mains de son médecin, de sa sœur, de Marcel Habert, et celui-ci plus tard me dira : « Je sentais de minute en minute son pouls s'en aller; je sentais qu'il voulait aller jusqu'à l'évanouissement. »

Et moi, voulez-vous que je vous dise toute ma pensée? Il rêvait de mourir là, près des soldats morts pour la patrie, en glorifiant l'Alsace-Lorraine.

Et dans la foule, beaucoup, les yeux pleins de larmes, lui criaient : « Merci! »

Tout était fini. Je n'avais plus qu'à dire quelques mots, et pendant que je les prononçais, je voyais Déroulède qui, dans sa voiture refermée, pour mieux m'apercevoir, s'était assis sur le strapontin et, lui, le malade se penchait, m'approuvait avec un admirable regard d'amitié, faisant, sans y parvenir, le geste de m'applaudir.

J'avais été opposé à cette journée de Champigny, je la redoutais pour Déroulède et j'y voyais, je m'en accuse, quelque chose de théâtral et de vide. Mais l'émotion de la foule et puis, le lendemain, la lecture des journaux, qui tous avaient à peu près compris la portée morale et la valeur exemplaire de cette sage folie, me convainquirent que j'avais tort.

Le lendemain, je vins prendre des nouvelles de Déroulède. Ses amis familiers, je voudrais dire ses écuyers, étaient réunis dans le salon (sur lequel s'ouvrait sa chambre). Ils lisaient les journaux et commentaient la journée. Toute la maison respirait l'allégresse. Et lui, lorsque j'entrai dans sa chambre, il ne me permit pas de m'informer de sa santé.

— Vous voyez! me dit-il avec une affection profondément émouvante. Bonne journée pour vous, pour l'Alsace-Lorraine, pour le pays. Vous avez dit de bonnes paroles que la foule a bien comprises, bien accueillies et qui seront utiles en Alsace-Lorraine. Je fais souvent appel à vous, mais je ne vous ai jamais rien demandé que d'utile au pays et à vous-même. Je ne vous demanderai jamais rien d'autre.

Le généreux homme! Il n'y avait pas moyen d'obtenir qu'il parlât de lui-même.

— Oh! dit-il, je savais bien que je le payerais. Mais il fallait le faire.

Et il reprit sa formule :

— Il faut toujours faire ce qu'on doit faire, dût-on y mourir.

Tel est l'ami que nous avions l'année dernière, et maintenant la France possède trois millions de soldats qui le valent et dont il fut l'annonciateur.

VII

LE MOT D'ORDRE AUX PATRIOTES

Lundi, 7 Décembre 1914.

Je rentre de Champigny trop tard pour que je puisse vous donner une image détaillée de la foule qui se pressait, là-bas, cet après-midi, sous la protection des morts de 1870 et autour du souvenir de Déroulède.

Cette année, pour la première fois, il n'y avait qu'un seul cortège, et le maire de Champigny a lu une lettre du député socialiste Albert Thomas, toute à l'éloge de nos officiers et de nos soldats. Un seul cortège, un cœur unanime. Nous pensions aux ligueurs combattants. J'avais reçu un télégramme du lieutenant Marcel Habert, qui se bat dans l'Est, télégramme, bien entendu, sans lieu d'origine : « *Aux vivants et aux morts de Champigny-la-Bataille. Dum spiro spero.* » Et un télégramme du commandant Tournade : « *La discipline m'enjoint de garder le silence, mais elle ne peut m'interdire de penser aux vaincus de 70, morts ou vivants. Je salue fraternellement les uns et les autres.*

*rempli d'espoir pour les vainqueurs certains de
1914.* » J'étais à même de donner des nouvelles d'un grand nombre des présidents de nos
comités, qui se battent, de Georges Ducrocq
et de Dominique Gaffory, et de Désiré Ferry,
tous trois faits officiers sur le champ de
bataille ; de Vassias, dont la seconde blessure
nous a donné de graves inquiétudes, aujour-
d'hui heureusement écartées. On me dresse
régulièrement un tableau de tout ce que nous
pouvons savoir de nos ligueurs au feu, et ces
nouvelles, qui sont toujours à leur honneur,
je pouvais, cet après-midi, les donner à leurs
camarades et admirateurs.

Tout en répondant à ces curiosités, et puis
en écoutant les discours excellents du maire
de Champigny, du président du Conseil général Pierre Chérest, du président du Conseil
municipal Adrien Mithouard, et du sénateur
Deloncle, je me disais et je disais à l'éminent
avocat maître Chenu, qui nous avait fait la
grande amitié de nous accompagner :

— Les Allemands, comme ils ignorent la
France ! Où donc se renseignent-ils ? Où pré-
tendent-ils apprendre à nous connaître ? Leurs
pédants n'ont donc jamais discerné les longues
traditions de noblesse, d'allégresse et de vaillance qui composent notre histoire ? Pour

épouvanter et désunir des gens comme ceux qui nous entourent, qu'ont-ils inventé d'exceptionnel? Ils ont bombardé d'antiques monuments sans défense, mais les âmes de ces monuments en sont devenues sensibles à Albert Thomas lui-même! Ils ont assassiné des femmes et des enfants, mais le sang répandu crie vengeance! Non, leurs professeurs ne sont pas forts en psychologie historique. Quant à leurs espions il faut croire qu'ils n'ont jamais pu s'introduire dans les réunions de la Ligue.

Dans la foule, j'ai distingué un tout jeune soldat, un enfant, blessé et décoré de la Médaille militaire. J'ai demandé qu'on le fît venir.

— Qui êtes-vous, mon jeune camarade?

— Un engagé volontaire de seize ans et demi et j'ai été blessé à la bataille de la Marne.

Je l'ai prié de se placer près de moi; je l'ai présenté à la foule; vous pensez si on a applaudi le jeune Mercadier, natif de Saint-Maur.

— Et moi, je suis sa grand'mère, disait une excellente bonne dame.

Au reste, vous vous doutez bien qu'on a parlé brièvement. On avait le cœur serré par

les deuils et par le bonheur du succès. Voici
les quelques paroles, un mot d'ordre plutôt
qu'un discours, que j'ai adressées à cette
immense foule, toute émue et toute émouvante :

*Mesdames, patriotes de tous les partis,
camarades ligueurs,*

*Nous venons, sous ce ciel d'hiver, nous
réjouir du renouveau de la France et annoncer
aux morts de 1870 le bonheur des armées
de 1914.*

*O morts, malheureux et glorieux, après
quarante-quatre années, voici votre consolation
et votre récompense : la victoire qui vous
avait échappé est revenue.*

*Il faudra encore des efforts et des sacrifices,
mais dès maintenant il n'y a pas un Français
qui voudrait échanger la situation de la France
contre celle de l'Allemagne. Nos adversaires
ont perdu leur élan et bien diminué leur force
d'offensive. Ils ne songent plus à reprendre
leur marche sur Paris, et, hier, dans le discours
du chancelier de l'Empire, quelle est la pensée
de fond? La résistance jusqu'à la mort. Comme
ils ont déchanté depuis quatre mois ! Les voilà
des assiégés. Ils résistent, mais leurs réservoirs
d'hommes sont de beaucoup moins abondants
que ceux des alliés. Notre succès définitif peut*

être garanti avec une sûreté mathématique.

Camarades, tournons-nous vers nos défenseurs avec un sentiment de piété pour la patrie, avec un profond respect pour les chefs et les soldats, et saluons en silence les armées de la France.

Souvenez-vous : il y a un an, ici même, dans une scène d'un pathétique inoubliable, ces grands résultats avaient été appelés, entrevus et en quelque sorte prophétisés. Je vous parle de Déroulède. Vous rappelez-vous cette journée de ses adieux aux patriotes et son salut à la jeunesse? Revoyez-vous ce vieillard à demi-étouffé par le mal et, quand même, plein d'enthousiasme? Il était là, au pied de ce monument funéraire, soutenu par ses fidèles amis et pâle comme la mort. Mais de quelle voix toujours enflammée il appelait le génie de la France, toutes les puissances d'honneur et de sacrifice qui sommeillaient dans notre race! Ce jour-là, ce fut son moment suprême, sa plus haute inspiration, son testament de patriote. Il s'offrit alors en exemple et quasi en victime pour parfaire ce qui avait été la tâche de toute sa vie : la préparation morale à la guerre.

Les patriotes qui ont associé leurs efforts à ceux de Déroulède ont maintenant un devoir, c'est de travailler pour que l'on tire tout le *fruit des sacrifices sanglants consentis par la nation. Le chef de l'État a traduit la pensée de la France quand il a dit hier : « Pour que la paix soit longue et heureuse, pour qu'elle ne soit pas illusoire et trompeuse, il faut qu'elle soit garantie par la réparation intégrale des droits violés et prémunie contre des attentats futurs. »*

Voilà le mot d'ordre que je vous transmets; réparation du passé, garantie de l'avenir.

Nous n'avons jamais accepté, j'en atteste les morts de Champigny, que le silence et l'oubli règnent sur les tombes des soldats de 1870, et nous nous sommes appliqués à leur donner toujours une voix. Nous permettrons encore moins que l'on étouffe la volonté des vainqueurs de 1914, qui se sont jetés à la mort pour briser le joug allemand. Repoussons toute paix qui rendrait stériles nos deuils et notre sang glorieux. La France se bat pour que l'Empire soit terrassé et disloqué.

P.-S. — J'ai reçu une lettre des ouvriers du Creusot (établissements Schneider) que je crois devoir publier comme un bel acte, qui plaira aux lecteurs, et pour que les régiments intéressés soient avertis.

« Les ouvriers du Creusot ont décidé de prélever sur leurs salaires un pourcentage destiné à acheter des effets chauds à ceux de leurs camarades combattant sur le front. Les sommes ainsi recueillies permettent d'expédier environ deux cents paquets par mois, pour être distribués aux régiments recrutés dans la région, c'est-à-dire aux 29e, 292e, 56e, 256e, 134e, 334e et au 63e territorial, et, dans ces régiments, aux hommes qui ne seraient pas encore pourvus du nécessaire. »

Les chefs qui désirent faire profiter leurs soldats de cette générosité ouvrière peuvent s'adresser à M. Dufraigne, 3, rue Étienne-Jodelle, à Paris.

VIII

ON PARLE !

8 Décembre 1914.

Vous connaissez la charmante histoire de cet autre, qui disait, à Bordeaux, il y a quelques semaines : « Je retourne à Paris. On rencontre déjà du monde au Palais-Bourbon. On parle. »

Aujourd'hui, c'est toute la troupe qui revient.

On se réunit le 22. On parlera. Mais peu.
Ce sera une nouvelle journée du 4 août,
une manifestation unanime autour de quelques phrases-drapeaux, prononcées par le
président de la Chambre et le président du
Conseil. Tout le monde le prédit. Je le désire,
je le crois et je tiens que c'est nécessaire pour
le bien public et pour la bonne réputation
du Parlement.

Est-ce à dire que je sois absolument épaté
par le spectacle de cette union que nous
avons fait voir au monde? J'ai le don de voir
clair, et je vais vous donner en quatre lignes,
que j'espère bien que l'histoire recueillera,
mon témoignage sur cette journée. Je le
prends dans mes notes, où je lis :

« Huit jours après la séance du jour sacré.
Pourquoi l'union s'est faite? Parce qu'ils
sont au pouvoir, eux, les gens au cœur sec...
et que nous, des deux extrémités, d'un élan
cordial, selon notre nature, nous nous sommes réunis et groupés autour du Gouvernement. Ce qu'ils n'eussent jamais fait. Voir
leur opposition, l'avant-veille, à l'idée d'un
ministère large et d'un Comité de Défense
nationale. »

Mais qu'importe! Il s'agit de collaborer à
l'œuvre des armées, et nous la contrarierions

en laissant voir parmi nous une ombre de querelle. On guette nos moindres divisions, nos murmures. Soyons unis, soyons d'accord, et pour ce, le meilleur moyen, c'est que la tribune se taise.

« Je veux renverser ces gens-là », me dites-vous. Et pourquoi donc? Parmi eux, il en est qui font bien leur travail. Et pour remplacer les autres, qui donc avez-vous qui vous enthousiasme si fort? Je voudrais avec vous que ceux qui ont travaillé à la préparation morale ou matérielle de la guerre fussent au pouvoir, de préférence à d'autres ; mais ça n'est pas la principale question du jour. Laissez agir la nature sociale. Nous sommes depuis quatre mois dans une de ces grandes et sérieuses époques où la nation reconnaît nécessairement la vérité. Ce qui doit pourrir pourrira. Ce qui doit pourrir est déjà pourri.

Ce ne sont pas les attaques formidables du Boulangisme et du Panama qui ont rien détruit dans notre parlementarisme. Personne n'a pu porter la hache sur ce grand mance-nillier aux ombrages épais, mais on a vu fleurir ailleurs, avec une rapidité foudroyante, les espérances nationales, et il a suffi d'un moment heureux pour que toute la France, sans un mot d'estime, ni de regret se détournât et s'élevât vers des régions plus hautes.

Dans la journée du 4 août, le monde parlementaire a été excellent. On le lui a dit, on l'a louangé, l'espace d'un matin, et puis on s'est mis à le trouver inutile et gênant comme les équipages de la maison de l'Empereur en 1870. Il y a peut-être des moments où il faut savoir faire le plongeur avec philosophie. Les deux Assemblées s'en sont allées dans la Gironde. On aurait pu croire à l'effet salutaire de cette cure de silence ; on aurait pu croire qu'à se reposer elles referaient leur vigueur et reprendraient un bel air de santé. Ce n'est pas l'opinion commune qu'elles y aient réussi. Les petites enquêtes et réflexions que chacun fait à la lueur des récents événements et de leur préparation ne sont pas favorables au Parlement. Chacun le croit malade et personne ne désire bien sérieusement qu'il guérisse. C'est le locataire cacochyme dont toute la maison se borne à dire de fois à autre : « Tiens ! ce vieux-là dure toujours ! »

La vie réelle s'est retirée des groupes, des sous-groupes, des Commissions et de tout l'édifice. Les paroles qui seront dites le 22, quelles que soient leur éloquence et la chaleur de nos applaudissements, ne pourront

pas exprimer les vrais souhaits de la nation, parce que la nation pour l'instant
n'a pas le besoin que les sentiments nationaux et la pensée de l'État soient expri-
més par la parole. Les déclarations faites le
4 août répondaient à de grandes et véritables
nécessités. Et aujourd'hui encore on entend
avec plaisir des communications individuelles
et tout ce qui ressemble à des propos d'amitié
entre les membres de la famille, mais la
pensée même de la famille ne peut plus être
exprimée que par la force. Toute autre manifestation officielle gêne et déconcerte ; elle
piétine, elle trahit nos cœurs en les affaiblis-
sant.

A cette minute, s'il y a trois mots à dire,
on voudrait qu'ils fussent prononcés par des
bouches pures. Et, sur cette pureté que je
demande, je m'explique. Nous sommes dans
un moment où l'on a besoin de voir un rapport entre une parole exprimée et celui qui
l'exprime. Les paroles abondantes et habiles
de la tribune ne peuvent nous faire aucun
plaisir, car si sincères qu'elles puissent être,
elles seront prononcées dans un lieu et devant un auditoire qui a coutume de juger ses
héros en disant : « Comme il est habile,
comme il est malin, comme il est retors! » Et

ce ne sont pas là les vertus à la mode cette
année.

Dorénavant, dans ce pays, tous les mérites
dateront de la guerre. On ne reconnaîtra,
parmi les titres antérieurs au 4 août 1914,
que ceux qui se rapporteront à la préparation
matérielle ou morale de la victoire. De là un
prodigieux reclassement de nos gloires. Je
crois que le 22 chacun regardera d'un œil
désabusé nos grands parlementaires. Pour
moi, je n'attends de cette réunion que l'avantage de pouvoir serrer la main et offrir mes
félicitations à ceux de nos collègues qui se
battent. Ce sera là pour moi un bien vif
plaisir. A tous autres points de vue, cette
convocation, inévitable d'ailleurs, je le sais,
n'offre que des inconvénients. Les plus grands
et les plus petits. Tenez! le Gouvernement
va ramener avec lui toute cette armée paci-
fique dont la retraite a mis tant d'animation
sur nos routes et dans nos gares au début de
septembre; eh bien! c'est contrariant pour
les personnes qui avaient pris l'habitude de
promener leurs chiens dans les rues désen-
combrées de Paris.

IX

« VALEUR ET COURAGE MILITAIRES »

9 Décembre 1914.

Je me faisais l'autre jour l'écho d'un vœu universel, du désir que les généraux, les soldats, leurs familles et les simples patriotes éprouvent de voir créer une « médaille de la valeur et du courage militaires », qui puisse être distribuée en abondance à tous les braves, après chaque engagement et sur le champ de bataille.

Cette médaille serait si utile que spontanément, çà et là, par la force des choses, elle apparaît déjà. Elle se crée d'elle-même. Écoutez plutôt ces beaux fragments d'une lettre que me fait l'honneur de m'écrire le général G... :

Cette médaille de bronze pour les braves que vous demandez, elle existe, et pour mon compte j'en ai distribué aux plus braves de mes braves dragons, dès le 7 août, sur les champs de bataille d'Alsace.

C'est une médaille de bronze qu'on trouve à la Monnaie et qui a été frappée sous Louis XIV. Elle représente « les Allemands chassés d'Alsace ». Tous mes dragons en voulaient. Ma petite provision est épuisée. J'en ai fait une nouvelle commande pour les cuirassiers que j'ai sous mes ordres aujourd'hui ; mais, hélas ! j'attends vainement qu'elle me parvienne.

C'est si bon pour un chef de récompenser sur le terrain même de l'action, en présence de tous, un acte héroïque...

Voilà qui confirme la conversation que j'ai déjà rapportée d'un autre général, qui me disait : « Je souffre de laisser sans témoignage des faits d'armes merveilleux. L'admirable suite des mises à l'ordre du jour de l'armée ne vous en donne qu'une idée incomplète. Et la médaille militaire, que nous ne pouvons pas donner à profusion, ne suffit pas à tout ce que nos soldats accomplissent chaque jour d'actions extraordinaires. Le Français fera tout pour avoir sur sa poitrine le signe de l'honneur. Il faut le prendre comme il est... »

Comment est-il donc ? Amoureux de la gloire, sensible à l'honneur. Les étrangers en sont tout de suite frappés. Hier, je causais avec un Américain, grand ami de la France, admirateur ému de nos armées, qu'il vient de visiter depuis Ypres jusqu'à Belfort. Il me racontait qu'il avait fait des photographies dans les tranchées, et que les soldats, enchantés, lui disaient : « Elles paraîtront dans un grand journal, n'est-ce pas ? » Et comme il voyait leur plaisir : « Est-ce que je suis donc

le premier à venir prendre vos portraits? »
— « Mais, oui, le premier. » « Monsieur
Barrès, continuait-il en s'adressant à moi,
est-il possible qu'on ne songe pas à faire une
petite chose si facile et qui leur est si agréable?
Les cinémas devraient faire défiler dans les
moindres villages des vues des tranchées avec
vos nobles soldats. Je vous assure que l'idée
d'apparaître en images dans toute la France
rendrait faciles à ces braves gens tous les
sacrifices. » (1)

Voilà, *américanisée*, interprétée à la manière
utilitaire et toute moderne des États-Unis,
une vue psychologique exacte. Les meilleurs
de nos aïeux, quand ils avaient à faire de
grandes choses difficiles, s'entraînaient, s'ex-
citaient, se mettaient au point en songeant
qu'on en parlerait « dans les chambres des
dames ». C'est vrai, nos camarades, au milieu
de tout ce qu'ils supportent, seraient contents
de savoir qu'on regarde avec admiration leurs
images vaillantes, bien campées, le fusil à la
main, derrière leurs créneaux de terre. Mais,
sans que je veuille en faire de grands raisonnements, je continue de croire que la bonne

---

(1) Celui qui me parlait ainsi, cet Américain, ardent ami
de la France, est M. Whitney Warren. Pourquoi ne pas le
nommer?

manière d'employer et de satisfaire cette disposition, ce goût de la gloire, c'est la décoration militaire. Elle signale et qualifie celui
qui la porte. Elle ne se borne pas à le désigner
et à le faire sortir du rang ; elle déclare très
haut que ses chefs ont reconnu sa vaillance,
et qu'ils invitent tout le monde à l'honorer.
Elle ennoblit celui qu'elle marque.

Cette médaille de la valeur et du courage
serait entre les mains du chef un véritable
instrument de guerre. Nous avons bien la
médaille militaire. Mais c'est la plus haute
des récompenses, celle qu'obtiennent les commandants de corps au sommet de leur carrière,
et puis une retraite y est attachée : ce ne serait
pas sans inconvénient de la distribuer en
grand nombre. On voudrait quelque chose
d'analogue à la *Croix de Fer* dont dispose
l'empereur allemand pour récompenser le courage du soldat sur le champ de bataille. Le colonel Rousset, Charles Chenu, Émile Berr,
Léon Chavenon, dans *la Liberté*, *le Gaulois*, *le
Figaro*, *l'Information*, et d'autres encore, ont
approuvé cette idée. Naturellement, il n'y a
qu'une opinion qui compte, c'est celle du
chef de l'armée, à qui le Gouvernement, d'un
plein accord, donne tout ce qu'il désire, et
nous serions parfaitement ridicules si nous

nous expliquions assez mal pour qu'on pût se méprendre sur notre intervention, qui n'est faite que de nos sentiments d'affection et de respect, nous conduisant à chercher ce qui pourrait être utile et agréable à nos soldats.

Sont-ils bien armés? Nous savons que oui, et c'est l'affaire des spécialistes responsables. Sont-ils bien vêtus? Nos lecteurs y pensent. Bien soignés, bien guéris? On y veille. Saurons-nous les reconnaître quand la guerre sera finie? C'est là ma pensée. Je ne dis pas: « Récompensez-les. » Un chef pourrait me répliquer : « Ça n'est pas votre affaire. » Mais je dis : « Marquez solidement d'un morceau de bronze sur la poitrine ceux que nous devrons, à leur retour, saluer le plus bas. »

Tout le monde vous demande, officiers et soldats, de ne pas être si prodigieusement modestes. Il y a un excès émouvant de vertus dans l'armée. Que de temps il nous a fallu pour obtenir ces admirables comptes rendus des opérations de guerre que le *Bulletin de l'Armée* vient de publier coup sur coup ! Dites-nous tous vos mérites ; laissez-nous mesurer toute la reconnaissance que nous vous devons à vous, grands chefs, à vous, petits soldats. C'est notre réconfort dans notre angoisse nationale et familiale.

Si vous saviez comme on désire tout faire pour vous ! Tenez, écoutez les reproches que je reçois, et comment je me fais traiter « d'académicien » parce que j'ai demandé que la médaille fût de bronze. De bronze ! me dit un paysan indigné. Mais lisez sa lettre charmante. Elle me vient d'Eure-et-Loir. C'est un apiculteur qui me l'envoie, et il écrit tout naturellement, dans le ton que Paul-Louis Courier, vigneron, cherchait un peu péniblement :

Monsieur Barrès, me dit-il, vous allez, s'il vous plait, m'escuser, parce que j'suis pas ben savant, suis même pas parisien. En regardant l'autre jour, au soir, l'Eco de Paris, j'y vois que vous demandez pour nos soldats qui se font trouer la peau pour la France une médaille en bronze.

Je doit vous dire que vous netes pas prodigue pour ces pauvres gas de la beauce, eux qui sont si dévoués, si courageux, si éprouvés, car entre nous, vous savez aussi bien comme moi quils lont été éprouvés. Le 101, le 102 y nen reste guère.

Ça ces des gas solides, c'est pas comme........ (c'est moi qui censure mon correspondant) et vous proposez pour nos vaillants soldats une médaille en bronze, mais mon cher Monsieur Barrès vous n'y pensez pas ?

Pour quoi que vous d'mendez pas une petite médaille en argent, une toute petite médaille ? Les pauvres gas, il l'a méritent bien. Dans les tranchées y sont pas dan un beau fauteuil de l'académie : pour un homme queit savant vous n'avez pas réfléchi.

Moi je suis pas ben riche, deux trois champs qui me font vivre, et des abeilles, j'ai chez moi une brouettée de médailles en bronze en argent et en or avec le mérite

agricole, je veux bien vous les envoyer pour en faire à
nos soldats car il me servent à rien. Y sont dans le
tiroir de ma commode, déjà depuis pas mal de temps.

N'oubliez mon cher Monsieur Barrès que je vous
addresse pas de reproches, c'est une remarque que je
vous fais simplement car entre terrien et académicien
y a de la marge, mais n'empêche pas qu'on peut être
aussi fin l'un que l'autre et être d'accord.

Votre serviteur, ...
                                        apiculteur.

Le billet délicieux ! Je le glisse dans mes
autographes en écrivant dessus les vers de La
Fontaine :

> Je suis chose légère et semblable aux abeilles
> A qui le bon Platon compare nos merveilles.

Allons ! ce contradicteur est un approba-
teur. Je vois dans son billet plus de *finesse*
que je n'en mets dans mon article, car, moi,
je n'ai rien dit de ces récompenses civiles
dont il prétend avoir des brouettes pleines,
mais nous sommes d'accord pour trouver
qu'on n'en fera jamais trop pour les défenseurs de la France.

P.-S. — « Vous parlez des ouvriers du
Creusot, m'écrit Mme Paquin, au nom de la
chambre syndicale de la couture, signalez
donc à vos lecteurs, pour qu'ils les confondent dans la même sympathie, les cheminots.
Ils ont déjà versé plus de deux cent mille

francs au Secours national. Et voici que l'idée leur est venue de préparer un grand camion de Noël pour leurs frères des tranchées. A cette jolie pensée, ils en ont joint une autre, celle de faire profiter de cette initiative la main-d'œuvre parisienne, c'est-à-dire les femmes, les sœurs de ceux qui sont là-bas. C'est ainsi qu'une centaine d'ouvrières viennent de préparer (aux frais des cheminots) cinq cents paquets d'objets utiles et agréables et de surprises que Mme la comtesse Murat et l'œuvre *Pour le Front* feront parvenir à leur destination... »

Je ne sais si nous parviendrons à faire passer à nos soldats une bonne soirée de Noël, mais ils sauront, ils sentiront, ce soir-là, toute la France ramassée autour d'eux par la plus fraternelle amitié.

X

SIMPLE RECETTE

10 Décembre 1914

Vous allez dans les ambulances, n'est-ce pas ? Les blessés vous expliquent volontiers leurs blessures. Avez-vous pu tirer de leurs

histoires une vue générale et quelque conclu-
sion pratique? J'ai souvent essayé de savoir
s'il n'y avait rien à faire pour assurer au
combattant une protection matérielle contre
certaines catégories de projectiles. Et voici
qu'aujourd'hui, je suis à même de soumettre
à nos soldats quelques idées modestes, des
recettes pour se prémunir de certaines blessures et pour abaisser ainsi le pourcentage des
risques.

Je me rends bien compte que je vous
apporte là une littérature très modeste, mais
je crois que nous nous demandons simplement, les uns aux autres, de tâcher d'être
utiles.

Vous rappelez-vous un article, *Tireurs
d'officiers* (le mot a fait fortune), que j'ai
publié ici en octobre. Il a été lu dans les
dépôts aux officiers et sous-officiers partant au
feu ; le *Bulletin des Armées* l'a reproduit, et
l'on m'assure qu'il a rendu de réels services.
Je puis en parler librement, car tout l'honneur en revient à celui qui m'a documenté et
qui avait acheté par trois blessures, en Belgique, sur la Marne et dans la Somme,
l'expérience dont il a permis que je fisse profiter ses camarades. La gratitude de mes lecteurs et la mienne se tournent vers le lieute-

nant H... (1), fils d'un cuirassier de Reichs-
hoffen et lui-même un des beaux soldats de
1914.

Aujourd'hui, si mon article offre un intérêt
pratique, remercions le commandant B...

(Mon Dieu ! quelle gêne de ne pouvoir pas
appeler les gens par leur nom et quel air de
mystère ! Nous voilà dans le sujet le plus
simple et j'ai l'air de jouer des devinettes.)

Voici le problème que je me proposais : Le
combattant peut-il se protéger efficacement
contre certains des projectiles allemands?

Contre la balle d'infanterie, à pénétration
très profonde, aucune cuirasse (sinon d'un
poids extravagant) ne saurait donner de résultats pratiques.

Mais la balle ronde du shrapnell est de
vitesse réduite et de pénétration moins forte.
Elle ne traverse de part en part ni le sac de
l'homme, ni même un double pli de capote.
Contre elle, il semble qu'il y ait quelque
chose à faire.

Actuellement, le fantassin tire étant couché.
Sont donc vulnérables, vu la chute oblique de
shrapnells, la tête, la nuque, les épaules. Tout

(1) Je prends sur moi de nommer aujourd'hui le lieutenant Hassler, depuis promu capitaine et décoré de la Légion
d'honneur.

le reste, vraiment, le sac et la capote le
recouvrent d'une manière utile.

Si le képi est doublé intérieurement d'un
disque métallique, dissimulé sous la coiffe ou
le couvre-képi, puis d'un cercle intérieur, de
même nature, garnissant le pourtour sur toute
sa hauteur ; si le couvre-nuque est fortifié, à
l'intérieur, de lamelles verticales et parallèles,
faciles à y fixer à recouvrement ; et si, enfin,
les épaules de la capote sont garnies, sous le
drap, de lamelles analogues, la vulnérabilité
du fantassin couché sera, en ce qui concerne
le shrapnell, singulièrement réduite.

Vous avez vu qu'avant-hier, à l'Académie
de médecine. M. Hartmann établissait que sur
un groupe de deux cent soixante-huit blessés,
il y a une moyenne de cent soixante-neuf
blessures produites par l'artillerie, contre
quatre-vint-dix-neuf seulement produites par
les balles. Parmi ces cent soixante-neuf blessures produites par l'artillerie, il en est qui
sont dues aux obus, contre lesquels nous ne
proposons rien. Mais les shrapnells demeurent
l'engin le plus fréquent. Dès lors pourquoi
ne pas tenter cette légère modification, d'ailleurs invisible, à la tenue de notre infanterie ?

Bien entendu, à pareille proposition, les *si*,
les *mais*, les *car* des bureaux, des Comités et

des Commissions techniques ne manqueraient pas de s'envoler du plus large vol! Mais ce projet peut se réaliser sans aucune collaboration ni aide officielles.

Quelques morceaux de zinc, voire de boîtes de conserve, et l'expérience sera faite. Que dis-je! elle a déjà donné un résultat. J'en prends à témoin deux soldats retirant des coiffes de leurs képis deux simples couvercles de gamelle, et faisant voir que ces couvercles étaient rayés, non traversés, par les balles des shrapnells qui avaient ricoché dessus. Ils affirmaient sans hésitation devoir leur salut à cette précaution, dont ils n'avaient pas voulu parler au régiment, de peur d'être punis pour détérioration de matériel appartenant à l'État.

Et le commandant B..., me dit:

— Je pensais depuis longtemps, depuis des expériences de tir d'artillerie auxquelles j'ai assisté, jadis, à Poitiers, à cette possibilité de diminuer, par des éléments de protection très légers, la vulnérabilité du fantassin sous le tir d'artillerie. Un équipement nouveau, un casque en acier, des épaulières à mailles métalliques vaudraient beaucoup mieux. Mais il n'en est pas question. Contentons-nous d'improviser simplement, pratiquement...

N'obtiendrait-on qu'une diminution de 5,

6, 7 o/o sur le nombre actuel des blessés, je crois que l'essai vaudrait d'être tenté. La réalisation matérielle de ces mesures est très simple et très rapide. Si l'on était disposé parmi les soldats, çà et là, à faire bon accueil à cette recette, je ne doute pas que, sans demander d'argent à personne, nos œuvres pourraient dans les paquets individuels placer les éléments que j'indique et qu'il serait aisé d'étudier, de mettre au point en causant avec les blessés dans les ambulances (¹).

P.-S. — Le juge de paix du canton de La Charité (Nièvre) m'écrit sur papier officiel, avec en-tête du « Cabinet du juge », ce qu'il pense de mon article sur la manière peu satisfaisante dont, çà et là, les allocations aux familles des mobilisés seraient réparties. Ce magistrat de la paix publique débute par : « Monsieur, votre article est une mauvaise action », et termine par : « .., et vous pouvez dire ce que vous voudrez ».

____

(1) Nous avons obtenu satisfaction. Ce fut d'abord une calotte d'acier s'insérant sous le képi, analogue à ce que nous demandions. Elle assurait une certaine protection, mais s'adaptait mal à la plupart des têtes. Dans un article qu'on verra plus loin (1ᵉʳ janvier 1915), nous avons fait connaître à l'Administration, qui nous en a demandé des détails, le nouveau casque protecteur allemand. De là est venu le casque de tranchée actuel de nos troupes.

Telle est la force du vice que je profite de la permission pour m'enfoncer dans ma mauvaise action.

Une personne tout à fait digne de respect et qui a consacré sa vie (et la vie des siens) au culte de l'armée, me dit que dans le Cher, les communes, après avoir admis qu'une mère de famille est dans la gêne, par suite du départ de son mari, décident arbitrairement, sans aucun scrupule, de lui allouer l'indemnité pour un, ou pour deux de ses enfants, quand elle en a trois ou quatre.

N'est-ce pas irrégulier ?

Ici la plainte est saisissable, vérifiable, tandis que trop souvent on se trouve en présence de protestations que les Commissions cantonales peuvent discuter et déclarer injustifiées.

Je suis bien loin de jeter la pierre aux Commissions cantonales. Leur tâche est délicate. Mais il faut qu'elles soient des faiseuses de calme. Elles ont déjà tort, avant tout examen, celles qui se font haïr. Il ne leur est pas permis d'avoir une mauvaise réputation. Qu'elles s'arrangent comme elles voudront, il faut qu'elles se fassent estimer. Arrière la basse politique des clans électoraux. Nous exigeons que les pères de famille à l'armée aient leur complète tranquillité quant à leur foyer.

Ceci dit, j'écoute avec déférence ce que me répondent les commissions cantonales, et nous reprendrons paisiblement la question. Elle vaut la peine qu'on l'étudie en se faisant une âme de vrai juge de paix.

XI

LA TERRE OÙ TOUS LES ENFANTS NAISSENT NOBLES

11 Décembre 1914.

La classe 1914 est arrivée maintenant sur le front. Derrière elle, voici la classe 1915 qui part pour les dépôts. Et déjà, 1916, la classe des enfants de dix-huit ans, s'apprête. Depuis un siècle, nous n'avions vu de recrues de ces âges. Et toutes, un élan magnifique les soulève. Elles sont l'étoile de notre destin, le signe du salut national. Le voilà, le bel astre que nous appelions, avec la certitude qu'il apparaîtrait sur le bord du ciel nocturne. De ses doigts de rose, la jeunesse, comme jadis chez les Hellènes, écarte les ténèbres et dit en souriant : « Tout nous est facile, joyeux, lumineux. » Ceux qui la regardent, cette jeunesse de France, y voient reproduits, comme dans un miroir, les plus grands moments de notre passé. C'est une jeunesse héritière, en même temps que novatrice. Et nul, l'ayant rencontrée qui part à la bataille avec des cris de joie, ne peut mettre en doute l'immortalité de la race.

Les vétérans accueillent ces conscrits dans les casernes, au quartier et dans les tranchées, avec une amitié que vous savez par vos lettres de famille. Mais écoutez une histoire de plus. C'est un commandant qui raconte :

« Au moment, m'écrit-il, où je visitais une de mes compagnies, dont la tranchée est sous bois, les gens d'en face nous envoyèrent, un peu au hasard, une rafale fusante, réglée à 3.500 mètres environ. Trois hommes furent blessés, peu profondément. L'un d'eux, un petit engagé volontaire de 17 ans, arrivé depuis huit jours, était atteint au pied. Ses camarades le soutenaient sous les bras, et je vis bien qu'il avait un peu envie de pleurer. On délaça son soulier: la balle roula contre terre: on la lui montra. Et comme quelqu'un s'écriait : « Quel veinard! Ici depuis dimanche, » et déjà un atout », il commença à rire tout à fait. Puis, voyant les brancardiers accourir, il jeta les yeux autour de lui, se saisit de la pipe qui dépassait la poche d'un camarade,

et avant de s'allonger (où la tradition ne va-
t-elle pas se mêler?) il se mit précipitamment
à la bourrer... »

Petit gentilhomme de France! La main à
l'épée, sous l'injure; la main à la pipe, sous
la douleur. On sourit, on l'admire, on l'aime.
Quel désir de bien faire! Quelle tension de
tout l'être vers la perfection! Voilà un noble
enfant. Et cet officier? Comme c'est beau
qu'il ait vu, senti et *pensé* cette scène. Songez
à ce qu'un tel incident de guerre, ainsi supporté et enregistré, suppose de vaillance et
de bonté, et quel rare mélange d'impulsion
guerrière et de réflexion généreuse! Il faut
bien de la richesse dans notre race pour
qu'un officier joigne à ses vertus propres cette
philosophie et cette âme de père, et pour
qu'un collégien se transforme subitement en
vieux grognard de Raffet.

Ils désirent tant bien faire, nos fils. Écoutez
encore ce mot d'un enfant, pardon, d'un
caporal, dans les tranchées d'Ypres. Il écrit
à sa mère et lui dit :

« Crois-tu que les soldats de Napoléon aient
souffert autant que nous ? »

Ce n'est pas un cri de détresse sous le ciel,
c'est le mot involontaire où se révèle un
oiseau qui s'oriente, une jeune âme qui prend

son vol. Nos enfants ont choisi leurs modèles et, dans l'épreuve, ils demandent à leur mère, que cette ardente émulation épouvante : « Nous sommes-nous rapprochés des meilleurs? » Le grand fleuve d'héroïsme, que l'on croyait perdu et glissé sous la terre de France, coule de nouveau à pleins bords. Nous nous étions déjà aperçus que nos enfants dans leurs jeunes années secouaient les souvenirs de 1870. Ils ne pensaient qu'à la Grande Armée. La jeune plante n'aime pas l'ombre, la défaite; elle va vers le soleil, se nourrit de lumière et de gloire. Le soldat de dix-huit ans, dans les dures tranchées de la Belgique, se dit : « Est-ce que je vaux ceux de la Bérésina? »

Enfants, vous souffrez davantage, parce que vous êtes plus neufs de corps, et je le crois, en mon âme et conscience, vous valez mieux.

Pourquoi? Je ne saurais vous le dire. Je crois que les héros de la Bérésina avaient d'incomparables qualités, formées sous le marteau de la vie, mais précisément la vie les avait réduits et limités. Ces enfants, si frêles encore, apparaissent plus complets. Toutes les puissances morales chez eux demeurent intactes, prêtes à s'épanouir. Ils ne sont ni durcis, ni spécialisés. Encore purs et prêts pour les arts de la paix, comme pour ceux de la guerre, ils appartiennent à la vie civile, à la vie familiale, en même temps qu'ils saisissent les armes.

Dans cette guerre de 1914, et c'est bien ce qui met sur toute la France une gravité si religieuse et un émoi sacré, les entrailles mêmes et toute l'humanité profonde de notre race sont intéressées. Chaque famille accompagne en esprit, minute par minute, son enfant qui se bat. Un officier, un grand chef, peuvent bien dire : « Je n'ai plus de famille, plus de femme, plus d'enfant, rien que la victoire à remporter. » C'est vrai, mais c'est à concilier avec ce fait que ces mêmes officiers sont des pères au milieu de leurs soldats et que nous avons une armée étroitement liée entre elle et avec la nation. Tout frémit comme un seul arbre sous l'orage.

Je ne vous ennuie pas, n'est-ce pas, quand je vous parle de nos jeunes soldats ? Voici une histoire de plus, histoire moyenne, d'autant mieux propre à les faire comprendre, et je la mets sous vos yeux comme un exemple de cette pénétration inattendue de l'armée et de la famille dont je vous parlais tout à l'heure.

Il s'agit d'un collégien de dix-huit ans engagé le 2 août 1914, parti au feu le 28 août, blessé à la jambe le 2 septembre, et reparti le 3 octobre. Le 24, sa mère reçoit une lettre du capitaine :

Madame, votre fils est légèrement blessé pour la deuxième fois. Sa conduite est celle d'un héros; il est proposé pour la croix et certes il la mérite bien. Il m'a demandé de vous prévenir, ce que je fais très volontiers...

Et la lettre de l'enfant suit de près. Il raconte avec allégresse. On croit entendre une jeune voix, essoufflée d'avoir beaucoup couru pour annoncer plus vite la bonne nouvelle :

Ma chère maman, je suis encore blessé. J'ai été atteint étant couché devant la tranchée et voici dans quelles circonstances.

Le colonel avait prévenu notre capitaine que le surlendemain il faudrait des hommes de bonne volonté pour aller couper les fils barbelés des tranchées boches. Le soir même, mon capitaine me fit part de cette demande. Je lui répondis que j'étais prêt à y aller. Il en parut content et dit : « Je savais que je pouvais compter sur vous; la mission est des plus dangereuses; et il me faut des hommes qui n'ont pas froid aux yeux. »

Ceci se passait le jeudi soir; le vendredi notre compagnie prenait place dans les tranchées, en première ligne, pour être le plus près possible de notre objectif et le samedi matin le capitaine demandait des hommes de bonne volonté.

Je pris alors le commandement de douze hommes et je m'avançais en tête. Mes camarades me suivaient en file indienne. Nous avions 300 mètres à parcourir en poussant nos boucliers devant nous. Malheureusement, une sentinelle allemande nous aperçut, et ce fut l'enfer de balles et de mitrailles. J'arrivai malgré tout

avec quelques-uns de mes camarades jusqu'à 20 mètres
des tranchées. Là, ce fut intenable, et tous furent
abattus, sans, hélas ! avoir pu remplir notre mission.
Comment suis-je revenu à la tranchée ? je ne sais et
c'est miracle.

Le capitaine Pinaud m'annonça qu'il me proposait
pour la croix et le capitaine Deligny vint m'interroger.

Je ne peux pas écrire plus long parce que mon dos
me fait mal et que je suis très fatigué. Je vous embrasse
tous bien fort.

Paul B..

Son père, qui va le voir à l'hôpital, lui
demande, un jour, si en faisant ainsi le sacrifice de sa vie il n'avait pas pensé à sa mère,
à ses sœurs : « Oh! si, papa, mais j'ai aussi
pensé que si je réussissais, nous pouvions
prendre ensuite la tranchée et que ça ferait
trois cents mètres de gagnés ! »

Entendez-vous la voix d'argent, le timbre
de cristal, le pur son de la jeunesse ! Cet
héroïsme est tout brillant des illusions de
l'enfance. Ah ! pourquoi faut-il que les
vieilles gens demeurent, et que marchent au
sacrifice des enfants capables d'ouvrir la plus
belle ère de l'histoire de France !

Un flot immense, tous les petits élèves des
universitaires, des prêtres, des instituteurs et
des bonnes sœurs se pressent derrière nos
jeunes soldats. La nappe éblouissante s'élève.
Le réservoir monte. Et tous ils sont pareils.

Un sous-préfet m'écrit : « J'ai vu ici un beau spectacle, celui des jeunes gens de la classe 1915, admirables d'entrain et de confiance. Je sors des Conseils de revision. C'étaient des bonds et des sauts de joie, lorsque le major déclarait : « Bon pour le service !... » Et derrière eux, à perte de vue, jusqu'à sa première source, on aperçoit le fleuve qui descend, accourt. Leurs lettres généreuses submergent ma table. Voici de Versailles, en date du 6 décembre, un billet :

Nous préparons ici, à l'École Sainte-Geneviève, Polytechnique, Navale, Saint-Cyr, Centrale, et nous attendons avec impatience l'heure où nous serons appelés à remplacer dans les tranchées nos aînés si vaillants. Voici la petite somme (deux cent cinquante francs) que nous avons réunie pour que vous procuriez des douceurs, du tabac, des lainages à nos défenseurs.

Et, du 3 décembre, voici leurs plus jeunes camarades, animés par la même ardeur d'affection et d'admiration :

Monsieur Barrès, m'écrivent-ils, quarante petits écoliers de France vous seraient très reconnaissants si vous vouliez vous charger de transmettre à leurs amis les soldats, avec leurs témoignages d'affection et de reconnaissance, les modestes souvenirs qu'ils ont achetés pour eux sur leurs économies.

Nous sommes les élèves de sixième A, du lycée Buffon. En apprenant le latin, notre pensée va souvent

vers nos grands frères qui ont fait le sacrifice de leur
vie pour que nous soyons heureux. Nous avons compris, sans qu'on ait besoin de nous l'expliquer, que
nous pouvions faire quelque chose pour eux, qui font
tant pour nous. Nous avons vidé nos porte-monnaies
et nos tirelires, et l'argent de nos bonnes places ou de
nos exemptions s'est changé en paquets de tabac, en
cigarettes, en chocolat, en menus objets de toutes
sortes pour les soldats. Et même, bien que nous soyons
fiers d'être des garçons, nous n'avons pas rougi de
faire comme nos mamans et nos sœurs, nous leur
avons demandé de nous apprendre à tricoter, et quelques-uns d'entre nous ont fait, peut-être assez mala-
droitement, de chauds vêtements que nous avons voulu
donner aussi. Enfin, nous avons demandé à notre professeur de remplacer le devoir de la semaine par une lettre
que chacun de nous écrirait à un soldat pour accompagner son petit cadeau.

Cadeaux et lettres, nous vous envoyons tout, en
vous priant de les faire parvenir à nos amis inconnus
et lointains que nous rêvons d'imiter un jour.

Et avant de signer, ils écrivent encore :
« Vive la France ! »

Ce sont des petits, des élèves de sixième.
Mais il y a plus petits encore et tout pareils.
Celui-ci, penchez-vous pour le voir. On n'aperçoit qu'une main rapide qui se glisse dans
un paquet que la famille compose pour les
soldats de la tranchée. Que met-il dans ce
paquet, ce gosse? Un soldat l'a trouvé et me
le fait parvenir.

L'autre jour, me dit ce soldat, j'ai trouvé

ce billet dans une paire de gants au fond d'un envoi qui nous était venu de Paris :

Je mais aussi dans le paquet les gants de mon père puisque je n'ai pas d'autre argent pour en acheté.

O religion de la patrie, c'est une de tes émouvantes prières que balbutie cet enfant dans l'ombre.

... Mais il ne faut pas s'alanguir dans le sentiment. Il serait mal de s'y plaire, complaire, attarder. Le sentiment doit produire immédiatement des actions. Travaillons tous à notre rang, selon nos forces, pour que soit sauvée la terre où tous les enfants naissent nobles.

XII

LA « GENTILLESSE » FRANÇAISE

12 Décembre 1914.

Je vous ai dit hier comment le cœur généreux des enfants vole vers nos soldats ; nous avons vu les plus grands d'entre eux qui courent rejoindre nos défenseurs dans les tranchées et les plus petits qui leur écrivent, leur envoient cadeaux et billets d'amitié. Mais eux-mêmes nos soldats, touchés et fiers d'être si bien compris, ils ne se contentent pas de nous donner leur sang. Écoutez cette lettre, ce petit billet, crayonné, mal lisible, tel que vous tous en recevez et désirez anxieusement en recevoir :

Monsieur Barrès,

Je me permets de vous envoyer le produit d'une quête parmi les 17e et 20e compagnies et la compagnie hors rang du 218e d'infanterie. Nous avons organisé, il y a plusieurs jours déjà, une représentation dans les tranchées où nous venons nous rafraîchir tous les quatre jours. Malgré toute la joie qu'ils avaient d'écouter les « discurs à voix » et les « comiques troupiers », nos hommes ont eu la pensée de tous ceux qui souffrent derrière nous, de toutes les familles sans chef et de celles qui ont dû fuir devant les brutes que nous battrons, et ils ont voulu qu'un peu de joie pour les autres vienne de leur gaîté.

Il y avait, derrière nos tranchées, au milieu d'un village dévasté par les obus, un pauvre clocher debout encore ; ces jours derniers, jaloux sans doute de la gloire des artilleurs de Reims, ils ont abattu le clocher de V... C'est ce qui nous a fait penser à vous qui avez si magnifiquement défendu les choses du passé.

Tous ces témoignages de la rage impuissante des Barbares augmenteront notre ardeur lorsque, dans un avenir très proche, nous les jetterons enfin hors du cher pays.

Le sous-lieutenant X...

J'irai porter cette offrande à Madame Maurice Donnay qui organise un arbre de Noël pour les enfants belges. Il me semble que c'est en faisant plaisir à des faibles que je remplirai mieux la mission que me donnent des braves.

Cette lettre de nos soldats est charmante et touchante. Elle ne m'a pas étonné. Nous savons qu'ils sont ainsi. Nous le savons par ces quatre mois de guerre et par tout ce que nous avons pu lire des vieilles Chansons de gestes et des chroniques de l'histoire de France.

Il y a quelques semaines, quand j'allais de Gerbéviller à Lunéville et Nancy, je suis passé par le village de Fraimbois, où l'on m'a raconté que les soldats du 81e régiment d'infanterie, après avoir chassé l'ennemi, avaient fait entre eux une quête pour secourir les habitants et les consoler des horreurs allemandes, une quête qui produit plus de trois cent trente francs.

Est-ce noble ! Ils donnent leur sang, et voilà que soudain ils ont la délicatesse de donner leur argent. J'aurais voulu que vous entendissiez cette histoire, quand elle m'était contée avec notre accent de Lorraine, l'accent de Jeanne d'Arc, l'accent traînard de gens qui ne traînent pas quand il s'agit de courir aux armes. Le narrateur ne voulait pas s'émouvoir. Mais tout au fond, lui et moi, nous étions éblouis et bien heureux d'être des Français et qui furent toujours les amis de l'armée.

Nous avons toujours pensé et proclamé que

la carrière des armes est noble. Elle dégage
l'esprit des préoccupations d'argent, ou plutôt
les met à leur place. Le soldat ne courbe
pas sa vie dans l'âpre recherche de la fortune,
et s'il la possède, il aime d'en faire autour de
lui le plus amical usage. Que pensez-vous de
ce capitaine, tué en Belgique, le 22 août et
mort en héros (son colonel, à mon vif regret,
ne me permet pas que j'imprime son nom) qui
avant de quitter sa garnison distribua aux
sous-officiers mariés de sa compagnie une
somme de huit mille francs, pour aider leurs
familles à vivre pendant la guerre?

Vous distinguez bien sa pensée, n'est-ce pas.
Vous lisez dans son cœur de soldat. Les obligations de l'honneur l'obligent à tout sacrifier à son devoir de guerre, ses affections de
famille, ses plaisirs, sa vie. Il se dévoue. Eh
bien ! Il cherche encore à se priver, à donner
quelque chose de son bien. C'est de la chevalerie qui se reforme naturellement. De pareils
faits appartiennent à toutes les époques de
notre histoire et sont les fleurs naturelles de
notre race. C'est la « gentillesse française ».

La « gentillesse française ! » vieux mot que
Jeanne d'Arc et Bayard aimaient et dont, tout
à l'heure, je suis allé chercher l'histoire, dans
les lexiques, à la bibliothèque de l'Institut.

Gentillesse, c'est noblesse d'extraction. « De gentillesse, il en a assez, car il est de la lignée du roi David », est-il dit dans le vieux poème de *Lancelot du Lac*. Non, ce n'est pas assez, réplique le *Roman de la Rose* : « Gentillesse de lignage n'est pas gentillesse qui vaille ». La gentillesse, c'est un ensemble de manières jolies ou gracieuses, de vertus, de qualités morales et physiques, visibles et invisibles, tenant à ce bon sang qui ne peut mentir. Gentillesse, c'est vaillance, amabilité, générosité.

> Allégez-moi par votre gentillesse
> Les cruels maux que vous me faites avoir.

A cet appel des plus vieilles gestes, nos soldats de 1914 sont encore prêts à répondre. Croyez-en ce fragment d'une lettre écrite par un officier de l'armée territoriale, ancien adjudant de l'armée active :

Nous avons eu dernièrement un prisonnier blessé, instituteur à Cologne. En le soignant, j'ai eu ma capote imbibée du premier sang prussien; ce ne sera pas le dernier j'espère. Mes hommes, de démons qu'ils étaient auparavant, au moment du tir, devinrent instantanément des anges de charité ; l'un, lui offrit son sac comme oreiller ; un autre, lui donna à boire dans son quart ; tous s'empressèrent, ou pour le soutenir dans sa marche ou pour le soulager. Personnellement, il me supplia de ne pas l'achever et fut passablement surpris de m'entendre dire qu'en France on ne

tuait pas les prisonniers et qu'on considérait les blessés
comme sacrés. Il tomba le soir même dans le coma et
fut envoyé à..., d'où sans doute il partit pour l'autre
monde.

Cette disposition à s'écarter de la brutalité
est si forte qu'elle peut aller jusqu'à un adou-
cissement fâcheux et qui dessert les intérêts
vrais de la guerre. Comparez à ce sujet la belle
page écrite ici même par le général Cherfils
en date du 8 décembre, et où, après avoir
admiré deux actes généreux, l'un français,
l'autre allemand, déterminés par l'initiative
d'un officier français, il déclare : « C'était là
un joli tableau sentimental, d'héroïsme et de
jolie tenue, mais contraire au devoir de la
guerre ([1]). »

Il n'est pas de noble qualité qui ne

([1]) Voici cette page, mais je préviens le lecteur que je
l'endommage en y faisant par nécessité des coupures :

« C'était le 10 octobre, un dimanche, notre brigade de
dragons marchait sur Lestrem, au sud d'Estaires. La pointe,
commandée par un jeune sous-lieutenant du 30e dragons, le
sous-lieutenant Lemaître, avait traversé le village mais avait
été arrêtée à sa sortie est par des coups de feu. Le brouillard
était épais et lourd. On marchait à tâtons, en aveugles, dans
cette atmosphère d'obscurité. Soudain, un coup de feu !
L'éclaireur de pointe tombe blessé. Le jeune sous-lieutenant
descend de cheval, le ramasse, puis il essaie de l'emmener.
Un deuxième coup de feu part : l'officier tombe raide mort.
A quelques mètres en avant, un officier bavarois apparaît
dans le brouillard avec quatre hommes, sortis d'une barricade
voisine. Il ramène le blessé et l'officier tué, fouille celui-ci,

puisse avoir ses inconvénients, et l'histoire de notre pays fournit en abondance des exemples de fautes où nous entraîna notre gentilhommerie. On sait trop que la Germanie ne tombe qu'exceptionnellement dans ces brillantes et nobles erreurs. Nous avons toujours voulu régler notre courage ; leur système officiel est de déchaîner systématiquement chez leurs hommes le vieux fonds de sauvagerie.

Nos soldats de 1914 possèdent intact l'héritage moral de nos vieux chevaliers. Quel

prend l'argent de son portefeuille qu'il empoche. Il respecte une lettre que le jeune homme avait écrite à sa sœur.

» Dans le courant de la journée, la brigade de dragons est obligée de quitter Lestrem. Le soir, les Bavarois cantonnèrent dans le village. L'acte du sous-lieutenant Lemaître avait été porté à la connaissance du commandant des troupes bavaroises. Celui-ci décida que : « vu l'héroïsme dont avait » fait preuve l'officier français, au mépris de sa vie, une messe » solennelle serait dite le lendemain matin par le curé de » Lestrem, que les troupes y rendraient les honneurs et que » l'officier serait enterré près de l'église. »

» Le lendemain matin, à huit heures, les troupes bavaroises se rassemblaient pour le service, quand, terribles, cinglants, tombèrent les obus français. Les Bavarois se retirèrent en hâte. Alors, pendant que le clocher menaçait de s'écrouler sous le choc des obus, que les projectiles, par moments, traversaient l'église, jonchant ses dalles des pierres qui volaient des murs, le vieux curé de Lestrem, seul, devant le cercueil abandonné du sous-lieutenant Lemaître, acheva sa messe, donna l'absoute et récita les prières des morts !...»

» Quelle splendeur morale a dû illuminer la voûte de la petite église de Lestrem ! Elle est jolie, l'héroïque inexpérience du petit sous-lieutenant ! mais de quelle taille surhu-

sujet de réflexion, quand nous voyons flotter sur les armées de Joffre l'atmosphère où vivaient nos lointains aïeux des légendes! La civilisation des cathédrales n'est pas morte! Nos soldats pratiquent toujours le code de la chevalerie et ses commandements précis, notamment le neuvième, qui dit : « Tu seras libéral et feras largesse à tous », et le dixième qui proclame (écoutez, Français de tous les partis, dreyfusards et antidreyfusards, cette phrase, qui pose, dès le xie siècle, le programme que vous vous disputez) : « Tu seras

maine la dépasse la sereine tranquillité du vieux prêtre, qui, sous les coups de la mort, ne voit que la vie éternelle, et s'absorbe dans la célébration du divin sacrifice !

» — Après m'être recueilli devant ce spectacle de surnaturelle beauté, me serait-il permis d'ouvrir les yeux pour tirer de ce récit un enseignement militaire.

» Le joli geste de ce sous-lieutenant qui met pied à terre pour relever son cavalier blessé et s'offre ainsi à une mort certaine est d'un héroïsme admirable. En l'état, il était peut-être une faute. Il y avait mieux à faire qu'à relever ce blessé. La meilleure manière de sauver les blessés et d'assurer leurs soins est d'emporter la victoire, la petite ou la grande, là où l'on est. Le petit sous-lieutenant avait pour premier devoir de faire son travail d'avant-garde et de penser à la colonne qui butait sur une surprise. L'officier bavarois qui, avec ses quatre hommes, sort de sa barricade, me semble aussi avoir oublié sa mission immédiate. Il a été là plus gentleman qu'officier. Pour une fois, il faut le saluer, le détail du portefeuille excepté. Chacun des deux officiers a dessiné un joli tableau sentimental, l'un d'héroïsme, l'autre d'élégante tenue : mais ni l'un ni l'autre, ce matin-là, n'ont fait la guerre. »   (Général CHERFILS.)

14.

partout et toujours le champion du droit et
du bien contre l'injustice et le mal. »

De tels commandements sont un produit
de notre sang. Nous les retrouvons chaque
fois que nous nous groupons pour agir. Les
intelligences se querellent dans les inextrica-
bles débats de la paix, mais les sentiments
s'accordent dans l'action. Indomptable instinct français, sagesse du sang, on ne voulait
plus vous entendre ! Qui donc, parmi les intellectuels, se préoccupait de dégager, de
hausser l'âme et de la rendre plus active ? Elle le
devient spontanément à l'armée. Et ce que n'auraient pu faire les raisonnements ni les livres,
de beaux exemples l'enseignent au plus inculte.
Ce n'est pas autour d'une chaire professorale
que tourne le monde, qu'elle soit à l'école modeste du village, ou dans l'orgueilleuse Sor-
bonne ; c'est autour d'un cœur généreux gonflé
du sang de la race et qui entre dans l'action.

P.-S. — C'est d'un véritable homme d'accepter tout au long de sa vie les leçons de
l'expérience et de s'y soumettre pour se perfectionner. J'enregistre ici, parce qu'elles sont
à son honneur, quelques lignes que publie
dans *la France* un écrivain fameux et de
grande influence, M. Remy de Gourmont, qui,

faisant son examen de conscience écrit spontanément : « A un moment, la *Ligue des Patriotes* avait pu paraître dangereuse pour la paix. Elle était surtout exaspérante pour ceux qui avaient pris leur parti d'un état de choses de fait qu'ils ne voyaient pas la possibilité de changer à notre profit. Je fus de ceux-là et *j'ai à me reprocher un article où je concluais, non contre l'idée de patrie, certes, mais contre le groupement bruyant qui s'en servait mal à propos et, me semblait-il, indiscrètement. C'était une erreur, et je m'aperçois maintenant que cette « Ligue indiscrète » n'a pas été sans influence sur le magnifique mouvement de patriotisme* qui a fait se lever jusqu'aux socialistes et pacifistes français, jusqu'aux anarchistes français, dans un mouvement de défense qui portera ses fruits ».

Je serre la main de Remy de Gourmont.

XIII

LES DÉPUTÉS-SOLDATS

14 Décembre 1914.

Peut-être existe-t-il un léger flottement chez quelques députés-soldats. Je suis averti que certains d'entre eux hésitent à quitter leur poste pour venir siéger au Parlement. On leur a fait savoir qu'ils ne pourraient pas siéger en uniforme, et que, d'ailleurs, cette convocation n'était qu'une invitation n'entraînant nullement une obligation. De là chez eux un certain embarras, des scrupules. Si l'attitude des députés non militaires et qui siégeront doit être unanimement correcte, peut-être aurions-nous à donner l'exemple de préférer notre poste de combattant à toute autre obligation ?

On écoute avec respect ces scrupules, mais qu'il me soit permis de les trouver malheureux. Je crois nécessaire que tous les députés-soldats, tous les députés actuellement aux armées, sans exception, assistent à la prochaine séance de la Chambre. J'aurais voulu qu'ils y fussent en uniforme. On a redouté la supériorité morale que de ce fait ils auraient prise sur leurs collègues. C'est grande mesquinerie de leur contester un avantage aussi légitime. Mais je ne m'attarde pas à souligner ce pauvre procédé. Qu'ils se dépouillent de leur tenue glorieuse, et qu'ils soient là, tous, le 22, pour écarter toute discussion oiseuse, pour acclamer leurs chefs et leurs frères d'armes et pour faire connaître la volonté inébranlable de l'armée d'aller, quelque temps qu'il y faille, jusqu'au bout de la victoire.

Est-ce donc que je redoute aucune difficulté de séance? Non. Je ne prévois rien de mauvais. Mais tout de même, soyons là, vous surtout, les soldats, les meilleurs de tous les partis, car un grand nombre d'orateurs, qui se réunissent et qui n'ont pas parlé depuis longtemps, peuvent être pris de fièvre et tomber dans l'intempérance de parole. C'est un bateau qui aborde au port. Nos gaillards vont courir à la tribune. Et le verre d'eau sucrée n'étanche pas leur soif.

Certainement la séance publique sera bonne. La maison se sent en observation. Les mauvais députés, s'il en était encore, comprendraient qu'ils sont placés sous la surveillance d'une haute police spontanée. La France est mécontente des lacunes, heureusement réparées à cette heure, que présentait, au début de la guerre, notre organisation militaire. Nous venons tous de relire, à quarante-cinq années de distance, les lettres du colonel Stoffel, qui, cette fois, s'appellent le *Livre Jaune*. Et nul parlementaire ne s'avisera de fronder publiquement la sagesse nationale, qui réclame que, dans cette séance, on barre la route à tout ce qui ne serait pas la pure et simple expression d'un patriotisme résolu et tenace. Les grandes machines oratoires sont prêtes, et, bien que la circonstance soit moins favorable qu'au 4 août, puisque tout a été dit et qu'il n'y a plus qu'à agir, elles déchaîneront l'enthousiasme.

Mais il y a les couloirs! C'est là que l'on pourrait faire « de la mauvaise ouvrage ». Hypothèse improbable. Pris à part, chacun des députés est un bon Français intéressé à la victoire complète, je veux dire à la dislocation de l'Empire allemand, par son patriotisme, par ses angoisses de famille et par son mépris de ces lourdauds d'outre-Rhin qui veulent terroriser le monde. Mais des fruits qui se touchent dans un compotier se gâtent aisément. Le couteau de la guerre n'a pas enlevé tout ce qu'il y a de pourri au cœur de certains politiciens. Méfions-nous des meilleures poires si l'une d'elles est blette. Il sera bon que, dans tous les partis, les députés-soldats s'interposent.

Le problème qui se pose à nos hommes de Gouvernement, à cette heure, est un peu différent de celui où ils se débattent depuis des années. A l'ordinaire, il s'agit de gouverner en dehors du Parlement, en dépit du Parlement. Et même, bien souvent, l'exécutif accepta, en vue d'intérêts qu'il tenait pour supérieurs, d'agir en secret contre la volonté du Parlement. Aujourd'hui, le problème gouvernemental est simplifié. Très généreusement, les deux Assemblées se sont reconnues incapables et dangereuses. Dans un mouvement superbe, analogue à celui que la légende prête aux privilégiés du 4 août 1789, le 4 août dernier, les parlementaires se sont dépouillés. Nous nous sommes ouvert le ventre, sous l'écharpe. Depuis le vieux maréchal japonais, le monde n'avait pas eu l'occasion d'admirer un si noble hara-kiri. Encore, le Japonais faisait-il cavalier seul ! Mais nous sommes environ huit cents qui avons, par sagesse patriotique, déclaré que nous ne valions plus rien au titre de député. Nous n'existons plus que selon notre crédit individuel. Et, dans cette minute solennelle de notre destin national, qui donc peut croire qu'il compte, en dehors des soldats? Il y a de beaux passés dans tous les ordres. Mais le présent est tout guerrier. Puisqu'une formalité oblige les deux Chambres à se réunir, et que le Gouvernement, pendant quelques heures, va se retrouver en présence d'un foyer endormi et d'un semblant de contrôle, il est bon, il est de l'intérêt de tous, il est réclamé par le Gouvernement, par le Parlement et par

le pays, que l'on ne soit pas privé de l'élé-
ment le plus estimé et le plus sage. Les
divers intérêts s'accordent pour réclamer, le
22, la présence au Palais-Bourbon de tous
les députés qui sont à cette heure sous les
drapeaux.

P.-S. — J'ai reçu une lettre dont je détache
quelques lignes : « … On demande, paraît-il,
deux mille cinq cents francs pour l'aménage-
ment d'une péniche en ambulance. Je les ai
disponibles. Le donateur, dit-on, peut choisir
le nom. Je voudrais qu'elle s'appelât *Déroulède*.
Les blessés ! Vous en êtes le meilleur des avo-
cats, leur cause est la vôtre. Déroulède !
Vous en fûtes l'ami et vous voudriez qu'il fût
bien connu de tous. Voulez-vous prendre
cette œuvre en main et la faire exécuter ? La
péniche du grand patriote pour les soins des
blessés frappés en défendant le drapeau qui a
été tout son amour ne saurait être placée
entre de meilleures mains que les vôtres. S'il
se peut, qu'elle soit bénie. Je désire garder
l'anonymat le plus absolu. Veuillez agir en
tout en votre nom personnel…»

Je me conformerai au désir de mon généreux correspondant. Il m'interdit de le désigner à la reconnaissance des blessés. Mais

encore faut-il que, tout en respectant l'obscurité où il veut se tenir, je lui reporte le mérite de ce don patriotique.

XIV

LE CHANT DES RACES COURAGEUSES

15 Décembre 1914.

C'est une grande satisfaction d'inscrire sa pensée dans une œuvre, d'une telle manière qu'elle continue d'agir et de bien agir, après qu'elle s'est détachée de nous. Oui, c'est beau qu'une idée s'en aille loin de nous, équipée par nous, belle et forte comme un régiment que nous aurions levé à nos frais. Albert de Mun est mort ; son œuvre des aumôniers militaires continue à donner des fruits de vie. Il est couché dans la terre, et, par ces prêtres, il continue à distribuer à ses frères d'armes et de croyance, dans les circonstances les plus tragiques, ce qu'il tenait pour l'essentiel. C'est une bien belle immortalité.

Je me rappelle qu'ici même, peu avant sa fin, dans cette série d'articles inoubliables où se brisa son cœur, il disait, en parlant des aumôniers militaires qu'il venait d'organiser et de faire accepter par le Gouvernement : « C'est l'œuvre de ma vie dont je suis le plus fier. » Il est donc naturel que ses amis déposent l'histoire de cette réussite, comme une couronne, sur sa tombe. Les lecteurs de l'*Écho de Paris* trouveront dans *le Correspondant* le bel article de M. Geoffroy de Grandmaison, qui a aidé M. de Mun dans cette organisation et qui la dirige aujourd'hui ; ils seront heureux de connaître le succès d'une pensée qu'ils ont vu se former sous leurs yeux et qu'ils ont aidée de leurs souscriptions.

Partout et par tous, nous dit M. de Grandmaison, les aumôniers militaires ont été admirablement accueillis. Médecins, brancardiers, officiers et soldats leur firent fête, car leur présence répondait à un besoin. Là-dessus leurs lettres abondent en renseignements unanimes et touchants. Ce qu'ils ont fait, vu, entendu, dépasse leur attente.

Quand l'heure sera venue d'écrire les fastes de cette guerre de la Délivrance, les prêtres voudront raconter la délivrance de l'âme religieuse française. Nous les écouterons avec un prodigieux intérêt. Ne nous parlez pas seulement de l'aumônier autorisé à exercer son ministère aux armées, leur dirons-nous, mais

encore de ces vicaires, moines et ecclésiasti-
ques de tous ordres, confondus dans le rang,
car c'est un des caractères les plus importants
de nos armées de 1914, et une de leurs plus
saisissantes beautés que l'apparition au milieu
d'elles du prêtre soldat. Figure toute neuve et
bienfaisante, à qui un universitaire protestant,
M. S. Rocheblave, a consacré dans le *Journal
de Genève* une des plus belles pages que j'aie
lues depuis quatre mois.

« Bénie soit la loi fameuse des curés sac
au dos ! » s'écrie M. Geoffroy de Grandmaison, et cette exclamation réjouit mon
vieux cœur boulangiste, car c'est bien le
général Boulanger, n'est-ce pas, qui assuma
la responsabilité de cette mesure radicale,
dont ceux qui la voulaient ne calculaient pas
tous les effets. Aujourd'hui, la position des
jeunes prêtres exclus de l'armée serait intenable au milieu de nos villages. Ils y mourraient de chagrin. Au contraire, dans l'armée,
ils conquièrent les sympathies de leurs camarades avec qui ils vivent familièrement, et,
vienne la circonstance, ils apparaissent, de la
manière la plus vraie, comme les interprètes
de la haute vie morale et du surnaturel.

On peut imaginer telle guerre où l'on verrait avec malaise participer celui qui repré-

sente dans le monde l'effort vers l'établissement du royaume de Dieu. Mais le serviteur du Christ est à sa place au milieu des défenseurs de la civilisation, quand l'humanité est mise en croix par les reîtres d'outre-Rhin. La guerre de 1914 n'est pas une de ces campagnes d'Afrique, aux brillants uniformes, où les journées de jeunesse et d'ivresse cavalière alternaient avec les terreurs de la soif et du soleil. C'est une grande œuvre triste. Ne vous méprenez pas aux saillies que nos fils et nos frères nous écrivent, du fond des tranchées boueuses, pour nous rassurer et puis, les fiers garçons, parce qu'ils n'ont que faire d'être plaints. Merci, courageux amis, de nier vos souffrances et de ne pas vous laisser submerger par cette grande marée de désolation. Croyez bien que nous distinguons avec respect votre volonté héroïque d'être gais. Mais s'il convient que vous vous fassiez une face de gaîté, il convient aussi que nous sachions, pour vous en aimer davantage, que vous êtes les saints et les martyrs de la France.

Au milieu de vous, le prêtre n'est pas déplacé. Il n'y compromet pas son caractère sacré. On serait mal à l'aise de le voir mêlé à une guerre de gloire et guerroyant pour rien, pour le plaisir ; mais il est à sa place quand nous sommes engagés dans une lutte qui est en même temps que la libération de Metz et de Strasbourg le plus haut conflit intellectuel et moral. Un colosse de violence, servi par un incomparable outillage de meurtre, s'élance pour écraser le monde des esprits, pour anéantir le dépôt des plus antiques traditions. Les anges du ciel eux-mêmes devraient se porter sur la brèche, leurs ailes étendues. Les envahisseurs arrivent avec leurs héros et leurs dieux. C'est Luther et plus loin tout le Valhalla qui accourent. Prêtres de France, vous défendez mieux que nos églises qu'ils bombardent, vous défendez nos âmes qu'ils visent.

L'office des morts, célébré par un prêtre-soldat, auquel j'ai assisté sur le plateau lorrain et sous le vent d'automne, ressemblait peu aux grandes solennités religieuses et fastueuses du camp de Châlons, mais plutôt à ces messes dites au milieu des chevaliers du xie siècle, qui tiraient leurs épées du fourreau quand le prêtre lisait l'Évangile, et qui se tenaient prêts à défendre les paroles divines. Nous entendions le canon tonner dans le lointain, des ombres héroïques flottaient sur les nuages, et nous reconnaissions sur la table du sacrifice la flamme où s'allume la vie

héroïque. De telles minutes sont inoubliables.
J'éprouvais le sentiment d'une grande solitude,
et pourtant d'une communication avec chacun
des assistants ou du moins avec ce qui nous
était commun à tous et qui nous dépassait.
S'il en va déjà ainsi quand seules des images
nous ébranlent, quelle peut être l'action du
ministre de Dieu au milieu des réalités pres-
santes et sanglantes, et auprès de celui pour
qui l'heure est venue d'accepter et dè parfaire
son sacrifice !

Étendu sur la terre, les yeux dans le ciel,
et comme placé en face de sa douleur et de
l'univers, le blessé songe : « Ce coucher de
soleil, pour mon dernier soir, est bien beau !
Se peut-il que le monde inconnu soit inférieur
à cet horizon splendide ? Se peut-il que le
destin soit plus injuste que mon cœur ? Si j'ai
préféré mourir, plutôt que de commettre une
lâcheté, il faut qu'il y ait un paradis des
braves. Autrement, l'univers est sans équité. »
Ainsi le soldat mourant oppose aux lois de la
nature les réclamations de son être. Mais
l'aumônier s'approche, entre dans ce mono-
logue, y mêle toute sagesse, console, rassure
ce héros, empêche au moins qu'il ne meure
en proférant des murmures. L'obscurité
s'éloigne, et voici la lumière. Aube d'une

vie nouvelle, pour le mort ; matin d'une nouvelle journée, pour ses compagnons qui, pacifiés eux-mêmes par les rites dont ils virent leur camarade consolé s'éloignent en chantant l'éternelle chanson des races courageuses, la chanson d'Ariel : « Sous les eaux, à cinq brasses profondes, ton frère est couché : ses os en corail sont changés ; ce qui formait ses yeux est devenu deux perles ; rien de lui ne peut s'anéantir, mais tout se transformera en quelque chose de riche et de merveilleux. » Ils chantent d'instinct, et, dans leurs rangs, le prêtre, aumônier ou simple soldat, accordé de cœur avec ces croyants spontanés de l'immortalité, murmure les promesses latines.

XV

LES PATRIOTES D'ORIENT

16 Décembre 1914.

Le torpillage du cuirassé turc par le sous-marin anglais dans les Dardanelles attire les regards vers Constantinople. Il y a quelques mois, je me promenais là-bas, arrivant de Syrie, par l'intérieur des terres. Je regardais, j'écoutais, je m'instruisais. Nul dans l'Empire ottoman ne nous détestait. Les musulmans eux-mêmes nous préfèrent aux Allemands, mais ils les croient invincibles et c'est cette belle opinion, partie de Sedan il y a quarante-quatre ans pour faire le tour du monde, qui vient d'armer contre nous ces peuples encore ignorants de la victoire de la Marne. Je leur ai pourtant bien expliqué, sur tous les tons et dans un nombre illimité d'allocutions, que la défaite de 1870 était une surprise et qu'elle ne se renouvellerait pas. Mais les Jeunes-Turcs sont payés pour ne pas nous croire, et puis (comme tout Européen) je ne pouvais me faire entendre que par la clientèle de nos maisons d'enseignement.

En ai-je vu de ces maisons françaises, quelques-unes laïques, quelques-unes israé-lites, presque toutes congréganistes ! Les deux cents visites que j'ai pu faire me laissent dans l'esprit une masse de souvenirs qui se superposent, se confondent, se fortifient pour me donner une seule image schématique. Du soleil, un brouhaha de fanfares et de *Marseil-laise*, une immense file d'enfants aux yeux magnifiques, émerveillés de voir un Français ; et puis l'un d'eux qui se détache, salue et avec l'accent guttural commence : « Monsieur l'académicien... », pour finir toujours par : « Tout homme a deux patries, la sienne et puis la France. » Et cela se passait sur le Nil, sur le rivage de Phénicie, dans les gorges du Liban, à Damas l'inoubliable, dans les villes du désert, Homs, Hama, Alep, sur l'Euphrate, dans Antioche où j'aimerais tant retourner... Mais je m'égare, je n'ai pas le droit de déserter ! Revenons en France et à notre tâche, qui est aujourd'hui de mettre en valeur un signe de notre union sacrée.

Depuis quatre mois, depuis le début de la guerre, je ne cesse pas de recevoir des lettres de ces chers et nobles amis que je me suis fait en Orient. Seulement ils m'écrivent de France. « Vous vous rappelez, me dit l'un, le jésuite qui vous a serré la main sur l'Euphrate, je suis maintenant à Langres. » Et moi, le lazariste d'Antoura, je fais depuis une tranchée l'éducation des Boches. » Mais voici une lettre du mois d'août qui vous donnera le mieux une idée de ces braves amis et de leur empressement à courir au secours de la mère patrie, qui, de vous à moi, leur avait été quelque peu marâtre.

Je suis revenu, m'écrivait le Supérieur du collège français de Philippopoli, par le paquebot *Saghalien*, qui eut les honneurs de la visite si parfaitement teutonne des officiers du *Gœben*. Nous eûmes une traversée mouvementée, logement à la belle étoile, menu rationné de lentilles et de pois chiches ; mais les trois cents mobilisés du bord faisaient bonne entente et joyeuse figure. Sur le nombre, il y avait 70 religieux de diverses congrégations venant de Constantinople, d'Andrinople et de Bulgarie. La veille, un autre paquebot, la *Phrygie*, en avait emporté davantage, et beaucoup, n'ayant pu trouver de place, même sur le pont. attendaient un départ suivant.

Dans le groupe du *Saghalien*, on voyait beaucoup de vénérables quadragénaires aux longues barbes grises, un Supérieur provincial et huit directeurs de collèges ou d'importantes missions. Pour quelques-uns c'était la première fois qu'ils retournaient vers la patrie. Plusieurs étaient des volontaires, dispensés légalement, mais qui tenaient à servir. Je vous parlerai de l'un d'eux, qui, dans la guerre balkanique, reçut pour sa belle conduite une décoration du Gouvernement français. Il vint me supplier de le laisser partir, malgré ses quarante-neuf ans. Quand j'eus dit : « Oui », il pleura de joie et m'embrassa. Lui, c'est aux lignes de l'Est qu'il veut absolument aller.

Ce qui fut bien douloureux dans certaines communautés, ce fut de voir un certain nombre de leurs membres partir pour l'autre côté du Rhin. Voilà un effet inédit de l'affreux empêchement que la loi sur les congrégations met à notre recrutement en France. Cette législation livrerait à des étrangers nos collègues français.

Au départ de Constantinople, plus de dix mille personnes étaient venues acclamer les mobilisés. Du bord du *Saghalien*, nous répondîmes par la *Marseillaise* et tout le répertoire des chants patriotiques qu'un religieux accompagnait d'un piston trouvé à bord.

Tout de suite, ce fut la bonne fraternité des

escouades installées sur le pont du navire, où, pour la soupe, se coudoyaient moines et civils, graves directeurs de banque ou d'industrie avec employés et ouvriers, tous disposés à manger les maigres pois chiches, à laver la vaisselle de fortune qu'on s'était fabriquée avec des boîtes de conserves, à trouver suffisant le coin de plancher où l'on tâchait de s'étendre à demi pour dormir.

Aux Dardanelles, ces messieurs du *Gœben* vinrent interpeller notre commandant et demander si on n'avait pas à bord des tapis, des meubles précieux et ce que faisaient là tant de prêtres. Quelques mains se crispèrent ; mais les plus avisés avaient surtout peine à retenir leur rire devant cette exhibition de la politesse allemande, surtout quand un des officiers dit : « Si fou pougez, che vous goule. » Pour toute réponse, le commandant invita les passagers à une messe solennelle pour demander la bénédiction de Dieu sur nos armées. On y ajouta une autre cérémonie : la bénédiction du poste de T. S. F., vite réparé après l'inintelligent sabotage des Allemands. Ce n'est pas une bénédiction, mais une désinfection, disait le capitaine.

Jusqu'au bout, les mobilisés du *Saghalien* ne firent qu'un cœur. On retrouva moines et civils ensemble, même aux restaurants de la Cannebière, et, quand les trains s'ébranlèrent dans les diverses directions, ce furent de longs et touchants adieux. Espérons que tous pourront retourner après la guerre servir la France d'Orient...

Seules à peu près les femmes étaient restées là-bas. Ce n'était pas pour longtemps. Je puis vous donner de leurs nouvelles. J'ai reçu une lettre de l'éminente Supérieure d'une des plus grandes maisons de l'Orient, une lettre de Sœur M... E,.., supérieure de Notre-Dame de Sion, à Constantinople.

Cette lettre a ramené rapidement mon esprit vers ces maisons charmantes et célèbres, Notre-Dame de Sion à Ramleh, près Alexandrie, et Notre-Dame de Sion à Pancaldi de Constantinople. Ce sont des œuvres d'éducation organisées avec un goût ravissant et très utiles, pour deux raisons, que je ne mets pas sur le même rang, mais que j'indique l'une et l'autre. Les religieuses y inclinent les jeunes filles orientales, catholiques et musulmanes, vers les mœurs et les modes de Paris ; elles préparent (bien entendu, en quelque sorte sans le vouloir) les plus élégantes clientes à nos grands couturiers et parfumeurs ; et puis, c'est l'important, elles leur forment l'âme française. Je me rappelle la couleur légère et triste qu'avait le ciel d'Egypte, ce soir de mai où je suis allé à Ramleh, sous le palmier, le sycomore et le figuier sauvage, pour saluer la supérieure, la Mère R..., qui a élevé par centaines toutes ces jeunes femmes d'Egypte et de Grèce répandues à Paris et qui est elle-même la fille de Prévost-Paradol. Et je me rappelle encore mon plaisir, ma reconnaissance à Constantinople quand, dès mon entrée dans le pensionnat de Pancaldi, mes yeux tombèrent sur un portrait de Paul Déroulède, du grand patriote dont ces jeunes filles musulmanes ou chrétiennes-orientales allaient me réciter les vers.

Ce n'est pas parmi les élèves de nos religieux et de nos religieuses que l'Allemagne a pu développer sa propagande dans l'Empire ottoman. Des plus humbles maisons aux plus raffinées, garçons et filles savent par cœur les œuvres de nos grands patriotes.

Mais écoutez cette lettre que me fait l'honneur d'écrire Madame la supérieure de Notre-Dame de Sion de Constantinople :

Le 18 novembre, nous étions sommées par le Gouvernement ottoman d'avoir à abandonner toutes nos œuvres d'éducation et d'instruction. Cette mesure était générale et s'étendait à toutes les maisons françaises. Rien n'avait pu nous faire prévoir une pareille décision, et nous aurions été réduites à la plus dure extrémité si nous n'avions trouvé un défenseur aussi énergique que dévoué, dans l'ambassadeur des Etats-Unis, M. Morgenthan.

Le 18 novembre au matin, la police subitement nous donna l'ordre de renvoyer tous nos enfants en trois heures et de quitter nous-mêmes le sol de la Turquie dans les vingt-quatre heures. En même temps, elle exigea la remise de notre caisse, où elle posa les scellés, nous obligeant ainsi à partir sans nous en laisser les moyens.

M. Morgenthan, qui avait été chargé de la protection des Français depuis le départ de notre ambassade, se trouvait inopinément à Sion ; il s'interposa immédiatement, il exigea par téléphone que le préfet de police vînt en personne s'entendre avec lui, et il lui fit voir l'impossibilité matérielle d'exécuter les ordres donnés. Grâce à cette intervention, les scellés furent enlevés le soir, et la police qui était restée dans la maison depuis le matin, fouillant tous les bagages des enfants qui partaient, fut retirée. Le préfet de police vint lui-même nous annoncer qu'un délai de dix jours nous était accordé. Je lui demandai alors à quel titre nous étions chassées, comme religieuses ou comme Françaises ? Il me répondit, sans hésitation : « Oh ! pas comme religieuses, comme Françaises. »

A partir de ce moment, M. Morgenthan s'occupa de préparer notre départ, sauvegardant autant qu'il le pût nos intérêts lésés, ne ménageant ni son temps ni sa peine, et poussant même la sollicitude à des limites extrêmes que nous n'aurions osé prévoir et que je ne peux écrire.

Ce qu'il a fait pour nous, il l'a fait également pour toutes les maisons françaises, assisté dans cette tâche laborieuse par Mme Morgenthan, qui a déployé autant d'intelligence et de dévouement que l'ambassadeur. Ce dévouement ne s'est pas démenti un instant jusqu'à notre départ, auquel M. et Mme Morgenthan voulurent présider eux-mêmes : leur protection nous suivit jusqu'à la frontière, où ils nous firent accompagner pour nous épargner les dernières vexations qui avaient été infligées à beaucoup d'autres.

Amis lecteurs, pourquoi je vous raconte tout cela ? Oh ! vous le sentez bien. C'est dans le même esprit qui nous anime tous, pour secouer la poussière des querelles, pour

retrouver et dégager la vraie France amicale
et noble, pour préparer l'ère nouvelle où nous
allons entrer au prix de nos souffrances. Je
n'essaye pas de vous faire croire que les
prêtres sont seuls à aller au feu, que seuls ils
ont travaillé à la préparation morale de la
guerre, pas plus que je ne vous dirais que
l'esprit de 1792 est le seul à combattre l'Allemagne. Vous et moi, lecteurs, nous sommes
nationaux ; nous savons, nous voyons que
c'est notre pays tout entier qui veut vivre et
qui lutte. Dès son existence assurée, combien
de problèmes, très vite, se poseront ! Le
premier sera de maintenir notre unité physique
et morale reconstituée, au cours de cette
guerre, par la reconquête des provinces per-
dues et par « le pacte de l'union sacrée ».

Je compte sur l'électricité qui se dégagera
du bonheur, pour achever de transformer la
France. Nous nous séparions pour interpréter
l'invisible et pour élaborer des idées. J'attends
que cette génération victorieuse réunisse et
concilie des doctrines qui s'opposaient. Après
tout, nous ne différons les uns des autres que
selon l'échelon où nos forces de sentir et de
nous élever nous placent sur la même échelle.
C'est l'échelle mystérieuse allant de la terre
au ciel et sur laquelle les bons serviteurs ne

cessent pas de monter et descendre. Nous
n'allons pas rester enchaînés, chacun dans
notre parti, quand nous aurons délivré les
peuples ! Si le danger nous a obligés à nous
réunir et à nous réconcilier, que ne fera pas
la joie et la générosité de la victoire !

XVI

LE RÉCHAUD DU SOLDAT

17 Décembre 1914.

La gaieté règne dans les tranchées ! Vous
le savez par les journaux et par les lettres de
vos enfants, maris et frères. Il ne faut rien
exagérer cependant ; il ne faut pas les croire
sur parole, les braves gens ; il ne faut pas
s'imaginer qu'ils sont là, par ces longues
nuits pluvieuses, comme dans un restaurant
de fête. Sans doute, beaucoup s'ingénient
par des plaisanteries à chasser l'ennui. Et je
sais telle région où, dans le labyrinthe de
huit kilomètres que depuis un mois ils ont
creusé, des chemins bien entretenus se nomment pompeusement l'avenue des Champs-
Élysées, la rue Monsieur-le-Prince. Je sais

tel « cagibi » d'officier qui possède un fauteuil de velours cramoisi, une table avec un bouquet de roses de Noël et des assiettes de vieux strasbourg. Qu'est-ce que cela prouve ? Le courage moral, la tenue d'âme de notre armée. Les soldats, dans ce village abandonné et bombardé, parmi les ruines, ont découvert un mobilier que les propriétaires retrouveront plus tard dans les tranchées. En réalité, on sauve la situation à force de vaillance et de bonne humeur. Camarades, vous êtes bien capables de vous tromper vous-mêmes, les uns les autres, mais vous n'arriverez pas à nous empêcher de vous plaindre et de vous admirer.

(Je n'aime pas beaucoup le mot « plaindre » quand il s'agit de gens si braves, c'est entendu, mais enfin, c'est une nuance qu'il y a dans notre admiration et notre reconnaissance. Nous ne pouvons pas ignorer sous prétexte qu'ils n'en disent rien, ce que nos frères souffrent pour la patrie).

S'ils avaient, du moins, dans les tranchées, des aliments chauds et des boissons chaudes ! C'est une des grandes préoccupations du commandement et du service du front. Dans les premières lignes, il est impossible de faire du feu ; on donnerait un point de repère à l'ennemi. D'autre part, les cuisines sont très éloignées... Voulez-vous que nous examinions en bonnes gens pratiques ce problème?

Des marmites norvégiennes pourraient être utilisées. Mais elles encombreraient et il en faudrait plusieurs : une pour le café, une autre pour les aliments. Le mieux serait un réchaud, facile à manier, à placer dans un trou à même la paroi de la tranchée, facile à transporter avec soi, ne dégageant ni fumée ni vive lumière.

Devant ces données, un beau jour, un major se frappa le front :

— Mais, dit-il, quand j'étais enfant, nous avions un jouet ou plutôt un amusement, l'alcool solidifié.

Le problème était résolu. Restait à mettre la chose au point. C'est fait aujourd'hui. J'ai en main « le réchaud du soldat ». Je l'ai montré autour de moi à ceux qu'il intéresse. Ceux qui doivent s'en servir m'ont dit : « C'est épatant ! » Je veux donc mettre l'explication sous les yeux de tout le monde, afin que toutes les tranchées, de la mer à Belfort, puissent profiter, s'il en est digne, de cet ingénieux objet.

Les initiateurs n'ont aucune prétention. « Nous n'avons rien inventé, disent-ils;

nous avons retrouvé un amusement d'enfant.»

La matière combustible à employer est connue depuis longtemps : c'est l'alcool solidifié, obtenu par un mélange à chaud au bain-marie de 8 parties d'alcool et 1 partie de savon ordinaire. La solidification résulte du refroidissement,

Le réchaud seul est nouveau et original. Il est constitué à l'aide d'une boîte à conserve (boîte de 3oo grammes, vulgairement appelée par les soldats « boîte à singe »). Les bords sont dentelés plus ou moins profondément suivant l'intensité qu'on veut donner à la combustion. Ces créneaux servent de support au récipient à chauffer. Une deuxième boîte sert de couvercle et d'éteignoir. Après refroidissement, le tout peut être remis en poche.

En quelques minutes, le soldat peut avoir son café chaud ou sa soupe. En vingt minutes, si la température est trop rigoureuse. il peut se procurer une bouillotte d'eau chaude. La durée de combustion de la boîte est de 6o à 7o minutes. Un réchaud ménagé peut donc servir à plusieurs hommes et plusieurs jours. Le prix de revient de la boîte est de dix centimes.

Des officiers d'une formation sanitaire de la zone de l'avant ont organisé un atelier d'où il peut sortir 200 à 250 réchauds par jour, et les réchauds sont distribués gratuitement aux hommes. Jusqu'à ce jour, les matières premières, alcool et savon, ont été fournis par la générosité privée. Ceux qui voudraient aider à multiplier cet instrument d'un modeste bien-être pourraient adresser leur offrande à M. l'abbé Champly, supérieur des missionnaires diocésains, 19, rue Nitot.

J'espère que personne ne nous reprochera de traiter en première page d'un grand journal des questions trop humbles. Nous sommes bien d'accord, n'est-ce pas? tout ce qui concerne nos soldats est noble.

XVII

MAX BARTHOU

17 Décembre 1914.

J'avais vu le jeune Max Barthou le matin même où il venait de contracter son engagement pour la durée de la guerre, et je sais mieux que personne ce qu'il lui avait fallu de ténacité pour réaliser son vœu et se faire accepter malgré son jeune âge. J'admirais l'âme résolue de ce petit soldat. Charmante figure ferme, ton net, intelligence claire, né pour le commandement, un jeune Français pour qui la vie ne pouvait pas avoir d'obstacle. Son cœur généreux d'enfant et le noble désir d'ajouter ses forces aux services patriotiques de son père lui ont mis tout de suite la main aux armes. Il s'est engagé, il a marché, il a rencontré la gloire. Mon cher Barthou, quand vous donnez à la patrie votre fils unique, âgé de dix-huit ans, toute l'amitié de la France vous entoure, voudrait vous aider. Je prie Madame Barthou d'agréer l'hommage respectueux de notre admiration pour elle et pour l'enfant qu'elle regardait avec épouvante partir et à qui elle eut la vaillance de ne pas montrer une larme. C'est quelque chose d'inoubliable et qui nous assure la victoire, cette bonne volonté des familles françaises, cet effort du « pays des fils uniques », comme ils disent là-bas avec mépris. Vive la France ! Mon cher Barthou, je vous embrasse.

XVIII

NOS DEVOIRS ENVERS NOS SOLDATS

18 Décembre 1914.

Je viens de dépouiller fort avant dans la
nuit l'énorme dossier des lettres que m'a
valu mon premier article sur *les Invalides
de la Guerre*. Elles m'apportent l'inquiétude
et la gratitude des blessés, en même temps
qu'une bonne volonté prodigieuse du public.
Et me voilà confirmé dans ma résolution de
me donner à cette grande tâche d'affectueuse
reconnaissance.

Nous voulons assurer aux glorieuses victimes de la défense nationale l'exercice d'une
profession compatible avec les infirmités ou
les mutilations que la guerre leur a values.
C'est-à-dire que nous entendons créer, entre-
tenir, subventionner toutes œuvres d'appren-
tissage et de placement utiles aux mutilés,
aux estropiés, à tous ceux que la victoire va
laisser infirmes.

Il était important qu'on le sût, dès cette
heure, dans tous les milieux et surtout dans

les hôpitaux. « Ce matin, m'écrit un chirurgien, je disais votre projet dans une de mes salles d'hôpital à cinq ou six petits soldats estropiés. Ah! si vous aviez vu leur joie! »

Le public aussi a été content. Quel tressaillement admirable parcourt aujourd'hui la France, ou plutôt quelle raison épurée l'anime! Voici une sorte de confession que veut bien me faire une de mes lectrices et qui est d'une délicatesse si aiguë que j'en éprouve une impression douloureuse. C'est l'extrême exaltation du sacrifice. Mais lisez, c'est une belle chose :

Un jour, m'écrit une Lyonnaise (Lyon, la ville de France peut-être la plus mystique), un de ces jours derniers où les inquiétudes étaient lourdes à porter, je montais reprendre courage dans un sanctuaire très aimé de Notre-Dame... Une femme en noir montait près de moi, et comme, en ces jours d'épreuves, toutes les mères sont sœurs, je lui parlai des siens. Elle me conta tristement qu'elle était veuve et pauvre, et que la guerre lui avait pris ses deux fils, ses seuls soutiens, l'un amputé du bras droit et l'autre les poignets coupés. Elle venait de les voir et elle montait implorer la Mère des douleurs pour ses enfants et pour elle.

Profondément émue de cette douleur sans plaintes, je cherchais dans mon cœur ce qui pouvait la consoler. Voici ce que je trouvai, et je vous le livre, monsieur :

« Demandons à la Vierge Marie, lui dis-je, de susciter en France des jeunes filles si vaillantes, si dévouées, si fortes, qu'elles consentent généreusement et avec un

sentiment de fierté à épouser les pauvres infirmes ou
estropiés de la guerre et à être pour eux, non seulement un cœur, mais des membres qui les aident dans
leurs foyers, leurs travaux, leur laissant la faculté
d'aimer, d'estimer leur compagne et de la diriger... »

La pauvre femme me comprit et nous nous quittâmes
pour prier.

J'entretiens ma plus jeune fille de ces pensées ; et
ne croyez-vous pas, monsieur, que vous feriez vibrer
tous les cœurs des petites Françaises de vingt ans, si
vous leur demandiez de se préparer à cet acte de
dévouement qu'elles comprendront et voudront accomplir, j'en suis sûre, comme Colette Baudoche, à son
heure, sut accepter le sacrifice qu'elle devait à sa patrie
en restant pauvrement, mais fièrement, française de
cœur et de nom ? Il me semble aussi que cet appel
pénétrant dans les ambulances où souffrent nos soldats,
moralement parfois, quand ils se demandent avec
mélancolie ce qu'ils feront dans la vie, leur rendrait
courage et confiance.

Ils verraient un sourire d'espérance dans la pensée
que malgré les infirmités qui les défigurent ou les
privent de leurs membres, ils trouveront une compagne, un foyer où ils seront admis pour leur dévouement à la patrie, aimés, soutenus et aidés.

On s'incline devant de telles rêveries si
nobles que l'on songe au mot de l'*Imitation*,
que j'abîme peut-être, n'ayant pas le texte :
« Il faut devenir insensé devant le monde, si
vous voulez atteindre à la perfection ». Et,
d'un bout à l'autre de notre pays, chacun
pour nos soldats, pour nos blessés, produit
son meilleur effort, chacun a de l'âme. Il n'y

a plus d'âmes en friche. Voici un joli tableau qu'on m'envoie de l'hôpital temporaire n° 6, à Bordeaux. Il y a là un soldat amputé du bras droit, ne sachant ni lire ni écrire. L'infirmier de la salle, un instituteur des Pyrénées, engagé comme volontaire, a entrepris de l'instruire. Et maintenant, l'infirme lit couramment et écrit de la main gauche. Je souhaite que ce journal lui tombe sous les yeux et que le héros-écolier donne lecture de mes compliments à son maître.

Et nous, qu'allons-nous faire? Le plus grand nombre de mes correspondants m'écrivent pour me presser de solliciter une loterie. Croit-on que nous serons en peine pour la question d'argent? Non. Chacun fera tout pour les défenseurs de la France, mais il faut commencer par une pensée solide, il faut concevoir une œuvre féconde. Là, entre toutes choses, dans la vie, est la difficulté; il faut penser. Il faut que nous concevions notre affaire avec quelque puissance. C'est d'un devoir national que nous voulons nous charger. Pour le remplir avec toutes chances de succès, il est indispensable que des industriels et des hommes sérieux l'étudient sur toutes ses faces. C'est dans leurs conclusions que les initiatives locales trouveront des idées directrices.

On les attend, on me les demande. De plusieurs côtés, j'ai reçu des lettres dont voici le type qui m'arrivait hier de Rouen :

Je crois que, dans notre région, on pourrait grouper des bonnes volontés pour mener à bien votre louable initiative. Voulez-vous me donner les indications déjà recueillies par ceux qui ont étudié la question? Sitôt que je les aurai, je les communiquerai à plusieurs de mes collègues et amis de la société industrielle de Rouen, et j'ai la ferme conviction que nous arriverons à payer la dette de reconnaissance que tout Français valide a contractée envers ces pauvres mutilés.

Je répondrai à toutes les demandes; on peut m'écrire, ou bien, selon la nature du renseignement désiré, écrire à l'un de mes trois collaborateurs de Nancy : le docteur Gaston Michel, professeur agrégé à la Faculté de Médecine, chirurgien en chef de l'hôpital militaire n° 3; M. Jean Buffet, président de la Société nancéienne de Crédit industriel et de dépôts, et M⁰ Houot, notaire à Nancy.

Il est utile, dès maintenant, que nous soyons informés par les hôpitaux militaires et les diverses formations de la Croix-Rouge du nombre et du genre d'amputations opérées, de l'origine des mutilés, de leurs occupations et métiers avant la guerre, de leurs ressources et dans la mesure du possible de leurs intentions. Il faut aussi que nous nous mettions

en rapport avec les chirurgiens et médecins
disposés à collaborer à une telle entreprise, et
puis avec les industriels et les chambres de
commerce. Enfin, la grande question, qui
n'est pas encore tranchée dans mon esprit,
c'est de savoir s'il convient d'instituer des
œuvres ou associations différentes, sans aucun
lien entre elles, dans les diverses parties de la
France.

Là-dessus, je voudrais causer avec le
sénateur Herriot et avec ses amis de Lyon.
Mes amis de Nancy et moi, nous croyons
qu'une association unique qui posséderait plusieurs établissements procédant du même
esprit, mais peut-être appliquant des méthodes
différentes, suivant les circonstances et les
besoins, répondrait mieux au but poursuivi.

En attendant que cette élaboration soit ter-
minée, que vont devenir les invalides dont nous
voulons tout de suite être les amis et les aides ?

M. Auguste Lefébure, le grand manufac-
turier de dentelles, au lendemain de mon
article, le 26 novembre, m'écrivait :

A cette tâche, qui n'est prêt à vous aider ? Entrons
tout de suite dans le domaine pratique et créons dans
tous les centres industriels ou agricoles et dans toutes
les villes les *bureaux de placement des invalides de la
guerre*. Ils seront chargés d'être les intermédiaires
indispensables entre la bonne volonté des patrons et

les mutilés. Les patrons seront fiers, chaque fois que cela sera possible, de donner place chez eux aux invalides de la guerre. Qu'on s'empresse de mettre les uns et les autres en bons rapports...

Le Matin nous a devancés. Il a ouvert un bureau de placement pour invalides de guerre. C'est parfait. Nous nous réjouissons d'une émulation qui profite à ceux que tous nous voulons aider. Mais les affaires sont bien stagnantes, les places dans le commerce momentanément peu nombreuses. Au fond des ambulances les amputés sont inquiets. Écoutez cette lettre que m'écrit le sergent Henri M... :

Je lisais dans l'*Écho de Paris* votre article : « Sauvons les invalides de la guerre ». Cela m'a beaucoup intéressé, car je suis mutilé du bras gauche, tout à fait à la cime, où il n'y aura même pas lieu de mettre un bras articulé, victime du 19 octobre 1914, à côté de Soissons. Vous dites : « Ils auront bien une pension, mais elle ne sera pas suffisante pour leur permettre de vivre. Les laissera-t-on tomber dans la mendicité ? »

Eh bien ! oui. Lorsque nous serons libérés de l'hôpital où l'on nous soigne et que nous rejoindrons notre foyer, que ferons-nous, que fera celui qui n'a rien et qui trouvera une femme et plusieurs enfants ?

Dans les pays industriels où les usines sont fermées, comme la mienne, il sera impossible de gagner le moindre sou. Il me semble que le Gouvernement devrait se préoccuper de cela. En libérant ses invalides, il devrait leur attribuer un salaire journalier jusqu'à la fin de la guerre, pour se subvenir en attendant cette modeste pension.

Nous resterons à la caserne ; alors il faudra un domestique pour habiller, laver les effets, couper la viande de l'infirme. Donc, on sera obligé de nous envoyer dans nos foyers, et de nous libérer sans argent, c'est la misère. Et encore tous ces braves qui se sont conduits en héros, mais que l'on n'a pas vus, seront privés d'un encouragement ou d'une médaille militaire.

Je vous prie d'agréer, monsieur, mes sincères remerciements d'avoir déjà songé à nous procurer du travail.

Je transmets au Gouvernement cette émouvante plainte. Et je me hâte de répondre à mon correspondant en lui donnant communication de cette lettre que m'adresse mon compatriote lorrain Georges Lagrésille :

Paris, 25 Novembre 1914.

Cher monsieur, je viens de lire votre émouvant article de ce matin, en faveur des « invalides de la guerre »... Dès maintenant, ces invalides ont besoin qu'on les secoure, et, s'ils ne peuvent rentrer dans leurs foyers, qu'on les hospitalise.

Permettez-moi donc de vous signaler que notre œuvre de l'*Assistance aux convalescents militaires* se charge de ce soin. Envoyez-nous, à nos bureaux, 10, rue Auber, ces mutilés, ces réformés, ces futurs retraités auxquels vous vous intéressez, et nous leur délivrerons, après vérification de leur situation militaire, un billet de logement pour une de nos maisons de convalescence, où ils seront logés, nourris et soignés gratuitement.

Voilà qui est clair, n'est-ce pas ? Dès aujour-

16.

d'hui, les invalides qui veulent être immédiatement hospitalisés doivent s'adresser au 10 de la rue Auber ; ceux qui veulent des places, au *Matin* ou, pour la région de l'Est, à mes amis de Nancy : et nous nous occupons de leur préparer des ateliers où ils apprendront des métiers.

J'aurais encore bien des réflexions à communiquer à mes lecteurs, ils s'en doutent ; j'y reviendrai et je leur dirai où en sont nos préparations.

A mon avis, les principales dettes que la reconnaissance nous impose sont envers les morts, envers les invalides, envers les orphelins, envers les veuves, envers les combattants, envers les habitants éprouvés des régions envahies. Je ne suis pas très sûr de l'ordre dans lequel je dresse cette énumération. Mais que leur importe à ces Français malheureux ; ils s'entre-regardent avec affection et chacun d'eux, songeant à son voisin, dit avec le poète :

D'autres ont plus souffert qui valaient mieux que moi.

Un fait les égalise devant nous, c'est qu'envers eux tous nous avons une dette. Il faut la payer à ces nobles survivants qui nous dépassent et qui sont eux-mêmes dominés,

comme la montagne, par la haute cime nei-
geuse, par les morts. Pour ma part, en même
temps que je m'occupe des *Invalides de la
guerre*, j'ai bien grande hâte de voir quelque
chose de clair que nous puissions établir pour
les orphelins de la guerre et pour les veuves,
car c'est à eux et à elles que je voudrais attribuer la seconde part de mon indemnité parlementaire du premier au dernier coup de
canon.

XIX

JEANNE D'ARC

18 Décembre 1914.

Je déposerai mardi sur le bureau de la
Chambre une proposition de loi ayant pour
objet l'institution d'une fête nationale de
Jeanne d'Arc. Ce projet d'hommage, dont
l'initiative remonte à un sénateur radical,
M. Joseph Fabre, a depuis des années rencontré l'accueil le plus favorable en dehors et
au-dessus de tous les partis politiques. Et
pourtant on ajournait de l'adopter décidé-
ment. Il faut nous féliciter aujourd'hui de
ces retards que l'on comprenait mal. Hier,
cette idée n'aurait pas eu la haute et pleine

signification que notre piété patriotique lui donne dans ces jours d'union sacrée, en face de l'envahisseur.

Quand l'Allemagne glorifie et justifie, pour mieux les déchaîner, tous les instincts brutaux, groupons-nous autour de cette incomparable image de la force jointe à la plus rayonnante loyauté.

Mardi, dans une séance où seuls, à mon avis, doivent parler le président de la Chambre et le Gouvernement, je me bornerai à déposer cette proposition et à faire ce geste national. Il convient d'élever, à l'arrière de la bataille, en face de leur temple de la Walhalla où trône le roi des Vandales, cette figure de la Victoire, cette sainte de la patrie, l'un des êtres les plus purs qui aient honoré l'humanité. Qu'elle dise à l'univers : Voyez quel est l'idéal des Français.

XX

KAMERAD!

19 Décembre 1914.

Les chefs de l'Allemagne sentent que la victoire leur échappe. Ils ne croient peut-être pas à leur défaite complète (qui, moyen-

nant une prolongation de nos efforts et de
nos sacrifices, est certaine), mais ils recon-
naissent que leur coup est manqué. Ni Paris,
ni Varsovie. L'effroyable supériorité que leur
assurait leur magnifique préparation guerrière a, par miracle, échoué. Nous avons été
servis par un état-major et des soldats que la
France n'aura jamais assez de voix pour
bénir. Honneur au Généralissime, honneur à ses
généraux, à Castelnau et à Sarrail, à Pau,
Dubail, Foch, Maud'huy, à tous ceux dont
j'ignore le nom, quelles qu'aient été leurs
opinions, leurs amitiés, leurs légendes vraies
ou fausses ! La patrie les remercie, eux et leurs
officiers et les plus modestes soldats couverts
de la boue des tranchées. Ce sont des hommes-
miracles. Abrités tant bien que mal derrière
le 75, ils ont supporté la supériorité première
des mitrailleuses et de l'artillerie lourde allemande, et, grâce à l'ingéniosité de l'esprit
français, grâce à la fermeté de l'âme française,
tout étant réparé, voici la civilisation sauvée.

C'est bien ! disent les Austro-Allemands
dans leurs sinistres conciliabules ; c'est un
coup à recommencer !

Ils voudraient annuler la partie. Kamerads !
Et les voilà qui esquissent le geste de mettre
les deux mains en l'air... C'est un guet-apens ;

il le faut dénoncer. Il faut que l'on distingue l'arrière-pensée de l'Allemagne. L'Allemagne veut faire circuler à travers les pays alliés une vague idée que la guerre pourrait cesser, idée amollissante et propre à jeter des inquiétudes entre l'Angleterre, la Russie et la France. Et, cette paix, cet armistice qu'elle laisse entrevoir comme une déclaration de maldonne, comme un retour à l'état antérieur, elle l'emploierait à rompre nos amitiés et à reconstituer ses forces matérielles.

Nous ne serons pas dupes de cette grossière manœuvre. Assez de fois nos soldats sont tombés dans les pièges allemands. Quand je suis allé en Lorraine, on m'a raconté qu'au col de la Chipotte ils s'avançaient les bras en l'air et criant! « Kamerads! » Et puis, soudain, se jetant de côté, démasquaient des mitrailleuses qui massacraient nos frères trop confiants; on m'a dit encore, et Pouvourville en a fait un récit inoubliable, qu'ils ont bombardé une nuit Nancy, parce qu'on leur avait généreusement permis de ramasser leurs morts, et que leurs prétendues civières et fourgons funèbres contenaient des pièces d'artillerie. Écartons les pièges de ces fourbes.

Ces avances indirectes, cauteleuses, ces sapes de l'Allemagne font comprendre l'inconvénient qu'il y aurait aujourd'hui à ouvrir des discussions parlementaires. Il pourrait se trouver des individus pour avoir une opinion à la tribune sur ce qui ne peut être traité en public que par le Gouvernement. C'est déjà bien assez dangereux qu'il y ait des couloirs où fermentent des centaines de forces inoccupées.

Les meilleures activités, quand elles n'ont pas de direction, d'issue, et qu'elles tournent sur elles-mêmes, gênent, troublent, encombrent et même peuvent nuire. On ne sait que faire des deux personnels parlementaires ; ils se sont très bien conduits au 4 août ; on compte sur leur excellente tenue pour mardi ; quant à janvier, c'est l'inconnu. Les meilleurs disent qu'en janvier il faudra qu'ils parlent, qu'ils se sont sacrifiés assez longtemps, que c'est de leur dignité de rouvrir la tribune et, pis encore, que c'est constitutionnel.

La tribune ! le problème serait d'y trouver un sujet de conversation. Si les hommes distingués qui composent la représentation nationale pouvaient laisser en dehors de leurs développements, et, en quelque sorte, en dehors du jeu, l'armée et la diplomatie, la défense nationale serait déjà un peu mise à l'abri. Mais il y a les ambitions ministérielles ! C'est terrible où elles peuvent mener ceux qu'elles tenaillent! Ouvrons l'œil, citoyens, et que personne ne vienne dans les couloirs nous apporter ses idées sur une meilleure conduite de la guerre ou sur un plus prompt règlement de la paix, que personne ne nous apporte un écho pacifiste des menteuses avances de l'Allemagne !

Silence aux intérêts individuels et de parti! Continuons d'être nationaux, sans plus.

Il n'est plus permis qu'il y ait des « pacifistes ». L'abbé Wetterlé, qui a assisté aux congrès de la paix et à leurs réunions préparatoires, en qualité de membre du Reichstag, nous a dit cent fois que « les pacifistes ne furent jamais, si on excepte quelques naïfs égarés au milieu de criminels conscients (ce sont ses propres expressions), que les pionniers du germanisme. Les congrès (de Berne et de Bâle), pour les Allemands, n'avaient pas mission de prévenir la guerre, mais d'en régler les conditions de manière que son issue fût plus favorable à l'Allemagne... Ce sont les mêmes criminels, dit-il encore, qui maintenant tentent le sauvetage de l'Allemagne. Si les troupes de Guillaume étaient entrées triomphalement à Paris, les pacifistes n'auraient pas plus bougé qu'ils ne le firent!

au mois d'août quand la neutralité belge fut honteusement violée. Mais voilà le Rhin menacé... »

Espérons que nous ne verrons réapparaître chez aucun Français le bout de l'oreille de l'âne pacifiste. Les sacrifices consentis par la nation veulent pour récompense une paix de cent ans, Nous poursuivons le brisement de l'Empire qui a déclaré la guerre à tout ce qui n'est pas germanisme. Ils sont venus chez nous pour rompre les os de notre nation. Allez voir ce qu'ils ont fait des pays où leur flot a passé ! J'ai vu Senlis, aperçu Reims, visité un coin de la Somme, les Vosges, la Lorraine. Les vaillants Belges pleurent au milieu de nous la Belgique qu'ils reconstruiront, et nos réfugiés français nous nomment des centaines de villages et de petites villes qu'il sera difficile de remettre debout et de ranimer. Nous savons que les Prussiens voulaient jeter à terre nos hommes-drapeaux, comme ils font de nos monuments nationaux, comme ils auraient fait, quartier par quartier, c'est ma conviction, de Paris. Et quand nous les tenons, quand, poitrine contre poitrine, nous les sentons haleter, nous irions desserrer l'étreinte !

Ne tentez pas le destin. Des miracles comme celui de 1914, il y en a plusieurs dans l'histoire de France. C'est même par là que nous sommes une nation tout à fait exceptionnelle, un peuple à rebondissement. Et pour ma part j'ai toujours compté sur ces fièvres sublimes, à la française, qui nous rendent la santé. Mais profitons-en. « Peuple merveilleusement élastique, disait de nous le prince de Bülow.., Ses succès et ses revers ont toujours rempli l'Europe de nouveaux étonnements. » Jeanne d'Arc est toujours agissante, et, fleur de notre sang, Phénix de la patrie, elle renaît éternellement de ses cendres. Mais cette opinion que je reproduis de l'ancien chancelier de l'Empire, dans son livre, *La politique allemande sous Guillaume II*, prouve qu'on nous connaît outre-Rhin. On y est capable de comprendre qu'il faut céder à la France quand elle a pris son élan et déployé ses ailes, quitte à la saisir quand elle retourne à son terre-à-terre, à ses vaines disputes. Cette tactique ne serait pas si malhabile. C'est même contre nous la plus redoutable. Nul Français ne s'y prêtera. Nous poursuivrons la lutte jusqu'au brisement de l'Empire allemand. Nul ne répondra : « Camarade ! »

P.-S. — J'ai reçu la visite de MM. Henri Leclezio et Edgard de Rochecouste qui m'ont

fait l'honneur de me remettre, de la part du
Comité de secours Mauricien de Paris, deux
mille cinq cents francs « pour les soldats
français ». L'*Écho de Paris* sera très heureux
de disposer de cette généreuse offrande selon
les désirs que voudront bien lui exprimer les
chefs qui s'adressent à nous pour nous signaler les besoins de leurs braves soldats. On
sera très touché en France de cette pensée affectueuse qui nous vient de l'île Maurice, du
pays enchanteur de *Paul et Virginie* et d'une
petite nation dont le roi George disait, il y a
peu, qu' « elle a conservé tout le charme de
la race française ». Nous prions MM. de Rochecouste et Leclezio de recevoir nos plus
cordiaux remerciements.

XXI

" LE VRAI NOEL POUR L'ARMÉE "

21 Décembre 1914.

« Poursuivez votre campagne ! » C'est le
mot d'ordre que je reçois de tous les côtés. Il
est en toutes lettres dans la belle page que
voici, et qu'un grand chef me fait l'honneur

de m'écrire du front. Il y parle, comme on verra, d'accord avec ses officiers d'état-major et ses soldats :

... Pas plus tard qu'hier tout le bien fondé de votre article sur la médaille « *Valeur et courage militaires* » éclatait d'évidence et était l'objet de nos conversations.

Sur la poitrine d'un feldwebel, tué devant nos tranchées, nous avons trouvé la médaille de la « *Croix de fer* » avec l'exergue 1813-1914. S'il ne faut pas imiter les Allemands dans toutes leurs œuvres, je suis convaincu, connaissant le soldat depuis près de quarante-cinq ans, qu'en la circonstance le Kaiser a raison. Il surexcite l'émulation et fait, en octroyant cette distinction, que celui qui la porte ne recule jamais.

Ce matin même, j'ai interrogé les cavaliers du ... Parmi eux beaucoup avaient pris part à de sanglantes batailles comme à des combats singuliers avec les uhlans et autres cavaliers ennemis, beaucoup revenaient sur le front pour la deuxième et même la troisième fois. Sans prétendre faire un plébiscite, je leur ai demandé : « Seriez-vous heureux, si on vous donnait une médaille de bronze portant ces mots : *Valeur et courage militaires*? Vous savez bien que je ne peux pas vous donner, à tous, la médaille militaire. » Et tous de me répondre avec leur accent de terroir : « Mais oui, mon général ! Si on est tué, si on ne revient pas, ça fera plaisir aux vieux. Si on revient, ça fera un souvenir glorieux. »

Poursuivez donc votre campagne. Déjà de nombreux blessés m'écrivent pour me demander de les citer à l'ordre ; ce n'est pas possible. Au contraire, cette médaille donnée aux vrais combattants, serait la consécration de leur énergie, de leur dévouement à la Patrie, de leur fidélité au drapeau.

La médaille commémorative, qui sera créée tôt ou
tard, n'aura jamais la valeur de cette médaille, signe
du courage et de la valeur. Elle sera distribuée aux
mobilisés, à quantité de gens qui n'auront jamais
entendu siffler une balle, ni éclater une « marmite ».

Puissent ces arguments, qui sont d'ailleurs implici-
tement contenus dans vos articles, décider le Parlement ! Beaucoup de parlementaires ont vu le feu, y ont
été blessés ; ils vont rentrer à Paris. Je suis convaincu
qu'ils partagent mon opinion, qui est celle d'un chef
qui vit très près de ses soldats, parce qu'il les aime,
parce qu'il a été soldat de deuxième classe comme eux,
il y a quarante-quatre ans, parce qu'il connaît leur
cœur dont il sent les battements.

Voilà une belle lettre, n'est-ce pas, et d'un
homme de qui le lecteur, immédiatement, se
dit : « Je serais fier d'être son ami ou son
subordonné, enfin, de quelque manière, son
collaborateur. »

Pour varier le ton, lisez donc cette extraordinaire épitre que je reçois d'un de mes
collègues ! C'est un député de qui je ne veux
pas donner le nom, tant je désapprouve sa
manière de voir et tant j'espère qu'il voudra
bien la modifier, s'il me fait l'honneur de
causer avec moi mardi. Je publie sa lettre,
puisqu'il veut que nous ayons cette petite discussion au pied de la tribune muette, mais
vraiment je la publie comme un modèle de
ce qu'il ne faut pas penser. Ecoutez :

Ainsi, mon cher collègue, m'écrit l'honorable représentant du peuple, vous croyez opportune, nécessaire même, la création d'une nouvelle décoration destinée à récompenser le mérite militaire !

Vous savez cependant qu'il existe chez nous cinquante décorations, tant métropolitaines que coloniales ! Allons-nous braver une fois de plus ce ridicule et justifier les plaisanteries d'usage en pareille matière ? Véritablement, avec les médailles et insignes portés sous le gilet de flanelle et l'étalage extérieur des décorations et rubans en tous genres, nous versons peu à peu dans le fétichisme, ou tout au moins nous en offrons l'apparence.

Et puis on finira par croire que le Français n'est capable d'aucun héroïsme, d'aucun dévouement, sans l'appât d'une récompense...

Voilà ! J'ai lu et relu. Je ne sais pas si vous êtes de mon avis, moi, je trouve ça phénoménal. Je suis même curieux de causer avec l'auteur et d'entrevoir de quel ensemble d'idées il dispose et comment il les associe. Réfléchissez un peu, mon collègue. Il y a quelque chose que les soldats français ne nous diront jamais, mais que, vous et moi, nous devons nous dire de ces braves : « Leur sou est une toute petite chose. » Ils ne réclament rien ; ils y ont du mérite, quand, à la relève des tranchées, ils veulent s'offrir un léger supplément et que leur poche est vide. D'autant qu'ils ont rencontré les Anglais merveilleusement nourris et ravitaillés à la solde de

2 fr. 25 c. par jour et par homme. Le manque de bien-être, nos défenseurs acceptent de le compenser avec de la gloire. Ils ne peuvent pas se payer du bien-être avec de l'argent, ils se payeront de la gloire avec leur sang. Chapeau bas ! collègue.

Croyez-vous donc qu'une décoration donnée sur le champ de bataille pour *valeur et courage militaires*, ressemble à ces divers rubans dont on a follement abusé et dont vous me semblez désabusé ? Dans mon premier article sur la question, j'ai raconté une scène de décoration après la bataille qui m'avait frappé, bien qu'elle fût prise dans la moyenne. Toujours mal à l'aise avec la Censure, dont j'ignore ce qu'elle défend exactement, ou permet, mais qui, au bout du compte, empêche plus de gaffes qu'elle n'en fait, j'avais tu les noms. *Le Petit Courrier* d'Angers les a publiés et a raconté tout au long ce bel épisode. Je reprends donc mon récit, pour avoir l'occasion d'ouvrir les yeux de mon collègue et pour donner toute satisfaction au héros.

Ce héros s'appelle Henri Gallard, il est de son métier facteur des Postes à Angers, et, pour la guerre, il est sergent réserviste au 117ᵉ de ligne.

Le 11 octobre, il était désigné, sur sa

demande, comme sergent éclaireur. Assisté
de trois hommes, il devait se rapprocher des
lignes ennemies et en repérer les positions.
Du 11 au 15, il signala à son corps plusieurs
tranchées ennemies, ainsi qu'un convoi de
ravitaillement qui, sur ses indications, fut
bombardé. Le 16, vers quatre heures et demie,
il s'avance, avec deux de ses hommes, jusqu'à
1.200 mètres en avant des lignes françaises.
A l'abri derrière une charrue, il est gêné dans
ses observations par un brouillard intense. Il
tente de s'approcher davantage, mais essuie
plusieurs coups de fusil ; une balle l'atteint
à la cuisse droite. Il continue cependant à
marcher. A travers le brouillard, il aperçoit
alors, à 100 ou 150 mètres devant lui, trois
formes imprécises qu'il prend tout d'abord
pour des meules de foin ! C'étaient les Allemands. Ils ouvrent une très vive fusillade.
Une balle atteint Gallard ; il tombe, puis, se
relevant, il se replie au pas gymnastique pendant 400 mètres et, finalement, s'abat épuisé
dans un champ de betteraves. Un de ses compagnons avertit alors les soldats du 130ᵉ de
ligne, à l'affût dans les tranchées en avant
d'E... Il est aussitôt relevé et transporté en
arrière de la ligne de feu.

On le mène à la gare de Montdidier, on le

place dans un fourgon sanitaire. Mais soudain deux brancardiers viennent le reprendre et se mettent en devoir de le redescendre sur le quai.

— Qu'est-ce qu'il y a? Qui me demande?

Voilà qu'il aperçoit sur le quai deux généraux, des soldats en armes et le personnel de la gare nu-tête.

Le général Boëlle, commandant du 4ᵉ corps d'armée, s'approche :

— Sergent Gallard, dit-il, vous n'avez pas craint, au péril de votre vie, d'aller vers les lignes ennemies chercher les renseignements précieux pour l'armée. Sur la demande de votre commandant de compagnie, de votre colonel, de votre général de brigade et au nom de M. le Président de la République française, je vous décore de la médaille militaire.

Il lui donne l'accolade et il ajoute :

— Comme vos blessures, m'a dit le major, n'ont aucune gravité, j'espère vous revoir d'ici peu, et je vous réserve, pour votre retour, une place de sous-lieutenant !

Quelques instants après, le train sanitaire quittait Montdidier.

Eh bien ! mon cher collègue, les généraux sont obligés de laisser sans récompense beaucoup d'actes pareils, parce qu'ils ne disposent pas d'un nombre suffisant de médailles militaires. Maintenant, relisez votre lettre, ou plutôt, non, déchirons-la, et joignez-vous à moi pour déterminer un courant.

...Voici encore une lettre qui nous y invite; vous pouvez la lire par-dessus mon épaule et regarder la signature. Elle est du général des Garets, dont je puis donner le nom sans inconvénient, puisqu'il n'est plus en activité :

Votre idée pour la médaille du mérite militaire est magnifique, et sa réalisation est une chose urgente. Nos braves troupiers, qui, pour un sou par jour, subissent les terribles épreuves que l'on sait, et sont appelés à en affronter tant et tant jusqu'à la mort, ont besoin de ce stimulant, qui les fera rivaliser entre eux à qui la médaille.

Cette médaille, à défaut de plus haute récompense, restera dans leur vie le jeton de présence qui fera dire à leurs concitoyens, en voyant passer un des héros de 1914-1915 : Celui-là est un de ceux qui ont sauvé la France !

Eh bien ! la France ne doit pas attendre pour donner à ces enfants qui la sauvent, son merci, sa récompense, son encouragement. Elle ne doit pas attendre que soldats ou chefs demandent qu'on pense à eux. La Chambre trouverait une magnifique occasion de se signaler à l'armée, en lui apportant, le 22 décembre, une acclamation bien méritée, et en y joignant une motion pour la création de l'insigne que vous demandez. Voilà le vrai Noël pour l'armée ! Une expression de reconnaissance et un réconfort pour les nouveaux élans qu'elle va donner !...

Je remercie le général des Garets et tous
ceux des chefs qui veulent bien m'approuver.
Je ne mentionne pas l'opinion des soldats, à qui
cette décoration est destinée. Elle va de soi.
Un maréchal des logis d'artillerie m'écrit :
« Mes camarades et moi ont fort apprécié
votre proposition d'une médaille de bronze »,
et spirituellement il ajoute : « C'est sans doute
que nous pensons tous l'avoir un peu
méritée ». Eh ! oui, « les camarades » l'ont
tous un peu méritée !

Est-ce à dire que demain je déposerai une
proposition ? Je ne le crois pas. C'est au Gouvernement ou bien au Parlement tout entier de prendre cette initiative. Je ne veux
pas me donner un rôle qui dépasse ma taille
alors que nous avons des collègues qui sont
à la bataille et à qui je me dois de céder le
pas par respect pour l'armée. Mon rôle
modeste où je suis amené par l'ardent souci
de faire plaisir et honneur à nos admirables
soldats, c'est de dire ce que nous autres, les
non-combattants, nous voudrions qu'on fît
pour les combattants, et je suis sûr de le dire
d'accord avec des grands chefs. Ceci fait,
l'opinion publique prévenue, nous attendons avec confiance un acte du Gouvernement, toujours vigilant s'il s'agit de donner

aux soldats la consécration de leur gloire et aux chefs un nouvel instrument moral de victoire.

XXII

LA FÊTE NATIONALE DE JEANNE D'ARC

22 Décembre 1914.

Je déposerai aujourd'hui sur le bureau de la Chambre une proposition de loi dont voici l'exposé des motifs :

Il y a longtemps que nous aurions dû nous parer, davantage, de Jeanne d'Arc, la mettre au-dessus de nos partis et la glorifier, chaque année, dans une journée nationale, comme la sainte de la patrie et la fleur de notre sang.

Nous le désirions tous. On sait de quel culte la pensée française, la plus populaire et la plus savante, entoure la Jeune Fille de Domrémy. Dès 1884, deux cent cinquante députés de tous les bords, sur l'initiative d'un radical, M. Joseph Fabre, proposaient à la Chambre que « la République française célébrât annuellement la fête de Jeanne d'Arc, fête du patriotisme. » En 1894, la proposition revenait, et appuyée par le Gouvernement, fut votée par le Sénat. En 1912, M. Poincaré, président du Conseil, déclara que le Gouvernement était favorable, et la Chambre, ayant nommé une Commission, la quasi-unanimité, soit dix membres sur onze, conclut à l'institution de cette fête nationale.

Alors, pourquoi ces lenteurs, et comment depuis trente années l'opinion publique n'obtient-elle pas cet acte de foi et d'amour qu'elle nous réclame, cette union solennelle autour de la plus pure des gloires?

J'écarte les petites explications tirées de l'esprit ombrageux des partis, et, allant droit au centre de nos difficultés, je crois pouvoir dire que par une sorte d'instinct nous attendions, tous, une occasion parfaite. Ce n'était pas ingratitude, ni indifférence, mais scrupule de respect. Nous attendions d'être plus sûrs de notre accord profond les uns avec les autres, et de notre accord avec cette haute figure. Quelque chose nous avertissait de ne pas nous presser et qu'une heure élue sonnerait, une de ces heures magnanimes qui portent en elles la vertu de hausser tous les esprits et de réconcilier les cœurs.

Elle est venue, cette heure victorieuse.

Soudain nous avons eu la séance parlementaire du 4 août, le pacte de l'union sacrée, la
mobilisation, ardente et bien ordonnée, comme
le *Chant du Départ,* et puis par milliers ont
éclaté sur tous nos champs de bataille ces
actes d'héroïsme et de sacrifice dont les
mises à l'ordre du jour de l'armée ne nous
peuvent garder qu'une faible partie. L'envahisseur qui déjà croyait se saisir de la France
est arrêté, repoussé par la victoire de la
Marne, pareille et supérieure à ces trois journées de Bouvines, de la délivrance d'Orléans
et de Denain, qui par trois fois, jadis, nous
sauvèrent, et demain la nation achèvera de
bouter dehors l'étranger.

C'est l'éternel miracle français, le miracle
de Jeanne d'Arc. Hier, nous semblions capables de le commenter et de l'admirer, mais
non de le renouveler. Aujourd'hui, les trésors
de la race apparaissent, les sources souter-
raines se sont mises à jaillir, les plus belles
vertus refleurissent et toutes les ailes se
déploient. Jeanne d'Arc est éternelle. La
vierge d'Orléans, le Phénix des Gaules, renaît
de ses cendres. Saisissons cette minute
sacrée.

Toutes les conjonctures et nos alliances
même sont propices. Hier, le poète national

anglais Rudyard Kipling, dans son magnifique
poème à la gloire de la France, chantait : « Nous
nous pardonnons nos torts réciproques et le
vieux crime impardonnable, le péché dont
chacun de nous eut sa part, sur la place du
Marché, de Rouen. » Mais il y a plus : Jeanne
d'Arc voulait que nous pussions collaborer.
Il faut rappeler aujourd'hui que le rêve de la
généreuse fille était, une fois la France déli-
vrée et la paix faite, de chevaucher avec les
Anglais eux-mêmes pour la défense de la
chrétienté. Elle le leur écrivait. Sa mission
complète, c'était de défendre avec les Anglais
la civilisation. Et quand il semble que nous
soyons en train, Anglais et Français étroitement unis par les liens d'une impérissable
amitié, d'accomplir la pensée totale de Jeanne
d'Arc, n'est-ce pas l'instant de glorifier en Elle
le courage de nos soldats, de proclamer par
Elle notre puissance vivace de résurrection,
et de définir par Elle encore la magnanimité
de notre génie militaire ?

La vierge guerrière qui nous ouvre le
chemin par où chasser l'envahisseur, montre
en même temps à l'univers le visage héroïque
et bienveillant de la vaillance à la française.
C'est bon aux Allemands, s'ils veulent exalter
les vertus qui les ont faits grands et qui peu-

vent les faire plus grands, d'aller chercher
des modèles dans le fond des époques barbares. Ils ont installé l'effigie du roi des
Vandales sous leur temple du Walhalla, dédié
aux héros qu'ils jugeaient dignes de provoquer
leur enthousiasme et de former leurs âmes.
Leurs savants depuis un siècle recueillent toutes
les épaves des races païennes, tous les héros,
tous les dieux qui sont des conseillers de
massacre et de pillage, et s'efforcent pédan-
tesquement de les introduire au fond de la
conscience nationale de la Germanie. Et si
l'on veut comprendre ce que signifient ces
appels constants et monotones de Guillaume II
à son « vieux Dieu », il faut savoir que ce
« vieux Dieu », dont l'usage, nous dit-on
sans rire, est spécialement réservé à l'empereur, n'est rien moins que le dieu Odin, le
Père universel qui, dans le brouillard du
Nord, entouré des Vierges Sanglantes, préside
à des tueries indéfinies, mêlées d'affreuses
ivrogneries. Ah! la Belgique et nos provinces
envahies attestent à l'univers ce que sait faire
un peuple formé dans une admiration religieuse pour les plus effroyables scènes de
l'humanité primitive et qui fait d'une mytho-
logie féroce ses grands textes sacrés.

Mais les armées de la France vont à la

guerre, aujourd'hui comme toujours, avec les
sentiments d'héroïsme généreux qui animaient
la chevaleresque Jeanne d'Arc. Nous portons
en nous son exemple, et, fût-ce à notre insu,
les impulsions mêmes qui l'avaient mises en
mouvement. Quand les Allemands déifient
la déloyauté et la cruauté, et quand, justifiés par leur idéal, ils projettent d'écraser
les faibles et d'asservir le monde, groupons-
nous autour d'une vierge toute faite de vaillance, de bonté, de droiture et de sacrifice,
pour proclamer d'une voix unanime, Français de tous les partis, que le propre de la
puissance est de délivrer et de protéger.

Tel serait le sens d'une fête nationale de
Jeanne d'Arc. En conséquence, nous avons
l'honneur de reprendre, pour le soumettre à
la Chambre, le texte qui, dès le 8 juin 1894,
avait été adopté par le Sénat, et qui propose
que la République française célèbre chaque
année, **au deuxième dimanche de mai**, la fête
de Jeanne d'Arc, fête du patriotisme.

*En faveur de cette proposition, j'ai reçu,
dès la première heure, une chaleureuse approbation de M. Joseph Fabre, qui fut au Parlement, répétons-le, l'initiateur de l'idée; l'adhésion de mon ami Henri Galli, qui est un*

précurseur, puisque, en 1912 et en 1913, il a fait adopter, par le Conseil municipal de Paris, un vœu ayant le même objet, et encore l'adhésion de M. Camille Picard, « député de Domrémy et secrétaire, dans la dernière législature, de la Commission pour la fête nationale de Jeanne d'Arc ». Je remercie les uns et les autres de leur concours dans une cause qu'il appartient à chacun de nos collègues de faire triompher, chacun avec ses arguments. On sait assez qu'une Jeanne d'Arc n'appartient à aucun parti.

XXIII

JUSQU'AU BOUT

23 Décembre 1914.

C'est le mot de la journée. Il a été pris, repris sous plusieurs formes par Deschanel et par Viviani. Avec la plus grande force, ils ont dit et redit que la France voulait une paix pleinement victorieuse, qu'elle entendait souder pour jamais l'Alsace et la Lorraine à leur patrie française, et réparer dans l'Europe toutes les offenses au droit, et prendre des garanties pour la paix durable sur les ruines du militarisme prussien. A ces déclarations, la Chambre unanime s'est associée pleinement, longuement, avec enthousiasme et gravité.

La journée a été bonne, de la première à la dernière minute, et non seulement en séance publique, mais dans l'accord où, d'homme à homme, nous nous sommes tous vus au cours de conversations familières où chacun répétait : «On tiendra jusqu'au bout».

Nulle nuance de parti ne pouvait exister entre nous s'il s'agissait d'exprimer notre sympathie à ceux de nos collègues qui ont l'honneur de souffrir dans leurs familles pour la patrie, ou bien s'il s'agissait de féliciter ceux qui ont été distingués au feu, ou encore de serrer la main aux braves qui se battent. Les députés-soldats ont été justement les héros de la réunion. A défaut d'uniforme, leurs visages guerriers les désignaient assez, et puis nous les connaissons, car depuis que nous ne les voyons plus nous pensons davantage à eux et, ma foi, plus cordialement.

Deschanel exprimait tout haut avec magnificence nos sentiments quand il prononçait l'éloge des morts devant l'ennemi, Pierre Goujon, Paul Proust, Édouard Nortier, et qu'il joignait à cette liste glorieuse le nom d'Albert de Mun, mort en assistant de tout son cœur l'armée.

C'est une belle idée qu'a eue le président de
la Chambre de décider que les noms des re-
présentants du peuple tués au champ d'honneur seraient inscrits sur une plaque de mar-
bre. Puissent-ils nous conseiller à jamais de
mettre au-dessus de tout le souci de la défense
nationale, le respect des justes intérêts moraux
et matériels de l'armée !

La séance fut courte. Nous l'avons longuement prolongée dans les salons de la Chambre, où j'écris ces lignes. Évidemment, ça
n'est plus la même qualité de vibration qu'au
4 août. Mais les âmes, plus apaisées parce
qu'elles connaissent les difficultés, et que les
ayant mesurées elles sont certaines de les sur-
monter, m'ont paru encore plus solides.

Je prie que l'on m'excuse si mon article
dans son détail peut se ressentir des distrac-
tions que me donne trop naturellement le souci
d'écouter ceux de mes collègues mobilisés qui
passent près de la table où je travaille. Qu'il
est intéressant de les entendre ! Comme ils parlent modestement d'eux-mêmes et noblement,
avec une admiration joyeuse, de leurs camarades de tranchées. Ah ! la vie à l'armée et le
souci de la patrie en péril ennoblissent chacun.

Mais ils vont nous quitter, ces députés-
soldats. Saurons-nous rester dignes d'eux, je

veux dire : saurons-nous rester leurs collaborateurs utiles?

Le Parlement, quelles que soient les bonnes
volontés individuelles qui le composent, est,
pour cette période, un instrument bien dangereux à manier. Les comparutions ou appa-
ritions des ministres dans les groupes n'ont
pas été excellentes. Il est fâcheux qu'un représentant de la défense nationale et de l'union
sacrée soit amené à recréer, avec plus d'autorité que jamais, les partis politiques, qu'il les
reconnaisse officiellement et surtout qu'il en
prenne l'esprit et le ton.

— Comment, me dira le ministre, j'en ai
pris l'esprit et le ton : Mais non pas, j'ai parlé
en homme de gouvernement.

— Eh ! monsieur le ministre, nécessairement vous vous êtes adapté à ceux qui vous
écoutaient, qui sont vos amis de la bataille
parlementaire et électorale ; vous leur avez dit
ce qui leur plaît le plus et qui vous plaît
aussi ; vous avez repris le point de vue particulier, l'esprit de cadre, quand il faudrait
briser les cadres.

Je n'insiste pas. Tout s'est bien passé. Ce
qu'il y a d'excellent et de patriotique dans
chacun des hommes qui composent le Parlement s'est témoigné sans alliage. Mais si les

inquiétudes que l'on pouvait avoir n'ont pas été justifiées par l'événement, elles subsistent pour l'avenir. La seconde journée va être également bonne, je crois. Mais en janvier?

Il n'est pas possible que les séances régulières de la Chambre et du Sénat reprennent. On ne pourrait pas les remplir éternellement de somptueuses draperies qui étouffent les querelles et les imprudences. Il ne faut pas que nous risquions les questions, interpellations, excitations qui seraient aussi détestables qu'inévitables dans la chaleur communicative des joutes oratoires.

Il y a là **un réel danger** qu'il appartient aux vrais politiques d'écarter, d'accord avec les patriotes. Nous **demandons** qu'on prenne des moyens constitutionnels de tenir la paix entre les Français, comme la guerre contre les Allemands, jusqu'au bout.

XXIV

LES FAMILLES DES SOLDATS

24 Décembre 1914.

Le Gouvernement, dans cette courte session, nous a dit qu'il créait une Commission pour réparer ce qui ne va pas dans la distribution des secours aux familles des soldats. Vous vous rappelez que nous en parlions, l'autre jour. J'ai reçu un tas de plaintes. Et j'ai déjà commencé à les étudier. Je crois que je suis à même de vous dire pourquoi cette affaire-là ne marche pas très bien.

Il y a des rancunes locales, et puis l'organisation fut hâtive (il le fallait bien), mal préparée, insuffisamment pensée.

Tout d'abord, je prie les intéressés de m'excuser si je ne réponds pas à chacun d'eux. J'aimerais le faire; ce serait plus aimable et plus poli, mais bien difficile. Ils me demandent, n'est-ce pas, d'obtenir un résultat. Pour y parvenir, je prépare un travail d'ensemble que je soumettrai au ministre et qui le mettra à même de faire réparer les injustices commises.

En somme, je procède dans cette question des secours aux familles des mobilisés comme dans la question des soins aux blessés. J'ai donné au ministre de la Guerre certains éléments utiles pour faire une enquête sur les défectuosités du service sanitaire. Eh bien! de même, je veux mettre à la disposition du ministre de l'Intérieur certains éléments pour enquêter dans chaque département sur le service des allocations.

On n'attend pas que je bataille ici sur des cas particuliers. Cela nous mènerait loin. Écoutez plutôt ce début d'une lettre intéressante que je reçois :

Monsieur, c'est moi qui ai contribué à faire suspendre *l'Homme Libre*. Le numéro qui a motivé cette suspension contenait deux articles que j'avais inspirés. Eh bien! je vous le dis, l'attribution des secours se fait honteusement, et se fera toujours ainsi avec la composition actuelle des Commissions...

Halte-là! mon cher correspondant. Je vous lis d'un œil curieux, mais précautionneux. Vous êtes une bombe, d'après vos antécédents, et j'ai peur de vous introduire plus avant dans les colonnes de ce journal. Les bombes, il faut les réserver pour le front allemand. D'ailleurs, à toutes les espèces que je citerais, on pourrait toujours m'opposer que je me suis laissé tromper. Mon affirmation ne peut pas suffire; il y faudrait joindre des preuves; elles ne peuvent résulter que d'enquêtes menées d'accord avec l'administration.

Ces enquêtes révéleront des scandales. Cela résulte de plaintes douloureuses et autorisées, dont je puis vous donner deux expressions qui ont de la force.

M. Victor Rochereau, député de la Vendée, écrit :

L'attribution des secours s'effectue de façon fort inégale. Telle région privilégiée reçoit plus que de raison ; dans telle autre, on distribue les indemnités d'une façon très parcimonieuse. Ici, abus des allocations journalières ; là, impitoyable refus. Parfois aussi, hélas ! d'autres considérations interviennent pour le rejet des demandes, et il m'est pénible de vous les faire entrevoir. Elles sont malheureusement faciles à deviner, et j'ai, pour ma part, l'impression très nette que certaines demandes ont été écartées en raison de l'obstination mise par leurs auteurs à demeurer fidèles aux idées que j'ai l'honneur de représenter.

Une lettre que M. de Gailhard-Bancel, député, m'écrit sur son pays d'Ardèche, fournit un son également triste :

Les Commissions cantonales, me dit-il, ont été composées de personnes à parti pris. Elles refusent les allocations aux femmes dont les maris affirmaient leurs idées catholiques, et souvent ne se gênent pas pour rudoyer ces malheureuses, qui, à bout de ressources, viennent insister pour obtenir l'allocation.

Je signale ces situations, qui seraient vraiment très vilaines et qu'il faudrait enquêter. C'est à quoi peuvent servir mes dossiers. Est-ce à dire que la vilenie politique, ou plutôt la vilenie partisane, s'étale d'un bout à l'autre du pays ? Oh ! non pas. C'est l'exception. Il me semble que l'incurie et la lenteur des administrateurs jouent un rôle plus néfaste que les rancunes électorales. Les négligences nuisent encore plus que les mauvaises volontés. Souvent, très souvent, les lettres des intéressés demeurent sans réponse. Cela est mauvais. Il appartient au ministre et aux préfets de stimuler le zèle épistolaire et la bonne grâce de qui de droit.

Mais voulez-vous que nous cherchions à dégager les causes, à établir schématiquement comment le mal est apparu quand on voulait faire pour le mieux? Remontons au début.

En général, dans les campagnes, le public a compris que toutes les familles des mobilisés avaient droit à l'allocation et personne n'a osé ou n'a pu les détromper. Alors il s'est produit une véritable avalanche de demandes. C'est par centaines, c'est par milliers qu'elles ont afflué dans les sous-préfectures. Pour examiner cet amas de dossiers, la commission manquait de renseignements nets, précis et déterminants. Les municipalités, comprenant ce qui allait arriver, ne fournissaient pas de renseignements, ou les donnaient trop vagues, trop uniformes pour qu'il fût possible de différencier les situations. D'ailleurs des élus peuvent difficilement remplir une mission de ce genre. Pourtant il fallait aller vite. La commission marcha un peu à l'aveugle. Elle commit des erreurs d'appréciation, elle accueillit, au bénéfice de la loi, des familles qui auraient pu se suffire par elles-mêmes. Il est inutile de chercher à ces erreurs des mobiles désobligeants. Mais le plus beau désordre commença.

Les comparaisons se firent : « Comment, un Tel touche ! Il a de quoi vivre, pourtant ; il est plus riche que moi. Pourquoi ne toucherais-je pas ? »

C'est humain, c'est français. On pourrait se passer d'un avantage, mais on veut profiter puisque d'autres profitent. « Je veux toucher, au nom de l'égalité, dès l'instant qu'un autre qui est de même situation que moi, a touché ; et si l'on m'écarte, je me tournerai vers mes amis, je leur dénoncerai l'injustice. » Que vous disais-je ! Nous voilà en pleine anarchie !

Un ancien député, que je n'ai pas l'honneur de connaître, mais qui a l'esprit d'observation, M. Dumas, m'écrit une lettre que je voudrais citer en entier pour m'expliquer qu'il replie ses voiles et, devant la bourrasque, rentre au port :

Aujourd'hui, me dit-il, la situation est inextricable, et, quoi qu'on fasse, il restera des froissements tenaces. Effrayé par ces conséquences, ne voulant ni me prêter à des abus en accordant à tous, ni risquer en résistant de me montrer trop parcimonieux, je me suis retiré. Ma démission de la Commission d'un petit canton du Cher vient d'être acceptée. J'en adresse ici tous mes remerciements à M. le préfet. Je me sens déchargé d'une lourde tâche, trop lourde pour un habitant du pays, très allégée pour un fonctionnaire qui, demain, s'en ira ailleurs, en laissant derrière lui les animosités. Je ne me sens pas le courage d'imposer à mes vieux jours le poids de haines inévitables, quoique imméritées.

Il rentre sous sa tente, notre honorable collègue. C'est un sage. Mais une plus grande sagesse serait de tirer nos campagnes de cette situation.

Comment s'y prendre? Quelqu'un me dit : « Il faut donner à tous, indifféremment, riches ou pauvres, ce qu'ils demandent, étant spécifié qu'après la guerre, si le secours avait été indûment réclamé, la restitution serait du double, sur preuve établie. » Ah bien ! mon cher monsieur, vous nous proposez un joli lendemain de guerre !

Je crois que M. Malvy, en instituant une Commission de revision, crée un instrument qui peut servir à la paix publique. Seulement, il faut qu'avec un esprit de bonne foi on aide autour de soi, chacun dans son pays, ceux qui ont été lésés, qu'on les guide. C'est à quoi je me suis offert. Des gens moins occupés que moi et habitant, chacun, sa région, y conviendraient mieux. Je ferai le possible.

Mais d'abord, je crois rendre service aux intéressés en leur rappelant toutes les étapes de la procédure à suivre pour obtenir les allocations. Un grand nombre d'eux, je le vois par leurs lettres, semblent ignorer les portes successives auxquelles ils peuvent frapper.

Ils ont d'abord à adresser une demande au maire, qui doit saisir la Commission cantonale présidée par le juge de paix.

Si on rejette leur demande ou bien si on leur attribue une allocation insuffisante, qu'ils adressent une demande au sous-préfet. Celui-ci saisira la Commission du département, à la tête de laquelle siège le président du tribunal.

Enfin, s'ils continuent à se croire lésés, qu'ils adressent un recours au ministre de l'Intérieur, et celui-ci saisira la Commission de revision nouvellement constituée pour juger en dernier ressort.

Le ministre n'a pas encore fait connaître la composition de cette Commission, mais nul doute, je m'en fie à son équité naturelle. qu'il ne veuille la nuancer et y introduire des éléments propres à rassurer tous les intérêts et à représenter toutes les opinions.

Les esprits politiques, tous les bons Français, tous les hommes raisonnables, après avoir applaudi le « jusqu'au bout » qui a été dit et applaudi, d'une manière si ferme, dans la journée de mardi, sont d'accord pour comprendre que, pour tenir contre l'ennemi, il faut nous tenir entre nous. Il faut que nous donnions à nos soldats une parfaite tranquillité d'esprit sur le sort de leurs familles. Il ne faut pas s'enquérir de l'opinion des gens avant de les secourir puisqu'avant de les envoyer au feu on ne leur demande pas leurs idées.

P.-S. — Le président du Conseil m'a demandé d'ajourner la proposition que je voulais déposer pour l'institution d'une fête nationale de Jeanne d'Arc et du patriotisme. Le président du Conseil a-t-il tort, a-t-il raison ? C'est une question qu'on pourrait discuter. Et je crois qu'il a tort. Mais je ne veux pas discuter, à cette heure, avec celui qui a la charge de si grands intérêts, ni opposer mon opinion propre à l'opinion gouvernementale. Ce n'est vraiment pas le moment. Je me suis rendu immédiatement au désir formel de M. le Président du Conseil.

XXV

UN DINER CHEZ DÉROULÈDE

25 Décembre 1914.

Chaque année, à cette date, un journal qui
se respecte doit donner à ses lecteurs un
conte, quelque récit qui se déroule ou tout
au moins s'achève auprès d'un bon feu, à la
lumière brillante des bougies et non loin
d'un joyeux repas. C'est le conte de Noël,
une petite composition qui a ses règles, sa
forme déterminée par l'usage et qui doit être
plaisante, familière, doucement confortable,
en quelque sorte chauffée par la grosse bûche
de l'âtre, éclairée par les bougies de l'arbre,
et parfumée par les exhalaisons de l'oie qui
achève de rôtir.

Eh bien ! ce genre de récit, où excellaient
les Erckmann-Chatrian, les Coppée et les
Theuriet, quand j'aurais le talent de l'inventer, je n'aurais pas le cœur à l'écrire aujour-
d'hui. Foin des images ordinaires de nos
réveillons ! Il n'est place ce soir que pour les
pensées religieuses ou patriotiques, et je songe
à nos braves soldats qui, là-bas, dans les

tranchées, ouvrent les paquets que les femmes françaises leur ont envoyés ! A travers l'ombre qui les enveloppe, sous la pluie qui les fatigue, je distingue les figures de mes amis personnels et puis celles de tous mes camarades ligueurs. Et, par une pente d'émotions et d'idées, voici que ma pensée rejoint celui qui aimait tant, par avance, les soldats de la Revanche, qui les appelait et qui leur sonnait dans son beau clairon toutes les sonneries martiales de France, à se rompre le cœur. Je veux passer en esprit ma soirée avec Déroulède, tandis que s'achève l'année où nous l'avons perdu, où il a gagné la partie. Vous m'avez dit, mes chers lecteurs, que vous aviez pris du plaisir, mieux que cela, de la force morale à le suivre, l'autre jour, dans son suprême pèlerinage de Champigny, dont je vous faisais le récit. Voulez-vous aujourd'hui entrer dans sa maison, vous asseoir à son foyer, à sa table de famille? Voulez-vous passer la soirée de Noël avec un grand Français de France? Vous n'y verrez pas scintiller les bougies de l'arbre en feu, qui prédisent en plein hiver les fleurs que le printemps ramènera ; mais, tandis qu'on allume partout ce sapin légendaire, symbole d'espoir et de renouveau, pour émerveiller les petits réfugiés de la Belgique et de la France envahie, vous aimerez regarder et entendre le grand patriote mourant qui voyait, par delà sa mort, la résurrection de l'Alsace-Lorraine.

Il la voyait, et surtout il y travaillait à sa manière. Déroulède ne nous apportait pas de connaissances spéciales ; il ne nous proposait pas de doctrine. Il croyait à bon droit avoir fait l'essentiel quand il avait vivement et noblement remué les cœurs.

Que de fois ses amis politiques lui ont reproché de ne pas poursuivre une organisation ! Que de fois nous avons dit : « C'est très bien, mais qu'en restera-t-il? » Il en restait plus que notre sagesse un peu grise ne croyait. Les spectateurs de Déroulède, les manifestants qu'il avait enflammés dans ses cortèges de Champigny, de Buzenval, du 14 juillet aux statues de Strasbourg et de Jeanne-d'Arc gardaient de ces étranges journées, une fois leur fièvre tombée, un contentement d'eux-mêmes, un goût des émotions nobles, un désir de les retrouver, un don de propagande, oui, le don de la parole. Ils racontaient ce qu'ils avaient vu, ce qu'ils avaient fait, surtout ce qu'ils avaient senti. Tout cela se prolongeait, tournait au bien de l'Alsace-Lorraine, de l'idée de patrie.

Cette conception des fêtes, elle était si naturelle à Déroulède qu'à toute heure, en toute circonstance, il en inventait. Chez lui, aussi bien que dans la rue. Il en improvisait sans cesse de publiques et de privées. Et je pense à cette petite solennité que, déjà mourant, il organisa pour fêter les décorations de nos amis Pallez, Galli et Tharaud. Puissent ces souvenirs rejoindre là-bas, dans les tranchées du Nord, nos deux amis Tharaud, beaux artistes et bons ligueurs, qui se battent pour la France.

Le sculpteur Pallez venait d'être nommé officier de la Légion d'honneur, Henri Galli et Jérôme Tharaud chevaliers, et tous trois avaient choisi Déroulède pour parrain. Il décida de donner un dîner en leur honneur.

Quand ce fut le jour, il me fit porter un mot dans l'après-midi, pour me recommander de venir avec mes insignes de député. Mon écharpe ! mon baromètre ! La chose me parut bien solennelle, mais j'obéis à mon hôte, et dans cet équipage j'arrivai exactement à l'heure fixée, c'est-à-dire à sept heures trois quarts.

— Déroulède est dans un mauvais jour, me dit le docteur Magnin. Il sort à peine de

son lit. Vous allez le voir bien oppressé.
Tâchez qu''il ne parle pas.

Cependant, tout le monde était réuni. Les deux Tharaud avec leur mère, Henri Galli avec ses deux fils, notre cher Marcel Habert, le patriote alsacien Sansbœuf, maire adjoint du VIIIe arrondissement, vingt convives environ. Et Mlle Jeanne nous dit :

— Mon frère s'excuse de ne pas venir pour l'instant au salon, il vous prie de le rejoindre dans son cabinet de travail.

Dans cette petite pièce de livres et de souvenirs, fortement éclairée, nous trouvâmes Déroulède assis, appuyé sur une canne et ravagé par le mal. Il était en habit, et la blancheur du linge, la raideur du col accusaient encore la teinte terreuse de son noble visage. Aussitôt il se leva en s'aidant au bras de Marcel Habert, rejeta sa canne par dignité et se mit à parler, sa grande taille un peu pliée, sans tenir compte du souffle qui par instant lui manquait, ni de ses jambes enflées qui ne le portaient plus.

— Mes chers amis, je vous ai demandé de venir dans ce cabinet, parce qu'on y est entouré de souvenirs nobles. Voici la balle qui frappa mon frère à Sedan ; voici la canne d'Alfred de Musset ; voici le buste d'Émile

Augier, des livres de grands écrivains...

Ainsi, tout de suite, avec sa belle imagination, il illuminait l'atmosphère.

Bon, me dis-je, c'est sûr, il va être sublime. Le thème à développer, l'amitié qui le remplit, ses tragiques pressentiments, tout y prête. Il va mettre dans l'âme de ces deux enfants qui l'écoutent des souvenirs impérissables, des sentiments qui les accompagneront toute leur vie. Voici des fils qui vont entendre louer leur père. Voici une mère qui sera félicitée dans ses fils. Jusqu'à quel moment du discours se raidiront-ils contre les pleurs?... Ah ! ce ne fut pas long ! Le diable d'homme, dans cette petite pièce, en cinq minutes, avait créé une atmosphère noble, enivrante et d'ailleurs irrespirable. A quoi bon essayer que je retrouve les mots? Vous donnerais-je l'accent loyal, rapide et fort, le visage si brave? Il lisait et commentait le règlement de l'Ordre, et il disait qu'à ces nouveaux légionnaires il n'avait pas à recommander la fidélité à l'honneur. C'était la magnifique allocution d'un chef, en même temps que les *ultima verba* de l'amitié. Il y avait de quoi attraper une maladie pour le cœur le mieux accroché. Vous pensez où en était le sien !

— Asseyez-vous, Déroulède, lui disions-nous avec angoisse.

— Non ! inutile. Il y a des choses qu'il faut dire debout. Il s'agit de l'honneur. Faisons d'abord ce que nous avons à faire ; disons ce que nous avons à dire. Après, j'espère bien que je pourrai dîner avec vous, ou du moins, boire mon lait à votre table ; je n'aurai plus qu'à vous écouter. Si je suis trop fatigué, eh bien ! c'est Barrès qui vous parlera au dessert.

Et le docteur Magnin, dans un coin, murmurait :

— Il ne pourra pas rester dix minutes à table.

Mais lui, tenant toujours en main les règlements de l'Ordre :

— Au nom de Monsieur le grand chancelier de la Légion d'honneur et en vertu des pouvoirs qu'il nous a confiés, nous vous recevons comme chevalier de la Légion d'honneur.

Par trois fois, pour chacun de ses amis, il répète cette formule et les instructions qui la suivent. A chacun il donne l'accolade ; à chacun il donne une belle et longue louange. Et pour chacun, avec cette vertu qu'il possédait à un degré suprême d'aller droit dans le secret du cœur, il trouvait la manière la plus émouvante. Il définit l'art de Pallez. Galli est encadré de ses deux fils, c'est à eux qu'il vante leur père. Les Tharaud entourent leur mère ; c'est elle qu'il félicite. Et sans réserve, il mêle son émotion à la leur. Une fois encore il a obligé son cœur à le servir. Rien de plus beau que cette voix chaude, rapide, rythmée, toujours montante et retenue, empêchée par le manque de souffle, une vraie lutte sous nos yeux de l'âme et de la maladie.

Nous passâmes à table pleins de reconnaissance et de terreur de l'avoir tué. Le généreux homme et sa sœur avaient voulu que le repas fût somptueux, tout en fleurs, embelli d'une multitude d'ingéniosités charmantes, depuis les verres où chacun trouvait une petite pièce d'argent au millésime de l'année, jusqu'au menu orné d'une croix de la Légion d'honneur, et où le lièvre de Charente voisinait avec les gâteaux lorrains, tandis qu'au milieu du surtout régnait une Colette Baudoche en terre cuite. Autant de subtilités à la mode de la vieille France ; une fête chevaleresque où il avait accumulé tout ce qui pouvait donner de la force aux idées d'honneur et d'amitié ; une fête que Mlle Jeanne supporta le sourire aux lèvres, qu'il présida, pâle et défait comme un mort, à demi couché sur une chaise longue, à l'un des bouts de la table, devant un verre de lait, nous répétant trente fois :

— Merci ! Les docteurs ne comprennent pas que je vis de l'électricité que je reçois de mes amis et de celle que je leur donne.

C'était une soirée d'une beauté morale incomparable.

Où êtes-vous, rieurs de cet homme ? Dites avec moi que vous l'admirez et que vous l'aimez. Vous voudriez qu'aujourd'hui la France en possédât de pareils par milliers. Elle les a. Dans les tranchées. Ce sont tous nos officiers et ceux qui, demain, de simples soldats deviendront des chefs, et d'hommes entraînés, des entraîneurs d'hommes.

P.-S. — A ceux qu'intéresse l'*OEuvre des Invalides de la guerre* (ateliers d'éducation et bureaux de placement pour les mutilés), établie par l'initiative du professeur Gaston Michel, de Nancy, et de M. Jean Buffet, président de la *Société nancéienne*, belle idée que j'ai à plusieurs reprises exposée à mes lecteurs, je puis annoncer que nous sommes d'accord avec le sénateur Herriot, maire de Lyon, pour une *Association nationale*, ayant son siège à Paris, et qui fédèrerait les installations déjà créées à Lyon et à Nancy. La *Société de médecine* nous apporte un précieux concours, dont nous la remercions.

XXVI

UN TÉMOIN RACONTE LA VIE HÉROÏQUE DE PÉGUY

26 Décembre 1914.

J'ai reçu une lettre datée du 12 décembre et qui m'a été écrite par un soldat du 276e régiment d'infanterie. Ce soldat s'appelle Victor Boudon ; il a été blessé le 6 septembre, à la bataille de l'Ourcq ; il est aujourd'hui soigné à l'hôpital n° 17, à Laval.

Ce brave me dit : « J'ai eu l'honneur de combattre aux côtés et sous les ordres de Charles Péguy, dont vous avez glorifié la belle mort au champ d'honneur. Il fut tué le 5 septembre à Villeroy, à côté de moi, *alors que nous marchions à l'assaut des positions allemandes.* »

Voilà qui est capital. Voilà qui donne son

élan définitif à toute l'œuvre de ce noble esprit. Il a vécu, ou du moins il a voulu vivre en marchant à l'assaut des positions allemandes ; il distinguait, chaque jour mieux, que le terrain français est encombré d'un germanisme inacceptable, stérile, menaçant. Ce que nous retenons de son œuvre littéraire dénonce, attaque et repousse l'invasion spirituelle de la Germanie dans notre Université. Et il meurt, l'épée à la main, à la tête des soldats de Délivrance, *en marchant à l'assaut des positions allemandes*. Le poème est parfait.

Mon correspondant, depuis son hôpital, continue sa lettre en disant : « J'ai fait de cette belle mort un petit récit, dépourvu de toute prétention littéraire. Si vous croyez devoir le publier, je serai heureux de rendre ainsi un dernier hommage à la mémoire de ce brave, qui pour nous était un vrai ami. »

Certes, je publie ce document. Il ne pourra plus être détaché de l'œuvre que nous maintiendrons ; il en forme le complément et il l'illumine toute. Victor Boudon ajoute : « Je vous laisse bien entendu le soin de le mettre au point, en le corrigeant. » Comment ! le corriger, mais il va faire loi, votre récit, mon cher Boudon. Vous êtes le témoin, et quel témoin ! Péguy tombe auprès de vous, le 5. Vous continuez et vous tombez le 6. Et moi, j'interviendrais pour « mettre au point » les choses ! J'ai grande envie de faire le voyage de Laval pour vous aller dire à votre hôpital que vous avez des modesties bien injurieuses. Mon cher soldat, mon cher blessé, je ne change pas une ligne de votre rapport glorieux. Il appartient dorénavant à l'histoire littéraire. La censure, dont les délicatesses ne peuvent être pressenties ni de vous, ni de moi, verra si elle veut supprimer certaines précisions de lieux et d'armées ; en tout cas, nous les rétablirions plus tard...

La 55e division de l'armée de Paris, dont mon régiment, le 276e, faisait partie, se trouvait le 5 septembre au matin à la gauche de l'armée qui venait de recevoir enfin l'ordre général d'offensive « se faire tuer sur place plutôt que reculer ! » En face de nous, sur les collines boisées qui s'étendent de Dammartin à Meaux, les « boches » de von Kluck qui nous suivaient pas à pas dans notre terrible retraite, depuis Roye, étaient à l'affût, invisibles, terrés dans leurs tranchées comme des bêtes sournoises.

Sous une chaleur torride, le bataillon faisait une courte halte dans le coquet village de Nantouillet. Assis sur une pierre, comme nous blanc de poussière, couvert de sueur, la barbe broussailleuse, les yeux pétillant derrière ses lorgnons, je vois encore notre cher lieutenant, le brave Charles Péguy, l'écrivain, le poète, le soldat, que tous nous aimions comme un ami, qui en Lorraine comme pendant la retraite, insensible à la fatigue, brave sous la mitraille, allait de l'un à l'autre, encourageant par la parole et l'action, courant de la tête à la queue de notre compagnie (la 19ᵉ), mangeant comme nous un jour sur trois, sans une plainte, toujours jeune malgré son âge, sachant le parler qui convenait aux Parisiens que nous étions pour la plupart, relevant d'un mot bref tantôt mordant tantôt ironique ou gouailleur les courages défaillants, toujours vaillant, prêchant l'exemple ; je revois encore notre cher lieutenant, nous disant à l'heure où beaucoup désespéraient sa conviction absolue de la victoire finale, tout en relisant avidemment une lettre des siens, tandis qu'une larme de plaisir mouillait ses yeux.

Une heure après, comme sonnait midi, nous arrivions par un petit sentier bordé d'arbustes, près de la ferme de la Trace, en face du petit village de Villeroy, où le bataillon devait cantonner. Une courte pause est à peine sifflée que, brusquement, autour de nous, viennent éclater des obus allemands qui jettent un certain désarroi dans les rangs. La surprise est grande, de cette canonnade terrible et inattendue qui tue et blesse quelques hommes et chevaux, mais bravement, sous les shrapnells et les percutants, la batterie de 75 qui nous précédait se mit en action, au pied du petit hameau de La Baste. Quelque peu éprouvés au début, nos artilleurs, au bout de quatre heures d'un duel acharné, avaient imposé un silence complet aux batteries prussiennes, qui furent anéanties et dont nous retrouvâmes le lendemain, à l'entrée du village de Monthyon, en nous portant à la poursuite de l'ennemi en recul, les restes informes mêlés aux débris sanglants des artilleurs boches hachés et éventrés par nos obus.

Pendant que nos canons luttaient ainsi victorieusement, le bataillon prenait sa formation de combat et la compagnie se déployait en ligne de sections par quatre, la section Péguy tenant la droite. De temps en temps, un ordre bref : « Couchez-vous ! En carapace ! » c'est pour laisser passer une volée d'obus, qui éclatent autour de nous sans causer de dommages.

Abrités derrière un repli de terrain, nous attendions, sous les obus mal repérés de l'ennemi, le moment de partir à l'assaut de ses retranchements, assaut déjà tenté vainement, à notre droite, par les tabors marocains. L'ordre vint enfin et, joyeux, nous partîmes en avant, déployés en tirailleurs, sous l'énergique direction du capitaine Guérin qui, à côté de Péguy, se trouvait à la droite de notre ligne. Il était 5 heures, l'artillerie allemande, foudroyée, s'était tue ; mais, en arrivant sur la crête, une terrible grêle de balles nous accueille ; nous bondissons dans les avoines couchées et emmêlées, où beaucoup tombent ; la course est pénible. Un bond encore, et nous voilà abrités derrière le talus de la route Iverny-Chauconin, haletants et soufflants. Les balles sifflent à ras de nos têtes ; nous tiraillons à 500 mètres sur les Allemands, bien retranchés derrière les arbres et arbustes qui bordent le petit ruisseau de la Sorcière et presque invisibles dans leurs uniformes couleur terre. A travers une éclaircie d'arbres, on aperçoit par instants la course rapide de compagnies allemandes escaladant la côte, soutenues par le tir infernal de ceux qui sont devant nous. Elles se replient vers Monthyon et Chauconin, qu'elles incendient en partie par vengeance..... Ils reculent !... Ils reculent !... La voix jeune et claironnante du lieutenant Péguy commande le feu, indique les hausses et les points de mire, il est derrière nous, appuyé à un rouleau agricole abandonné sur la route, debout, brave, courageux sous l'averse de mitraille qui siffle, cadencée par le tap-tap infernal des mitrailleuses prussiennes.

Cette terrible course dans les avoines nous a mis à bout de souffle, la sueur nous inonde et notre brave

lieutenant est logé à notre enseigne. Un court instant
de répit, puis sa voix, sur un signal du capitaine, nous
claironne : « En avant ! »

Ah ! cette fois, c'est fini de rire. Escaladant le talus
et rasant le sol, trébuchant dans les betteraves et les
mottes de terre, courbés en deux, pour offrir moins de
prise aux balles, nous courons à l'assaut. La terrible
moisson continue, effrayante ; la chanson de mort
bourdonne autour de nous. 200 mètres sont ainsi faits,
mais aller plus loin pour l'instant, sans une ligne de
soutien en arrière, et dans l'impossibilité d'être ravitaillés en cartouches, c'est une folie, un massacre
général, nous n'arriverons pas dix ! Le capitaine
Guérin et l'autre lieutenant, M. de la Cornillère,
sont tués raides. « Couchez-vous, hurle Péguy, et feu
à volonté ! » ; mais lui-même reste debout, la lorgnette
à la main, dirigeant notre tir, héroïque dans l'enfer.

Nous tirons comme des enragés, noirs de poudre, le
fusil nous brûlant les doigts. A chaque instant, ce sont
des cris, des plaintes, des râles significatifs ; des amis
chers sont tués à mes côtés. Combien sont morts ?
Blessés ? On ne compte plus.

Péguy est toujours debout, malgré nos cris de :
« Couchez-vous ! », glorieux fou dans sa bravoure. La
plupart d'entre nous n'ont plus leur sac, perdu à
Ravenel, au cours de la retraite, et le sac, à ce moment,
est un précieux abri. Et la voix du lieutenant crie
toujours : « Tirez ! Tirez ! Nom de Dieu ! » D'aucuns
se plaignent : « Nous n'avons pas de sac, mon lieutenant ; nous allons tous y passer ! » « Ça ne fait rien !
crie Péguy dans la tempête qui siffle. Moi non plus je
n'en ai pas, voyez, tirez toujours ! » Et il se dresse
comme un défi à la mitraille, semblant appeler cette
mort qu'il glorifiait dans ses vers. Au même instant,
une balle meurtrière fracasse la tête de ce héros, brise
ce front généreux et noble. Il est tombé sur le côté,

tout raide, sans un cri, ayant eu, dans le recul des barbares, l'ultime vision de la victoire proche ; et quand, 100 mètres plus loin, je jette derrière moi un rapide coup d'œil alarmé, bondissant comme un forcené, j'aperçois là-bas comme une tâche noire au milieu de tant d'autres, étendu sans vie, sur la terre chaude et poussiéreuse, à demi enseveli dans les larges feuilles vertes des betteraves, le corps de ce brave, de notre cher lieutenant.

Voilà le procès-verbal de la plus belle des morts. Il nous restera, après la guerre, le devoir d'inviter tous les Français à lire le poète mort pour nous et qui chantait :

> Heureux ceux qui sont morts pour une juste guerre,
> Heureux les épis mûrs et les blés moissonnés.
>
> . . . .
>
> Heureux ceux qui sont morts dans les grandes batailles,
> Couchés dessus le sol à la face de Dieu.

P.-S. — Le Menuet, fidèle trésorier de la *Ligue des Patriotes*, m'écrit qu'il ne serait pas raisonnable, cette année, de demander leur cotisation aux ligueurs. Ils se battent ou bien ont des fils qui se battent. Chacun verse sa quote-part à la France. Alors Le Menuet fait appel aux bonnes volontés.

La *Ligue* a peu de dépenses ; elle rend des services, constitue un cadre, répand un esprit qu'il ne m'appartient pas de louer, mais que j'expose ici chaque jour. Ligueurs et non ligueurs, voyez ce que vous voulez faire ;

Mlle Jeanne Déroulède et moi, nous envoyons nos deux cotisations à Le Menuet, aux bureaux de la *Ligue des Patriotes*, 2, rue de Valois. Je me chargerai aussi de transmettre les souscriptions qu'il plaira à des amis de m'adresser. A l'avance, merci !

XXVII

LA VIE NORMALE ET LA GUERRE LENTE

28 Décembre 1914.

Des bruits d'offensive générale courent dans le public. On semble attendre une bataille à la Napoléon. Dites bien autour de vous l'inanité de ce genre d'espoir. La guerre d'aujourd'hui ressemble à l'art napoléonien comme la Galerie des Machines à la Sainte-Chapelle. Ne comptez pas sur des Marengo et des Austerlitz. Comptez sur d'utiles marches en avant, des « bonds » qui nous assurent telle et telle position, perfectionnent nos lignes de défense et rendent intenables les lignes ennemies, et puis comptez sur l'usure de l'Allemagne, sur l'usure de son matériel de guerre autant que de ses armées.

La plus utile vertu française, à cette heure,

c'est la patience. Que nous sachions durer et nous maintenir, combattants et non combattants, nos chefs nous demandent cela avant tout.

Si je comprends bien nos dispositions moyennes, aux uns et aux autres, c'est plus que tout, de l'immobilité, oui, de cette période immobile que nous paraissons souffrir. Dirons-nous que la France s'ennuie? Ce mot historique, né dans des circonstances qui semblent aujourd'hui bien peu intéressantes, il serait quasi impie de l'appliquer aux épreuves si vraies, si graves de la patrie. Mais il y a quelque chose de cela. Nous-mêmes, non combattants, nous pourrions être atteints par cette atmosphère; aussi, quand elle s'aggrave de tous les désagréments et périls des tranchées, il est magnifique qu'elle ne détende pas les plus fiers ressorts.

« A cette situation immobile, disent quelques-uns, on ne voit pas d'autre remède que le temps et l'usure, puisqu'une vive avance nous remettrait en face des mêmes difficultés simplement déplacées. Et tout va durer longtemps, à moins d'événements imprévus. »

On a le droit de compter sur des événements imprévus. L'Allemagne sera toute transformée, le jour où elle apprendra la vérité

que nous n'éprouvons aucune gêne à étaler
et à discuter devant tous. Je ne crois pas à
une guerre aussi traînante, aussi longue que
de froids raisonnements nous amèncraient à
la prévoir.

Dès maintenant, les Austro-Allemands ne
sont plus capables d'attaquer à la fois sur les
deux fronts. Il y faudrait trop d'hommes et
de munitions. Ils se portent (comme ferait un
dogue harcelé par deux solides porte-bâtons),
ils se portent d'une extrémité de leur champ
clos à l'autre. Avec une méthode magistrale,
ils courent, sur leurs rails, de l'Orient à
l'Occident et de l'Occident à l'Orient. Veulent-
ils porter ou parer un coup en Pologne, ils
se démunissent en France, et *vice versa*. Ils
sont toujours capables de ramener en France
(où d'ailleurs ils trouveraient à qui parler)
leurs meilleures troupes de Pologne ; mais
s'ils se dégagent du côté des Russes, ceux-ci
en profiteront pour se dilater. L'Allemagne
donne un coup de croc à gauche, en découvrant son flanc droit ; un coup de croc à
droite, en livrant son flanc gauche ; et dans
ce va et vient, si merveilleusement réglé et
exécuté qu'on veuille le supposer, toute armée,
fût-elle colossale et, de plus, en acier, s'use
nécessairement.

Il n'y a pas lieu de prévoir une grande bataille dramatique d'où l'empereur allemand fuirait au grand galop de son cheval de guerre, mais il est certain que ces mouvements ruineux, d'une frontière à l'autre, auxquels recourt le grand état-major allemand deviendront plus obligatoires, plus précipités et plus difficiles, à mesure que durera la guerre. L'aigle allemand se déplumerait par ses propres agitations dans sa cage, quand même il aurait cette supériorité du bec et des serres qui évidemment lui échappe.

Les forces austro-allemandes, encore que nous ayons entendu les calculs que l'on faisait ces jours derniers, ne peuvent plus être augmentées dans la mesure où celles des alliés vont croître. La mobilisation des Russes continue et continuera quasi à l'infini. Leur pays est un réservoir inépuisable d'hommes. L'armée anglaise qui va entrer en ligne est hautement appréciée des connaisseurs par la richesse de son matériel et par la solidité des recrues. Au point de vue moral, notez qu'ils se sont engagés pour une guerre nationale. Au point de vue physique, ces hommes que l'on entraîne depuis quatre mois sont les produits d'une sélection. Fait d'une grande importance. En Angleterre et dans les colonies anglaises, on peut encore choisir, trier les hommes, et l'on va nous envoyer la fleur de la race, tandis que l'Allemagne en arrive à lever ce qu'elle avait d'abord mis au rebut. Toutes les forces de la raison nous donnent à penser que le rebut d'une conscription soutiendra difficilement les durs exercices de va et vient, de l'est à l'ouest, et le choc d'une masse préparée et choisie. Enfin, il y a la France qui, matériellement, est en meilleur point, chaque jour.

Ceux qui lisent avec soin les « communiqués » ne peuvent manquer d'avoir pris, ces temps-ci, une singulière confiance dans la solidité de notre artillerie lourde, car ils savent que, dans les dernières semaines, elle vient d'affirmer sa supériorité autour de Reims et devant Soissons. Par là, sans que personne me demande de préciser davantage, notre situation est meilleure qu'au début de la guerre.

Répétons, une fois de plus, la déclaration que le parti socialiste insère dans son beau manifeste, la formule nationale de cette guerre, le serment où nos voix unanimement se confondent : « La lutte est pénible. Elle peut être longue. C'est la guerre d'usure la plus terrible. Elle ne nous lassera pas. » Quelque imprévu, j'en ai la conviction, viendra l'abréger ; mais le pouvoir civil ne devrait-il pas agir comme s'il admettait des hostilités indéfiniment prolongées?

Ne faudrait-il pas en venir à une organisation toute neuve de la France mobilisée, une organisation exceptionnelle et appropriée, pour faire durer à la fois l'offensive lente du front et les services indispensables de l'intérieur?

L'Empire romain, derrière ses *castella*, maintenait ses frontières, et se trouvait dans l'état de guerre lente qui deviendra, peut-être, le nôtre pour de longs mois. Nos politiques ont à examiner si, dans certaines conditions, qui seraient à établir, l'état de guerre ne peut pas devenir aussi normal que l'état de paix. Il eût mieux valu y réfléchir à l'avance. Mais sur tous les points nous nous en sommes remis à l'improvisation; nous nous sommes fiés à notre souplesse et à notre entregent pour adapter la nation en armes aux conditions modernes de la guerre.

P.-S. — J'ai reçu d'une personne extrêmement généreuse, qui désire garder l'anonymat, une somme de quinze mille francs pour être entièrement employée par *l'Echo* au profit des régiments d'infanterie du 20ᵉ corps d'armée.

Il m'a été particulièrement agréable de pouvoir servir d'intermédiaire entre cette personne patriote et ces belles troupes de l'Est, qui se sont si magnifiquement battues depuis le début de la campagne. (O censure qui m'empêche de donner la suite de leurs services et leur itinéraire dans ces quatre derniers mois!) Ces soldats, jadis, étaient en grande majorité des Lorrains. Ils ont chèrement payé leur tribut à la défense de Nancy et la rançon de la victoire future. Mais tâchons pour le moment de ne pas jeter un regard sur le champ de bataille et de ne voir que le but à atteindre.

J'ai eu l'honneur d'écrire à l'état-major du 20ᵉ corps d'armée, qui vient de m'indiquer le meilleur moyen d'utiliser cet argent d'une manière utile pour nos braves soldats.

XXVIII

MONSIEUR LE NOTABLE SUR SON PERRON

29 Décembre 1914.

Quand je suis allé dernièrement en Alsace, — trop peu d'heures, à peine le temps de respirer quelques bouffées d'un air redevenu français, — j'ai recueilli des images sur lesquelles je ne cesse pas de réfléchir.

J'ai vu à Dannemarie messieurs les notables, sur leurs hauts perrons, fort incertains, fort gênés. Descendaient-ils serrer la main du passant français? Non pas. Ils saluaient, se tenaient sur leur seuil. Et moi, suis-je allé franchement à eux? C'est une faute que je n'ai pas commise. Mon expérience antérieure de l'Alsace m'avertissait de les ménager et de respecter leur prudence.

Jamais on ne fera assez pour divulguer en France le régime de terreur auquel ces malheureux pays sont soumis en ce moment. Le sculpteur A. Keulling du Logebach a été accusé d'avoir dit aux troupes françaises, lors de leur entrée en Alsace, que les boys-scouts allemands étaient fort capables de leur tirer dessus. Il a été condamné à mort par le Conseil de guerre de Colmar et fusillé le 29 août. Le directeur de fabrique A. Wagner a été accusé d'avoir serré la main à un capitaine français et de lui avoir indiqué le 19 août la direction du village de Bourzwiller. Il a été condamné le 18 novembre par le Conseil de guerre de Neuf-Brisach à trois ans de travaux forcés. Ces iniquités prouvent quel héroïsme il faut à nos frères d'Alsace pour laisser parler leur cœur, et je pense qu'elles feront excuser ceux qui voilent jusqu'à* nouvel ordre leur profonde satisfaction de nous voir. Les malheureux villages occupés par nous, mais encore incertains de leur sort définitif, parfois pris et repris par les deux belligérants, ne vivent qu'à demi et dans une situation terrible. Il n'en est guère où ne soient restés des yeux et des oreilles teutonnes. Les Allemands n'y reviendront plus. D'accord. Mais s'ils y revenaient, ne fût-ce qu'une demi-journée? Il y aurait des mouchards mortels. Les paysans, les bourgeois le savent et se réservent.

Ils se réservent, sur leurs hauts perrons. Ils se taisent, ils attendent. Mais tout au fond, que pensent-ils?

C'est la question qu'il faut se poser, qu'il faut étudier. Et beaucoup d'entre nous y répondent avec précipitation et légèreté. Certains Méridionaux et des Parisiens ont vécu sur l'image de l'Alsace-Lorraine enchaînée, liée au poteau noir-blanc-rouge et attendant la première occasion de se jeter dans nos bras. C'est une vérité de 1871. On nous attendait. Mais cette amoureuse a pris quarante-quatre années, tandis que nous ajournions d'accourir. Et voici qu'arrivant après ce long retard, nous nous scandalisons de lui voir de grands fils « qui sont soldats allemands ». Il y a pis : souvent notre amoureuse est morte en nous attendant, trop fidèle pour laisser là-bas une famille, et dans sa chambrette loge une affreuse sorcière d'outre-Rhin :

Qu'on ne s'imagine pas, m'écrit un officier, « né à Strasbourg et vieil ami d'Ehrmann et de Colette », qu'on ne s'imagine pas ne trouver ici que des amis ! Il y aurait trop de désillusion ! Même parmi les anciens Alsaciens, il y aura de-ci de-là quelque froideur ou méfiance. Quarante-quatre ans de régime d'oppression, d'espionnage pèsent sur l'esprit de notre pauvre peuple alsacien ; et nos deux retraites de Mulhouse, suivies des représailles allemandes, ont montré encore plus à nos populations qu'elles doivent manifester avec prudence leurs vrais sentiments. Et puis, il y a tous les immigrés. En Basse-Alsace, nous en rencontrerons encore plus qu'en Haute-Alsace et, pourtant, de là nos soldats ont rapporté de cruels souvenirs. Le 9 août, dans la nuit, quand sous l'attaque en masse des 14e et 15e corps allemands nous avons reçu l'ordre de nous replier, nous avons dû nous frayer un passage dans les rues du village de Riedisheim, où des soldats allemands s'étaient déjà glissés. Des civils aussi participaient au combat et de beaucoup de maisons des coups de feu nous massacraient, la nuit. On vit des scènes sauvages : nos hommes avaient dû combattre depuis quatre heures du soir, sans manger, ni boire. D'une fenêtre, on leur tendait un seau rempli d'eau et le malheureux qui s'arrêtait à boire était fusillé à bout portant ! Beaucoup de mes camarades et de mes hommes sont revenus de là exaspérés contre les Alsaciens et j'ai eu toutes les peines du monde à leur expliquer qu'ils n'avaient pas eu affaire à des indigènes d'origine française, mais à des immigrés venus d'outre-Rhin depuis 1871.

Ainsi le premier point, c'est de faire le triage des personnes, et de distinguer les vieux Alsaciens, nés de Français, et les jeunes Alsaciens nés d'Allemands. Ensuite il faut faire le triage des sentiments dans une même personne et comprendre, accepter d'apparentes contradictions.

C'est très complexe la conscience d'un Alsacien qui, toute sa vie, en rêve, a aimé la France, et, en fait, a vécu sous les institutions allemandes. Chez le bourgeois de Dannemarie coexistent des scrupules de loyalisme militaire, des inquiétudes d'homme religieux, un goût de l'organisation, une inquiétude admirative de nos audaces, et puis des habitudes et des intérêts qui s'émeuvent. Combien d'honnêtes petites gens parmi les annexés ont laissé un vieux fonds de sentiments français dépérir sous une alluvion que l'accoutumance a renforcée!

Français qui ramenons le drapeau tricolore au milieu de nos frères, disons-leur et prouvons-leur que nous entendons respecter l'Alsace et la Lorraine qu'ils portent dans leurs cœurs. Nous venons les libérer, et non pas, en quoi que ce soit, les peiner et les asservir.

Ici Joffre vraiment a été admirable de cœur et de génie politique. Que leur a-t-il dit? Tout ce qui pouvait les rassurer. Il a posé avec une clarté et une noblesse parfaites les deux affirmations qui doivent balayer toutes craintes. « Peut-être que les Allemands vont revenir? » murmure en soi-même le bourgeois de Dannemarie. Peut-être que les Français vont déranger nos mœurs, nos chères traditions. Mais Joffre le rassure :

Notre retour est définitif; vous êtes Français pour toujours.

La France apporte avec les libertés qu'elle a toujours représentées, le respect de vos libertés à vous, des libertés alsaciennes, de vos traditions, de vos convictions, de vos mœurs.

Ce sont ses paroles textuelles. Et pour donner plus de solennité à ces graves promesses, le généralissime se dresse de toute sa taille, déploie toute sa qualité :

Je suis la France, dit-il; vous êtes l'Alsace : je vous apporte le baiser de la France.

De telles paroles et de tels accents, qui répondent aux pensées les plus secrètes du notable de Dannemarie, forment le plus ma-

jestueux portique à l'étude que nous voulons
faire, ou plutôt aux quelques indications que
nous voulons continuer de donner ici, au jour
le jour, sur les ménagements à prendre avec
ce notable et avec tous les Alsaciens et Lorrains.

Il ne viendrait à l'esprit d'aucun de nous
d'apprécier au fond aucune des mesures que
croient utiles ceux qui assument les responsa-
bilités glorieuses de la reconquête alsacienne.
Nous ne jugerons pas les moyens ; l'importance
du but prime tout, et nous sommes à notre
rang fort modeste les collaborateurs moraux
du pouvoir militaire. Nous demandons simplement que les mesures militaires nécessaires
soient appliquées ou expliquées de manière à
rassurer le notable de Dannemarie. J'ai remué
ciel et terre, je veux dire que j'ai frappé aux
plus hautes portes, afin d'obtenir des adou-
cissements en faveur des soldats allemands
de pure origine alsacienne que nous faisons
prisonniers ; en faveur des pauvres créatures,
des servantes le plus souvent et des femmes
de très modeste condition (dont les maris
parfois sont enrôlés dans l'armée française)
que l'on a entassées dans les camps de concentration ; en faveur des évacués d'Alsace-Lorraine, qui sont irréprochables ; en faveur
même de certains otages. J'ai obtenu, mais

bien peu. Je continue de demander que des femmes de cœur soient autorisées à porter des secours dans les camps de concentration, sans contrevenir aux précautions jugées nécessaires pour la sûreté nationale.

Dès aujourd'hui, je reconnais que nous avons une satisfaction. Il est décidé qu'une Commission parfaitement composée visitera les camps de concentration. Les résultats de cette inspection permettront de distribuer utilement et le plus tôt possible les secours que je sais être nécessaires. Je remercie, pour ma part, le Gouvernement, en lui signalant que pour les Messins et Lorrains, il y aurait lieu d'adjoindre au député Weill l'abbé Collin, universellement connu en Lorraine (et dont les Allemands viennent de confisquer la petite fortune, ce que je mentionne comme un titre d'honneur).

Ce n'est pas quand la mesure est prise que je vais récriminer sur les délais qu'on y a mis. Mais il importe de traduire en mesures administratives irréprochables et rapides les grandes paroles de Joffre, nous déclarant résolus à respecter « les libertés, traditions et convictions » de l'Alsace. Les deux rives du Rhin observent notre conduite. Et le monde a tant besoin de la France que ce sont les éléments épurés de son apport que je voudrais imposer de nouveau à des zones accrues d'influence et d'action.

Tout au long de cette guerre nous semblons recourir à l'improvisation. Il semble que ce terrible heurt de la France et de l'Allemagne soit une lutte de l'improvisation, greffée sur une humanité admirablement civilisée, contre l'organisation plaquée sur des gens médiocrement civilisés. Je ne doute pas que nos qualités d'humanité n'emportent tout; je sais que le génie français est le plus capable d'organisation; mais, tout de même, je me convaincrais mieux que notre Gouvernement prépare de sages solutions aux problèmes alsaciens les plus graves, si je le voyais diligemment régler les plus petits.

S'il est si difficile aujourd'hui d'adoucir le régime des camps de concentration et de créer une sympathie pour les malheureux Alsaciens-Lorrains, obligés d'être soldats prussiens, qu'est-ce que ce sera après la guerre, dans une Alsace-Lorraine reconquise, où les plus grands problèmes de la conscience se poseront et où la justice et la violence n'auront pas la sainte excuse de la légitime défense et de la protection militaire? Trois gendarmes de Narbonne suffiront à discréditer le nouveau régime dans un calme village du Sundgau.

Il est d'extrême importance que le notable de Dannemarie qui, depuis son perron, regarde le retour de la France, reconnaisse tout de suite le généreux et loyal visage qu'il a tant aimé dans les livres.

P.-S. — La Commission chargée d'authentiquer dans les lieux de dépôt les Alsaciens-Lorrains, qui dès maintenant méritent d'être tenus pour des Français, est composée de l'abbé Wetterlé, de MM. Weill, Laugel, Blumenthal, Helmer, Chatelain, Vilmoth et Grouvel.

Je vais transmettre à ces messieurs mes dossiers, et mes correspondants doivent avoir bon espoir que leur situation sera transformée complètement ou, pour le moins, améliorée.

XXIX

UN COTÉ TÉNÉBREUX DE CETTE GUERRE

3o Décembre 1914.

Je crois que l'histoire enregistrera et voudra vérifier le propos tenu par un officier allemand : « Notre supériorité, deux choses nous l'assurent : notre artillerie lourde et nos dix-huit mille espions... »

Sont-ils dix-huit mille? Je n'en sais rien, mais ils infestaient la France. Et de même que nous aurions dû construire une artillerie lourde, dont la nécessité était proclamée, nous aurions pu les chasser, puisqu'ils étaient dénoncés.

Léon Daudet a montré un courage exemplaire, clairvoyant et persistant, quand il a mené avec les plus grands risques, sa campagne étonnante. Comment se renseignait-il? Comment ceux qui pouvaient et devaient contrôler ses affirmations retentissantes ne bougèrent-ils pas? Il a déployé le plus beau génie de perspicacité et mérité le titre de bon citoyen. J'apporte en même temps mon hommage à notre éminent collaborateur, le général Maitrot.

Oui, leur artillerie lourde et leurs espions, au début de la guerre, devaient assurer aux Allemands la supériorité, mais, après quatre mois, ces deux forces ne peuvent plus nous surprendre, ne nous dominent plus, et nous avons à cette heure des canons pour faire taire les leurs, en même temps que des cordes pour pendre leurs gens. Aujourd'hui, les avantages certains que leur a assurés leur espion-

nage sont, pour la plus grande partie, épui-
sés. Mais leur honneur militaire en est terni.
Dans cette guerre où l'on dépense des deux
parts une valeur et un esprit de sacrifice
incomparables, la médaille allemande a son
revers. Ces gens-là sont privés de sentiments
généreux. La vilenie ne les gêne jamais.
Qu'elle soit colossale, ils se croient justifiés.
Au reste, je n'insiste pas sur ce point de vue
de la moralité qui serait gravement retourné
contre nous, si l'on pouvait croire qu'ils ont
trouvé des espions parmi nos compatriotes.
Je veux simplement ajouter une touche au
tableau que j'essaye de tracer, au jour le
jour, de cette guerre.

L'autre jour, étant à Nancy, j'ai cherché à
me faire une idée des innombrables formes
qu'a revêtues là-bas l'espionnage. Voulez-
vous feuilleter avec moi mes notes? Elles
sont incomplètes. La police municipale, la
Sûreté et la gendarmerie vous en diraient plus
long, surtout le service spécial de la sûreté
militaire. Mais, tout de même, j'apporte une
jolie contribution aux dessous de l'histoire
officielle.

Autour de Nancy, l'espionnage a revêtu
toutes les formes. Il s'est étendu aux endroits
les plus reculés; il employait des agents de

toutes conditions. On compte que nos villages lorrains possédaient, chacun, au moins un indicateur. L'exemple de Burghard, le faux fermier de Heillecourt, est dès aujourd'hui classique. Auprès de certains points, canaux, écluses et ponts, il y avait une ferme, une maison, une demeure quelconque occupée par des Allemands ou des gens à leur solde. Des cabanes de chasse qui semblaient abandonnées, de vieilles maisons forestières étaient utilisées irrégulièrement par des inconnus, qui furent surpris aux premiers jours de la guerre munis d'appareils à signaux ou de téléphones cachés.

L'espionnage très actif se faisait par correspondance écrite, par rapport verbal, par signaux lumineux et par télégraphie sans fil.

La difficulté de correspondre rapidement par la poste a forcé les agents allemands à employer le billet, qui se transmet par plusieurs porteurs successifs, allant de main en main d'un village à une ferme, à une usine, à un pêcheur à la ligne. Voici plusieurs faits semblables, ou peut-être plusieurs versions d'un même fait.

Un laissez-passer était exigé pour traverser le pont qui relie Varangéville à Saint-Nicolas. Or, une femme présenta à la sentinelle, au

lieu du laissez-passer, le billet même qu'elle
était chargée de faire tenir aux Allemands! Je
tiens le fait d'un habitant de Saint-Nicolas, qui
me l'a raconté au lendemain de l'événement.
La femme fut conduite au Conseil de guerre
et exécutée.

Une femme traversant le pont d'Essey, aux
portes de Nancy, laisse tomber de sa poche,
en tirant son laissez-passer, un billet conte-
nant cette indication ; « Hàtez-vous; le
20ᵉ corps arrive ce soir. » C'était, en effet,
l'époque où un mouvement de troupes avait
fait dire en ville que le 20ᵉ corps revenait.

Plusieurs fois, en amont de Nancy, sur la
Meurthe et dans la direction de Frouard, les
soldats ont arrêté, au moyen de filets en fil
de fer, des bouteilles portant des messages
destinés aux Allemands.

Les communications par téléphone avaient
été rendues impossibles par la suppression de
tout le service privé. On ne m'a pas dit qu'il
y ait eu en ville ou à la campagne d'installations secrètes, mais la télégraphie sans fil a
fonctionné magistralement. En septembre, la
police rechercha et saisit toutes les installations d'amateurs. C'était nécessaire, car
depuis longtemps les électriciens allemands
installaient leurs appareils chez leurs agents,

partout où ils pouvaient et même au petit
bonheur. On connaît des personnes, au-dessus de tout soupçon, à qui un voyageur ou
un électricien de la ville a proposé d'avoir à
l'essai et sans frais « un appareil de récréation
pour percevoir l'heure de la tour Eiffel ».

On a découvert des installations un peu
dans tous les quartiers de la ville. Certaines
étaient habilement dissimulées, les fils dans
des recoins de greniers, sous les tuiles. La
police constata le mécanisme d'une tuile qui
se soulevait et se replaçait aussitôt après le
lancement de la fusée.

Les signaux lumineux ont été nombreux,
surtout dans les six premières semaines.
C'étaient des lumières persistantes, produites par l'exposition d'une lampe à la
fenêtre, ou bien des lueurs intermittentes,
carrées, rectangulaires, rondes, de couleurs
variées. C'étaient aussi des faisceaux d'ampoules électriques, posées dans un jardin,
dans un terrain quelconque, et reliées par un
fil à une habitation inconnue. En cas d'alerte,
le fil est cassé et retiré sans laisser de traces.
Ces lumières, dirigées d'un côté quelconque
de la ville, sont ordinairement reproduites sur
un autre point faisant face. La côte de la
Cure d'air Saint-Antoine, bien exposée vers

l'est, est couverte de nombreuses maisonnettes ou villas, dont plusieurs ont émis de ces signaux. Il a été difficile de les repérer, cependant on a effectué des visites fructueuses, à la suite desquelles les signaux se sont faits rares.

Ces sortes de signes sont vus de très loin à l'aide de jumelles. Ils ont beaucoup énervé la police locale, d'autant que le génie militaire en use aussi et que les derniers tramways, aux premières heures de la nuit, produisent des lueurs au contact de la perche et des fils aériens.

L'émotion fut surtout vive le 9 septembre, la veille du bombardement de Nancy, que personne pourtant ne prévoyait. Beaucoup de fusées s'élevèrent de toits ou de terrasses. Des cordons lumineux brûlaient le long des corniches, sur d'arrière-bâtiments, et, invisibles de la rue, apparaissaient à des points éloignés, d'où ils étaient reproduits et parvenaient ainsi à l'ennemi. Ces fusées, ces lumières fixes, ces lueurs tremblantes se mêlèrent aux éclairs de l'orage, en si grand nombre que beaucoup de Nancéiens appréhendèrent quelque chose et s'abritèrent. Au soir, on vit sur des maisons habitées par de faux Alsaciens ou par des Français ayant des bonnes dites alsaciennes des fusées de diverses couleurs s'élever en ligne droite, suivies d'autres fusées dirigées vers le nord. Toute la nuit il y eut des fenêtres ouvertes et illuminées, ou bien des signaux produits par des lampes électriques, par des jeux de miroirs. Des habitants du quartier du Montet interpellèrent une personne de vie suspecte, qui fut ainsi avertie de cacher ses appareils avant que la police accourût.

Après le bombardement et l'éloignement des Allemands, ces feux de la nuit ont à peu près cessé. On en vit pourtant quelques-uns jusqu'à la fin de novembre.

Somme toute, à part les industriels allemands que j'ai cités et les domestiques dites alsaciennes, et certaines filles, sans doute allemandes, elles aussi, très peu de Français se vendirent. On aura traité d'espions des gens qui ne le sont pas. Toutefois, il y a lieu de se défier des commerçants qui tenaient des articles allemands. Je ne dois pas généraliser, mais les appareils électriques, les fournitures d'hôpital, les bandages et produits pharmaceutiques de marque allemande étaient introduits avec une idée d'espionnage jointe à l'idée de bénéfice commercial. J'ai depuis des années considéré que dans nos petites villes de l'Est, ces visites de commis-voyageurs pouvaient couvrir les allées et venues d'un service régulier de renseignements militaires.

On dit, sans que je sache sur quelles données s'établit cette estimation, que le paiement courant d'un « correspondant », c'est-à-dire d'un de ces drôles qui s'enrôlent dans l'armée de l'espionnage, est de 150 francs par mois. Si leur salaire pouvait être régulièrement complété par trois balles dans le corps, ce serait justice. Mais nos gendarmes se croient toujours en temps de paix. Ils ont été dressés à n'avoir pas d'histoires, et ils respectent plus que de raison des êtres indignes que la rumeur publique désigne. Je me console en relisant une lettre écrite de l'armée :

Il vient de m'arriver une petite histoire qui m'a valu d'être complimenté par des officiers supérieurs. Étant de sentinelle dans une large vallée, je fus intrigué par les manières d'un paysan qui faisait toutes sortes d'allées et venues autour de sacs de pommes de terre. Il en avait une trentaine. Je l'ai regardé pendant douze heures. Il les plaçait en ligne droite, puis s'en allait; une heure après, il revenait et replaçait ses sacs en tas; ensuite, toujours en regardant autour de lui, il les replaçait en V, et ainsi de suite, toujours en changeant la forme de la figure. Alors je me cachai soigneusement, et je m'aperçus qu'un avion allemand venait toutes les deux ou trois heures faire un virage au-dessus de ce champ. Alors, plus de doute, je m'approchai avec précaution du paysan, et, lui fichant mon revolver sous le nez, je l'invitai à me suivre. Alors, ce

pâle cygne, comme dit Shakespeare, commença le
triste chant funèbre de sa mort certaine. Il habitait
ce pays depuis deux ans, et vivait seul dans une maison à l'écart du village. On l'a fusillé ce matin. C'est
incroyable, la nuée d'espions et d'espionnes qu'il y a
partout.

Un officier allemand, prisonnier à Cher-
bourg, déclarait dernièrement (c'est le *Journal de la Manche* qui me le dit) qu'avant
la guerre il était industriel à Nancy et que là,
comme dans toute la France, l'espionnage
était pratiqué à ciel ouvert. C'est dans le génie
allemand. Ces gens-là, en effet, n'ont pas le
sens de l'honneur ; ils nous méprisent d'être
chevaleresques ; et puis, ils excellent dans les
travaux patients et minutieux, dans les longues
enquêtes méthodiquement poursuivies. De
l'organisation plaquée sur de la muflerie,
c'est leur nation, c'est le caractère de toutes
leurs œuvres (vues d'un certain angle). Mais
nous sommes sans excuse d'avoir détruit nos
propres services de renseignements, et d'être
ainsi tombés dans leurs pièges.

Les indications que je donne ici n'ont aucune
valeur, parce que trop sommaires, pour renseigner sur l'immense travail des Allemands ;
elles prétendent simplement noter l'émotion
produite dans le public par les menées des
espions, par ces lueurs qui traversent le ciel

et par ces mots qui courent dans l'espace. En dépit de ces appareils scientifiques et de ces moyens à la mode du siècle, le fond des sentiments populaires et les scènes de la rue demeurent pareilles à ce qu'on voit dans les plus vieilles chroniques.

Au premier jour de septembre, quand un avion allemand jeta une bombe sur Nancy, la foule se porta vers la maison endommagée, rue Exelmans. Deux hommes causaient à l'écart. L'un d'eux demandait avec insistance des détails. « Y a-t-il des morts? La maison est-elle brisée à l'intérieur? » (Il n'y avait pas de morts et peu de dégâts.) A ce moment, tout le monde se montra l'avion français à la poursuite du taube. L'homme s'exclama en ricanant : « Il ne l'atteindra pas! » L'exclamation et l'accent allemand irritèrent la foule. On mena l'homme au poste. Il fut convaincu d'espionnage. Son compagnon ne fut pas retrouvé...

Ne croirait-on pas relire quelque sombre chapitre de Walter Scott, de Manzoni, ou de Dumas père? Ainsi, le passé d'un peuple vit toujours en lui, attend de réapparaître, de remonter à la surface, est et sera toujours présent. A peine l'espion a-t-il été reconnu en un point qu'aussitôt on le voit partout.

C'est le vieux Protée, « dont la fuite même n'était que présence déguisée ». Toutes les parties de notre territoire que la Germanie a approchées, elle les a ramenées aux heures les plus ténébreuses de l'humanité. C'est un esprit de mort qu'elle fait partout palpiter. Il n'en allait pas ainsi aux jours de la Grande Armée en Allemagne.

Je laisse subsister ce chapitre 49 dans certaines de ses parties. Il m'avait été dicté tout entier à Nancy et par là il est un document. Ses couleurs sont de l'époque ; je les garde à ce titre, mais je supprime et désavoue des bruits de ville dont je m'étais fait l'écho

D'une enquête officielle que l'on a bien voulu me communiquer, il résulte que les faits que j'avais enregistrés « ont bien été racontés à Nancy, mais qu'ils sont ou inexacts ou considérablement exagérés ».

Des noms ont été prononcés à tort. Réparons cette injustice et cette erreur en précisant ce qui seul demeure exact :

Le cas Burghard est vrai. Cet individu a été condamné pour espionnage quelque temps avant la guerre par le Tribunal de Toul.

Les deux seuls faits d'espionnage certains au début de la guerre concernent Papelier, maire de Leyr, et un ouvrier des forges de Champigneulles, dont le nom m'échappe. Tous deux ont été condamnés à la détention ; la peine de mort n'était pas applicable, leur arrestation ayant eu lieu avant la déclaration de la guerre.

De janvier à juillet 1915, trois femmes ont été condamnées à mort dans le secteur de Nancy, une autre, à Toul, à vingt ans de détention. Ces femmes venaient d'Allemagne en France par la Suisse.

XXX

LA BATAILLE VUE PAR UN HÉROS

31 Décembre 1914.

Nous lisons par centaines des lettres vaillantes et charmantes de soldats. Aujourd'hui. c'est la lettre d'un chef que j'ai l'honneur de mettre aux mains des amis de *l'Écho*. Ils y trouveront une interprétation saisissante de la bataille et la sincérité d'une âme héroïque :

Notre vie, nous sommes toujours prêts, si la France en a besoin, à la donner tout de suite. C'est ce qui arrive à beaucoup d'autres, à beaucoup trop d'autres en ce moment-ci. C'est ce qui est arrivé entre autres le..., trois quarts d'heure avant que je sois moi-même descendu, à un pauvre vaillant capitaine d'artillerie qui marchait près de moi avec la batterie.

Il était radieux ; nous venions de faire de la bonne besogne, et de démolir avec ses pièces plusieurs canons ennemis en face de nous, dont les caissons avaient sauté en feu d'artifice. Sa gaieté a été brusquement coupée par une réponse inattendue et d'une précision impressionnante. Une salve d'obus passant par-dessus ma tête est venue s'abattre juste à ses pieds. Un éclat monstrueux lui a traversé la poitrine par le cœur. Il a fait : « Ah ! mon Dieu ! » Son adjudant a dit : « Je suis foutu ! Un des pointeurs a exhalé son âme dans un énorme soupir prolongé qui était un gargouillement dont j'ai encore le bruit dans les oreilles. Tout cela en beaucoup moins d'une seconde, dans une clarté de tonnerre aveuglant.

Je me suis retourné, persuadé que c'étaient nos propres obus qui venaient d'éclater dans les pièces. Les trois hommes étaient alignés côte à côte, les mains sur les hanches, comme à la parade, mais ils étaient étendus tout du long sur le dos et avec, sur les visages dont les yeux brillaient encore, un air de calme et de repos que je reverrai toujours. D'autres servants, appuyés contre les roues ou tombés sur les genoux, se tenaient les deux mains pressées sur les plaques pourpres qui avaient été, l'instant d'avant, leurs figures, retenant mal des nez, des yeux, des dents et des hoquets d'atroces souffrances.

Ces tableaux sont épouvantables et grandioses comme tous les holocaustes librement consentis à l'idée de la patrie, qui ne prend visiblement sa forme qu'à ces instants de tragique beauté.

*Pour ma part, je n'avais pas une égrati-
gnure. Mon tour ne devait venir qu'un peu plus
tard. Les premiers bataillons de ma batterie
dépassaient la batterie démontée, et se lançaient
à la charge sous une véritable voûte d'obus et
de marmites que construisaient pour eux, de face
et de flanc, les batteries ennemies. Je n'avais
pas le temps de méditer sur le petit événement
qui venait d'attrister ce coin du champ de
bataille et de m'arracher deux larmes des yeux.
Il me fallait me rendre à mon poste de commandement, au milieu des soldats dont les
lignes avançaient.*

*Ce ne fut qu'un assez long temps après que
je m'aperçus que je marchais avec mon képi à
la main. Chose bizarre, tout en accomplissant
machinalement le rite de mon commandement
au combat, veillant sur le maintien du dispositif
d'attaque, conformément à ma fonction, c'était
surtout le corps du pauvre capitaine R... et de
ses adjoints que je voyais, et c'était cela que,
irrésistiblement, je saluais en me découvrant.
Cette espèce de hantise fantomatique a persisté
plusieurs minutes, peut-être dix, peut-être plus.
Puis elle a été emportée par les explosions
d'obus qui se succédaient plus rapides et préci-
pitées, faisant d'autres hécatombes, brossant
d'autres tableaux de mort et de beauté, me*

ramenant brutalement aux réalités immédiates.
Car l'immédiat à la bataille, c'est ce qui
arrive, ce n'est déjà plus ce qui vient d'arriver...

Mais aujourd'hui encore, un grand mois
écoulé, chaque trait du tableau de la batterie
R..., à la seconde du foudroiement, se replace
fidèlement à sa place sous mon regard qui
évoque ; j'entends encore une voix (c'était la
mienne) : « Eh bien ! capitaine ? » J'observais
à la lorgnette un point que je venais de lui
indiquer à canonner, et m'étonnant de n'avoir
pas encore entendu parler ses canons derrière
moi, j'en faisais, sans me retourner et sans
cesser de regarder, l'observation. Et une autre
voix (c'était la sienne), quelques secondes après :
«Ah ! mon Dieu !» Il n'était déjà plus... Entre
les deux interjections, la mort avait passé, foudroyante et bienheureuse, puisqu'il ne l'avait
pas sentie. Mais si promptement que l'âme lui
eût été arrachée, le grand cri suprême poussé
par le pauvre capitaine foudroyé montre qu'il
eut encore le temps de la rendre au maître de
toutes choses.

Cette toute petite scène, vécue sur un point
minuscule de l'immense champ de bataille eut
la durée d'une fulguration, que d'autres instan-
tanés semblables avaient précédée, que d'autres
allaient suivre. Imaginez-la, répétée à des cen-

taines d'exemplaires, sans trop grandes variantes,
sur toute l'étendue de la zone où les deux
armées s'étreignent, et vous aurez une vision
approchée du tableau de guerre brossé par le
combat moderne.

N'allez pas vous figurer que l'œil y découvre
des masses bigarrées de soldats qui s'avancent
en troupes serrées les unes contre les autres
jusqu'à ce que les baïonnettes soient croisées,
suivant le cliché traditionnel… pour les civils !
Votre représentation serait complètement erro-
née. Il faut un œil très exercé pour apercevoir
des hommes pendant le combat. Quand, enfin,
on a vu quelques-uns subitement dressés comme
diables jaillissant de la boîte à surprises, ce
n'est jamais que pour quelques secondes et la
vision rentre dans la terre aussi brusquement
qu'elle en a jailli ; mais si, à ce moment, au
lieu de laisser le regard fixé sur le point où
elle vient de s'évanouir, attendant qu'elle
revienne, vous le déplacez vers la droite ou
vers la gauche, vous voyez la même apparition
se produire dans les mêmes conditions d'ins-
tantanéité. On croirait que le terrain a été à
l'avance semé d'appareils à éclipses représentant une file de silhouettes à intervalles et qui
auraient la faculté d'avancer lentement, soit
pendant qu'elles sont visibles, soit pendant

qu'elles ne le sont pas. Au bout d'un long moment de cette observation et quand notre œil, s'étant accoutumé, commence à percevoir des détails, il remarque de-ci de-là, un peu partout des petits las clairs ou sombres, mais tranchant sur le vert de la prairie ou le jaune des champs. Ceux-là restent toujours visibles et, de plus, immobiles dans la même position. Ce sont les silhouettes cassées, ce sont les morts... C'est tout.

Par exemple, ce n'est pas pour l'audition comme pour la vision, et les oreilles n'ont pas besoin d'être exercées pour entendre un tinta-marre diabolique composé d'une quantité inin-terrompue de claquements secs comme ceux que produiraient une multitude de fouets violem-ment secoués. Ce sont les coups de fusil, ponc-tués à chaque seconde par les explosions stri-dentes ou graves des obus et marmites, dont le bruit est infiniment moins monotone et agaçant que celui des mitrailleuses et des fusils.

J'ai souvent pensé que la représentation la plus approchée qu'un non-combattant pourrait s'offrir d'un champ de carnage — locution usuelle — pendant l'action, consisterait pour lui à se placer tout contre un bon piano dont le clavier serait tenu par un virtuose jouant pres-tissimo un grand air guerrier, et à regarder par la tablette soulevée monter et descendre à l'intérieur de la caisse les petits marteaux de bois et de cuir frappant les cordes sonores. Cependant que les autres artistes de l'orchestre, armés de grosses caisses et de castagnettes, agiteraient frénétiquement celles-là ou taperaient comme des sourds sur celles-ci.

Vous voyez comme c'est simple et peu mélodieux. L'harmonie du combat et sa grande poésie ne sont pas dans sa musique, non plus que dans le spectacle fort peu animé somme toute qu'il offre aux regards. Elles sont tout entières à un degré extrêmement élevé dans la notion du sacrifice total et permanent que consent volontairement chacun des combattants et qu'il consent avec une allégresse soutenue.

Préférer quelque chose à sa propre vie et donner celle-ci pour que ce quelque chose, c'est-à-dire l'existence de la patrie, soit prolongée, voilà bien la cantate la plus magnifique qu'un musicien génial qui serait aussi un poète inspiré puisse composer pour l'enchantement des hommes. Eh bien ! ce grand poète et musicien, c'est chaque soldat pendant le combat ; et l'assemblage de toutes ces lyres, dont chacune donne son plus beau chant, sa note la plus suave quand elle se brise, c'est cela l'orchestre formidable, l'orchestre élyséen de la bataille qui rugit et que les dieux écoutent empoignés...

J'ai transcrit cette page avec un grand respect. C'est la plus belle que j'ai lue depuis
le commencement de la guerre. Un œil et
un esprit véritablement intelligents se fixent
sur une bataille pour y recueillir les observations que ces grandes catastrophes four-
nissent. Cet homme ose dire : « Le ronflement
familier des obus et les mille petits ou grands
bruits du front, on s'y attache si vite et si passionnément que lorsqu'ils viennent à manquer,
l'existence paraît insipide comme une mar-
chandise qui a perdu son prix courant... »
Une telle liberté, que seul un grand poète sera
tenté de réclamer, peut-être n'est-elle permise
qu'au brave qui a versé, à plusieurs reprises,
son sang sur le champ de bataille. Pour penser ainsi et pour le dire, il faut être deux fois
un héros. Il y a des sentiments qu'il ne suffit
pas d'avoir imaginés et qu'il faut avoir éprouvés pour être admis à les exprimer, car ils
appartiennent aux régions du divin ; ils sont
sacrés et, à les toucher sans y être désigné, on
pourrait paraître aisément d'une insensibilité
sacrilège.

Cette page va aussi loin que l'esprit
humain peut aller. Elle nous mène jusqu'aux
bords du chaos primitif. A travers l'ouragan,
dans la confusion de la bataille et des senti-

ments intérieurs qu'elle déchaîne, cet officier a su voir le vieil et éternel génie qui anime et construit les sociétés humaines. C'est la page d'un voyant.

Et ce soldat-philosophe, si ardent et si impétueux dans le don de son âme à l'Esprit mystérieux qui plane sur les carnages, il confie le résultat de son expérience à des phrases légères, d'honnête homme. Il a projeté de la lumière dans les parties les plus inintelligibles de l'être, et sur le plus effroyable mystère de la vie des sociétés ; et de quel ton très simple il se met en communication avec nous ! Avec quelle lucidité, avec quelle liberté qui apaise et même réjouit le cœur, il consigne ses observations, au sortir de cette journée dont il a fait un laboratoire d'héroïsme ! C'est bien beau. C'est la délicatesse du goût jointe à la puissance de l'esprit et de la volonté. Nous avons des officiers héritiers, mieux qu'aucun d'entre nous, de toutes les grandeurs françaises.

P.-S. — J'ai reçu la lettre suivante :

22 Décembre.

Monsieur,

La Compagnie des Forges de Châtillon-Commentry et Neuves-Maisons, dont j'ai l'honneur d'être président, met à votre disposition une somme de 5.000 fr.

en faveur des œuvres que vous patronnez et dirigez
avec tant de dévouement et d'efficacité.

Nous sommes un peu lorrains par notre usine de
Neuves-Maisons, aux portes de Nancy, par une partie
de nos actionnaires et de nos administrateurs. Moi-
même, je fus préfet des Vosges il y a quelque quarante
ans, et mon père fut préfet de Metz !... Il nous plaît
tout spécialement, Monsieur, de vous remettre notre
obole, et de donner par vos soins une marque de
sympathie et de reconnaissance aux soldats qui défen-
dent notre frontière, et aux infortunées victimes de
notre généreuse province.

Veuillez agréer, monsieur, l'assurance de ma haute
considération.

H. Darcy.

Je remercie la *Compagnie des Forges de
Châtillon-Commentry et Neuves-Maisons*, et
M. H. Darcy, président de son Conseil d'administration, de leur générosité et de l'honneur qu'ils me font en me prenant pour
intermédiaire. Je crois me conformer aux
intentions que cette lettre m'exprime en versant deux mille cinq cents francs à l'œuvre
de *l'Écho de Paris*, le « *Tricot du combattant* », et deux mille cinq cents francs à la
*Société d'assistance des réfugiés et évacués de
Meurthe-et-Moselle*, que préside M. Maurice de
Wendel.

XXXI

1914

L'ANNÉE DE L'AMITIÉ

1er Janvier 1915.

On classe une montagne d'après son plus haut sommet. A partir d'août, cette année 1914, triste et querelleuse, toute basse et pleine de coupe-gorge s'est élevée, nous a portés, tous, dans les régions de l'amitié. Elle mérite d'en porter le nom. C'est l'année de l'amitié préparant 1915, l'année de la victoire.

Depuis quatre mois, nous avons constitué entre nous une sorte de mutualité, afin de ne pas mourir. Il fallait que l'union se créât dans le monde des esprits avant de devenir l'entr'aide fraternelle des champs de bataille. Comment se fit-elle, cette union? Nul n'en pourrait rendre compte. Nous y sommes arrivés par la route la plus obscure et la plus rapide. Rappelez-vous, le tocsin sonnait à travers les campagnes et, soudain, toutes les âmes se trouvèrent haussées sur un plan où nulle barrière ne les séparait plus.

Des gens qui n'avaient jamais conçu combien la France serait majestueuse et produc-
trice, si elle poursuivait avec vénération la
mise en valeur de son patrimoine matériel et
moral, eurent la révélation que nous avons
une terre et une âme à défendre, pour les
transmettre aussi belles que nous les avons
héritées. Le plus pacifiste trouva son chemin
de Damas.

On vit le sentiment nous mettre d'un seul
bond au point où la raison parfaite nous
conduit et que la raison quotidienne, ergo-
teuse et claudicante, ne parvient pas toujours
à atteindre. Quelle leçon pour ceux qui mépri-
saient « les vieux préjugés » et qui, incapables
de bien se renseigner et de bien prévoir,
avaient bridé les mouvements naturels de
leur âme française ! L'émotion et l'enthousiasme les libérèrent de leurs bandelettes, les
restituèrent à leur vraie nature. L'union nationale s'est faite dans le même moment sur tous
les points du territoire, dans chacun de nos
innombrables villages, de la même manière
qu'à la Chambre. La fierté guerrière nous
souleva tous. Elle obtint d'emblée que nous dé-
posions nos rancunes, nos méfiances, nos justes
griefs, nos justes intérêts... C'était bien le moins
quand les meilleurs allaient consentir avec allé-

gresse de perdre l'être pour sauver la patrie.

Sans calcul, chacun de nous a suivi le mouvement de toute la nation. Nous avons pris le rythme de la France. Mais ce bel édifice d'amitié, surgi dans un jour de miracle, il faut le maintenir par notre volonté ; il faut continuellement le construire et le perfectionner, l'achever avec notre propre raison.

Laissons nos vieilles demeures aveugles. Le temps n'est plus de nous endormir dans nos partis pris et dans l'inconscience d'un mal qui faillit emporter la France. Travaillons tous à satisfaire les réclamations du sentiment unitaire qui nous anime.

Quelques-uns regrettent que tous les mérites ne soient pas employés au Gouvernement. « Dans l'armée, disent-ils, depuis le début de la guerre, les chefs des plus grands emplois ont été renouvelés et choisis en toute indépendance. Nous avons la plus admirable cohorte de commandants d'armée, d'une valeur unanimement reconnue. Mais au Gouvernement civil, si rien n'est complètement mauvais, si la bonne volonté est certaine, si plusieurs éléments sont excellents, on reconnaît toujours la coterie. Trop de prudence, quelque chose de froid, d'embarrassé, d'habile et de faible... »

Il y a du vrai dans ces réflexions. Mais aussi bien on manque d'hommes. Et quand on vous dit, Ministres, d'appeler dans vos Conseils élargis toutes les valeurs du pays, pour qu'elles vous apportent la flamme et que vous dominiez les circonstances, je vois bien que ces porte-feu, vous ne les trouverez pas dans vos antichambres. Attendons la fin de la guerre. De véritables hommes, des esprits ardents et clairs, sortiront des tranchées. Il y a là beaucoup de Français en train d'apprendre le secret de leur destinée, leur mission, et qui reviendront avec le besoin de rapprocher le réel de l'idéal qu'ils portent dans l'âme.

« Depuis trois mois, m'écrit un ami, nous vivons dans des tranchées creusées le long de l'Yser parmi les prairies inondées. Des cadavres de tous les régiments français ou allemands qui se sont battus là infectent l'air. A certains endroits, les hommes dorment littéralement dessus, et les parapets sont formés de corps entassés ». Eh bien ! dans ces charniers, à l'insu même des vaillants qui les garnissent de leurs fusils et qui, certes, ont assez à faire de vivre au jour le jour, une France nouvelle se forme. Ceux qui reviendront de là connaîtront les exigences d'une vraie vie nationale. Ils prendront pour tou-

jours un point de vue plus élevé que le point
de vue partisan. Groupés derrière leurs chefs
glorieux, liés par une telle fraternité, ils ne
pourront plus s'entre-déchirer. Ils ne pourront
plus méconnaître les lois de la vie, les besoins
du salut public. Et quelle autorité, pour chacun d'eux ! Un sergent, du fond de sa tranchée
boueuse, gagne des titres pour se faire écouter,
dans son village, jusqu'à sa mort, mieux que
le plus éloquent de nos maîtres actuels.

Un personnel nouveau se forme et va se
substituer, dans tous les ordres, à tous nos
dirigeants. La République était aux mains
d'une petite Société, d'une sorte d'association
fondée sur l'idée pacifiste. Ce groupement a
ses titres que l'on peut apprécier dans le
Livre Jaune. Demain, la République appar-
tiendra à l'immense fédération de ceux qui,
les armes à la main, réparant l'erreur pacifiste, sont en train de sauver la Patrie. Ils
inscrivent leurs titres dans les ordres du jour
de l'armée, sur les tombes de nos champs de
bataille, sur nos provinces ravagées par l'envahisseur, mais qu'ils déblayent.

1915 annonce une ère nouvelle. Si l'âme
des Français a changé au cours de la guerre,
nécessairement, après la guerre, changeront
nos idées, nos institutions, toutes nos œuvres.

Et cela sans heurt, d'un accord paisible, par un effet de cette amitié qui déjà nous relie et que viendra sceller la victoire complète. Voilà mes pressentiments. Quant à nos vœux et souhaits, c'est encore aux combattants que nous les adressons. Nous saluons les soldats de la France, si braves dans leurs misères. Que ce papier leur apporte à tous l'expression de notre reconnaissance et l'annonce que dans la Patrie qu'ils auront sauvée, ils tiendront, de l'aveu de tous, le premier rang.

L'amitié qui s'est formée, pour les escorter dans les gares, au premier jour de la mobilisation, ils la retrouveront unanime pour acclamer leur glorieux retour et honorer leurs inoubliables services.

P.-S. — Quelqu'un m'écrit de l'armée : « On vient de m'apporter le casque d'un patrouilleur allemand mis par terre durant la nuit. Ce n'est plus le casque en cuir bouilli, sans valeur de protection contre le projectile, tel que l'avaient leurs troupes d'active au début de la guerre. Il a exactement la même forme, la même couleur, le même aspect, mais il est en tôle d'acier. C'est devenu une arme défensive, très efficace contre les shrapnels ou même contre le ricochet de la balle d'infanterie. Ainsi, en cours de lutte, nos voisins se perfectionnent tant qu'ils peuvent. A nous d'en faire autant... »

Et nous n'y manquons pas. A preuve les beaux renseignements que nous donnent les communiqués sur les effets supérieurs de notre artillerie lourde. Mais, tout de même, si l'on pouvait protéger la tête de nos braves soldats (1).

(1) Cette note éveilla l'attention des bureaux de la Guerre, qui me demandèrent un supplément d'explications. Aujourd'hui, avril 1915, on commence à distribuer à nos fantassins le casque protecteur.

Voir aussi notre article du 10 décembre 1914.

TABLE DES MATIÈRES

CINQUIÈME PHASE

9 782329 519821